全

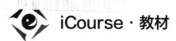

iCourse · 教材

运动解剖学

国家体育总局科教司　组编

袁琼嘉　李　雪　主编

CSEA 体教联盟
CHINA SPORT
EDUCATION ALLIANCE

高等教育出版社·北京

内容简介

　　本书为国家体育总局科教司组织编写的运动员文化教育统编教材，也是普通高等学校运动训练专业系列教材之一，同时也是国家体育总局"体育专业教材建设与在线学习平台项目"建设的"运动解剖学"在线课程的配套教材。全书共7章，主要内容包括绪论、运动系统、内脏、脉管系统、感觉器官、神经系统和内分泌系统。

　　本教材为新形态教材，全书通过二维码链接多种拓展资源，根据优秀运动员和普通高等学校运动训练专业学生的学习需求编写，同时也适用于体育院校各专业的学生使用，还可作为教练员、健身指导者的参考书。

图书在版编目（ＣＩＰ）数据

　　运动解剖学 / 袁琼嘉，李雪主编；国家体育总局科教司组编. -- 北京 ： 高等教育出版社，2019.9(2021.4重印)
　　ISBN 978-7-04-051781-1

　　Ⅰ.①运… Ⅱ.①袁… ②李… ③国… Ⅲ.①运动解剖 - 高等学校 - 教材 Ⅳ.①G804.4

　　中国版本图书馆CIP数据核字(2019)第075346号

运动解剖学
Yundong Jiepouxue

策划编辑	易星辛	责任编辑	郭 恒　王 曼	封面设计	李小璐	版式设计	童 丹
插图绘制	于 博	责任校对	刘娟娟	责任印制	耿 轩		

出版发行	高等教育出版社	网　　址	http://www.hep.edu.cn
社　　址	北京市西城区德外大街4号		http://www.hep.com.cn
邮政编码	100120	网上订购	http://www.hepmall.com.cn
印　　刷	人卫印务（北京）有限公司		http://www.hepmall.com
开　　本	787mm×960mm　1/16		http://www.hepmall.cn
印　　张	21		
字　　数	320千字	版　　次	2019年9月第1版
购书热线	010-58581118	印　　次	2021年4月第2次印刷
咨询电话	400-810-0598	定　　价	40.00元

本书如有缺页、倒页、脱页等质量问题，请到所购图书销售部门联系调换
版权所有　侵权必究
物 料 号　51781-00

本书编委会

主 编：

袁琼嘉　李　雪

编　委（以姓氏笔画为序）：

于新凯（上海体育学院）

王　璐（成都体育学院）

白　石（西安体育学院）

李　雪（成都体育学院）

李　宁（西安体育学院）

刘忆冰（吉林体育学院）

刘　娜（吉林体育学院）

张海平（沈阳体育学院）

张念坤（西安体育学院）

杨澎湃（成都体育学院）

袁琼嘉（成都体育学院）

高艺师（成都大学）

雷雁沙（四川音乐学院）

运动解剖学是一门基础医学与体育科学的交叉学科。该学科是在人体解剖学的基础上，研究人体形态结构与功能的变化规律以及体育运动对其产生的影响，探索人体机械运动与体育动作的关系，具有较强的应用性，在体育科学中具有十分重要的地位，是全国高等体育院校、师范院校及综合类院校体育类专业均开设的一门专业基础课程。

本教材紧密围绕《普通高等学校本科专业类教学质量国家标准》，依据运动训练专业人才培养方案中的共性要求而编写。本教材在编写设计上具有"突出重点、强化基础、注重应用"的特点，着重介绍人体的运动系统，包括骨、关节和肌肉的解剖学基础知识；简要介绍人体的内脏、脉管系统、感觉器官和神经系统等内容；在内容安排上具有简明、准确和适用的特色。本教材配有大量的解剖学图片帮助学习者理解和掌握理论知识，同时通过二维码链接的方式，拓展相关的教学资源，从而使内容更丰富、更生动、更易于理解。

本教材由成都体育学院主持编写，编委来自上海体育学院、沈阳体育学院、西安体育学院、武汉体育学院和吉林体育学院5所高等体育院校运动解剖学学科领域的资深专家学者，具有丰富的教学经验。衷心希望通过对本教材及该门课程的学习，学生或读者能够在掌握人体形态结构的基础上，深入了解和掌握人体运动的原理，为指导各项运动技术的身体素质训练、各类人士的康复训练以及全民健身运动储备理论知识和实践技能，并可为学习者今后从事体育教学、运动训练、健身指导以及康复训练等储备理论知识和实践技能。

在本教材编写过程中，李梦、金毓、范佳、张树琳、王军威和魏翠兰等人参与了本教材的资料查阅、插图注释、书稿校对及修改等工作。在教材即将付梓出版之际，对参与本教材编写和付出辛勤劳动的工作人员深表感谢！由于水平有限，不足之处在所难免，敬请同行专家、广大师生及读者不吝指正，提出宝贵意见，以便教材修订时更臻完善。

编写组

2018 年 12 月

目录

绪论

一、运动解剖学的定义

运动解剖学是人体解剖学的一个分支，它是在正常人体解剖学基础上研究体育运动对人体形态结构产生的影响及其规律，探索人体机械运动与体育动作关系的一门学科，隶属于运动人体科学的一门专业基础理论课程。

二、运动解剖学的研究内容

（一）研究体育运动对人体形态结构的影响

骨、骨连结、骨骼肌三者构成的运动系统直接执行运动的功能，因此其形态结构特征成为运动解剖学研究的重点内容。这方面的研究主要集中在骨的形态与构造、骨板骨小梁的排列特征；关节面形状与运动、关节面软骨的纤维排列；肌肉的形态与分布、肌肉生理横断面、肌纤维类型、肌肉的拉力线与运动轴关系及关节运动中肌肉工作特点、不同身体练习中不同肌群分工协作等方面。近年来有趋向于基础研究和应用研究两极水平发展的趋势。

研究不同运动项目、强度、时间和频率等对不同人群全身各部形态结构的影响，既包括对不同年龄、不同性别正常人群的研究，也包括对心血管疾病、糖尿病、肥胖症等常见病患者的研究；既包括对系统器官水平的研究，又包括对组织、细胞、亚细胞水平以及分子水平的研究。

（二）运动员科学选材的形态学研究

这方面的研究以往主要集中在人体的身高、体重，机体各部的围度、长度及比例、骨龄、皮纹以及其遗传特征与不同项目优秀运动员的体型特征和选材形态学指标研究等方面。近年来有向优秀运动员"基因解剖学"及 DNA 多态研究水平发展的趋势。

（三）研究人体结构的机械运动规律

过去这方面的研究主要集中在骨、关节、肌肉等运动器官的机械运动规律，随之心脏、血管的弹性结构、力学特征、体位变化以及内脏脏器的机械活动如胃肠蠕动和血流动力学特征等也成为该领域研究的内容。近年来有向机械信号与细胞及分子变化机制研究水平发展的趋势。

（四）研究运动损伤的形态学基础

研究主要集中在运动损伤的易发部位，如膝关节半月板、踝关节、腰椎间盘等。以上结构的形态结构与运动损伤的关系以及关节软骨和韧节的修补与置换和末端病的形态结构变化等方面是该领域的重点研究内容。近年来有向干细胞移植与基因导入治愈运动性伤病基础研究水平发展的趋势。

三、学习运动解剖学的目的

（一）为运动训练实践提供理论依据

要想成为一名能在体校和学校代表队、体育俱乐部等部门从事训练、教学、竞赛、管理等方面工作的应用型专门人才，就必须具备竞技体育方面的基本知识和理论，以及较强的专业技能。运动解剖学不仅是一门运动人体科学范畴的重要基础理论课程，又是一门对运动实践具有指导意义的应用学科。通过对本课程的学习，可以认识和掌握人体各个器官、系统的形态结构、机能特征，了解人体形态结构和体育运动之间的关系，加深对体育技术动作、常用身体素质训练方法的理解，掌握提高身体素质、运动技术水平的方法和技能，为今后从事运动训练、教学、竞赛等工作储备知识和培养能力。

（二）为学习后续专业课程奠定基础

运动训练专业的专业必修课程还包括运动生理学、运动生物力学、体育测量和评价、运动选材学、体育保健学等，这些课程都与运动解剖学知识有着密切的内在联系。学习运动解剖学为学好这些学科以及其他专项技术课程等奠定基础。只有掌握了人体的正常形态结构及其与体育运动之间的关系，才能更好地学习运动生理学，理解人体的生理功能及其在运动中的变化规律；才能更好地学习运动生物力学，根据骨骼、关节及肌肉所构成杠杆系统的力学特点，对体育动作进行生物力学分析；才能更好地学习人体测量和评价，对人体各部的长度、宽度、维度等人体形态学特征进行测量和评价，为运动选材及评估训练效果提供形态学依据；才能更好地学习体育保健学，有效预防和正确处理训练过程中可能发生的运动性伤病等。

四、学习运动解剖学的基本观点和方法

（一）学习运动解剖学的基本观点

1. 有机体的形态结构与生理功能相结合

形态结构是生理功能的物质基础，而生理功能是物质结构的表现形式。例如，神经细胞的树突和轴突，是其实现细胞与细胞之间信息传递的形态结构基础；自由肢骨主要由长骨构成，是四肢能进行大幅度活动的结构基础。另一方面，形态结构的变化会导致功能的改变，而功能的变化又会促进形态结构的变化，两者相辅相成，互相影响和制约。例如，肌纤维越粗，肌肉体积越大，肌肉收缩时产生的力量就越大，而通过力量训练等肌肉活动，又可使肌纤维增粗，肌肉体积增大；长期不运动，肌肉则会萎缩，肌肉力量下降。因此，在学习运动解剖时一定要将形态结构与功能相结合，从形态结构上分析功能或从功能上理解形态结构，使组成人体的组织、器官及局部结构"活"起来，这样才有利于对人体形态结构的理解和掌握。

2. 有机体局部与整体相结合

正常人体是由许多器官系统或众多局部组成的一个有机的统一整体。任何一个器官或局部都是整体不可分割的一部分。器官或局部与整体之间、器官与器官之间、局部与局部之间，在结构和功能上既互相联系又互相影响。例如，肌肉跨过关节附着在骨上，肌肉的附着可使骨面形成突起；肌肉经常活动不仅使运动系统各器官产生明显的变化，也将使人体其他系统，如心血管系统、呼吸系统的各个器官产生相应的改变；局部的运动损伤不仅可影响损伤邻近的结构，而且可影响到整个机体。因此，学习

运动解剖学时，要将各系统、器官与整体相结合，这有助于从整体水平把握各系统器官的形态结构特点。

3. 有机体发展变化与外界环境变化相结合

人类是由动物经过长期进化发展而来的，是种系发生的结果，而人体的个体发生反映了种系发生的过程。现代人类仍在不断发展变化中。人出生以后的不同年龄、不同社会生活和不同劳动条件等，均可影响人体形态结构的发展；不同性别、不同地区、不同种族的人，以至于每一个体均可有差异，这些是正常、普遍的现象。环境的变化是永恒的，人体形态结构的变化发展也将永恒的。因此，在学习运动解剖学时，要将机体发展变化与外界环境变化相结合，这有利于更好地认识人体形态结构的可塑性，理解不同体育运动对人体形态结构的影响。

4. 理论与实际相结合

"读万卷书，行万里路"。学习的最终目的是为了应用，学习运动解剖学就是为了更好地认识人体形态结构与体育运动之间的关系，为学习人体运动理论与实践奠定基础，以指导人们更加科学合理地进行体育运动。因此，学习运动解剖学一定要将理论知识应用到运动训练的实践中，融会贯通。例如在学习肌肉的内容时，用相应的肌肉主动收缩发力，体会肌肉用力及最终产生的动作，这样既有助于对每块肌肉的位置、分布及功能等知识的理解和记忆，又有助于理解相关训练的目的或鉴别体育动作技术的合理性。

（二）学习运动解剖学的基本方法

1. 模型、标本及图片观察法

解剖学属于形态学范畴的学科，其特点是形态描述多，名词多。针对这一特点，在学习中特别强调直观性，要充分利用书上的插图，观察立体的标本和模型，达到文字、图谱与标本相结合，使枯燥的知识生动形象化，便于学习和记忆。

2. 活体触摸法

运动解剖学研究的对象是我们自身的机体。在学习的过程中，用手触摸自己或他人的身体各部，从体表感知身体各骨、关节、肌肉等的形态结构及其在运动时的变化特点，可有效地加深对人体形态结构及功能的认识。

3. 体育动作分析法

在学习过程中，运用运动解剖学的基本理论与知识，对常见体育动作及专项运动的技术动作进行分析，有助于对人体各器官形态结构与体育技术动作之间的关系和变化规律的理解，加强对运动解剖学相关知识点的记忆，增强学习的动力和兴趣。

五、常用解剖学术语

在日常生活、生产劳动和体育运动的过程中，人体各部位与器官的位置关系不是永恒不变的。为了能正确地描述人体各器官的形态结构和位置及毗邻关系，在描述人体形态结构和人体运动的位置变化关系时有共同的准则，统一规定了常用的解剖学术语，这些术语是学习运动解剖学必须掌握的。

解剖学姿势彩图

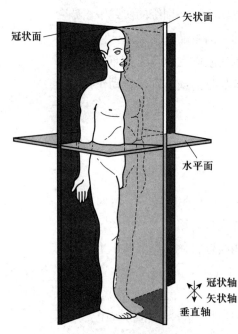

绪图 -1   解剖学姿势及人体的轴和面

（一）标准解剖学姿势

人体的标准解剖学姿势是身体直立，两眼向正前方平视，两足并拢，足尖向前，双上肢下垂于躯干的两侧，掌心向前（绪图 -1）。

（二）方位术语

为了准确表达运动的人体各部分以及各器官或结构相互位置关系，以解剖学姿势为标准，规定了一些相对的方位术语：

1. 上与下

上与下是描述器官或结构距颅顶或足底的相对远近关系的术语。近颅顶者为上，近足底者为下。

2. 前与后

前与后是指距身体腹侧面或背侧面距离相对远近的术语。距身体腹侧面近者为前，距身体背侧面近者为后。

3. 内侧与外侧

内侧与外侧是描述人体各局部或器官、结构与人体正中矢状面相对距离位置关系的术语。靠近人体正中矢状面者为内侧，远离人体正中矢状面者为外侧。

4. 内与外

内与外是描述空腔器官相互位置关系的术语。接近内腔者为内，远离内腔者为外。

5. 浅与深

浅与深是描述与皮肤表面相对距离关系的术语。距表层皮肤近者为浅，远离表层皮肤者为深。

6. 近侧与远侧

在四肢，近侧是指距肢体与躯干的连接处较近者，远侧指距肢体与躯干的连接处较远者。

7. 尺侧与桡侧

尺侧与桡侧是依据前臂的尺骨与桡骨排列的位置关系而规定的。尺侧是指前臂的内侧，桡侧是指前臂的外侧。

8. 胫侧与腓侧

胫侧与腓侧是依据小腿的胫骨与腓骨排列的位置关系而规定的。胫侧是指小腿的内侧，腓侧是指小腿的外侧。

此外，还有左与右、垂直、水平和中央等则与一般概念相同。

（三）人体基本面

按照人体解剖学方法，可将人体或其任何一个局部在解剖学姿势条件下作三个相互垂直的切面，即通常所指的基本面。

1. 矢状面

矢状面是指沿身体前后径所作的切面。该切面将人体分成左、右两部分，与水平面及冠状面垂直，其中经过人体正中线的切面称为正中矢状面。

2. 冠状面（或称额状面）

冠状面是指沿身体左右径所作的切面。该切面将人体分成前、后两部分，与水平面及矢状面垂直。

3. 水平面（或称横切面）

水平面是指横切人体，与地面平行的切面。该切面将人体分为上、下两部分，与矢状面及冠状面互相垂直。

（四）人体基本轴

轴是叙述人体关节运动时常用的术语。按照人体解剖学方法，在理论上可将人体或其任何一个关节在解剖学姿势条件下作三个相互垂直的轴，即通常所指的基本轴，用于表达关节运动时骨的位移轨迹所沿的轴线。

1. 矢状轴

为前后方向并与水平面平行的轴。

2. 冠状轴或称额状轴

为左右方向并与水平面平行的轴。

3. 垂直轴

为上下方向并垂直于水平面的轴。

思考题

1. 试比较人体立正姿势与标准解剖学姿势的异同。

2. 名词解释：矢状面、冠状面、水平面、矢状轴、冠状轴、垂直轴。

第一章

运动系统

▶ **本章导读**

　　运动系统由骨、骨连结和骨骼肌构成，具有支持、保护、运动和造血等作用。在神经系统的支配下，骨骼肌牵拉骨，以关节为枢纽，产生运动。因此，在运动中骨起杠杆作用，关节为运动枢纽，骨骼肌是运动的动力器官。

▶ **学习目标**

　　通过本章节的学习，对运动系统的组成与功能有全面系统的认识。掌握骨的结构、功能，骨的化学成分、物理特性与年龄特征；关节的结构及运动；骨骼肌的结构、物理特性，重点肌肉的位置和功能；熟悉重要的骨性标志，关节运动幅度及其影响因素；了解骨的分类、关节的分类、骨骼肌的起止点和配布规律。能够根据所掌握的人体运动系统知识，分析和解决体育运动中的实践问题，更好地指导体育运动实践。

第一节　骨

　　骨是一种器官，主要由骨组织构成。骨具有一定形态结构，坚硬而有弹性。外被骨膜，内含骨髓，富有血管神经，能够不断地进行新陈代谢和生长发育，并能进行修复、再生和重塑。

一、骨总论

（一）骨的分类

　　正常成年人共 206 块骨。按部位可分为中轴骨和附肢骨，中轴骨包括颅骨和躯干骨，附肢骨包括上肢骨和下肢骨（图 1-1-1）。按形态可分为长骨、短骨、扁骨和不规则骨（图 1-1-2）。长骨分布于四肢，多呈长管状，分为一体两端。体又称骨干，稍细，内有髓腔，容纳骨髓。长骨两端膨大称为骺。骨干与骺相连接部位称干骺端，幼年时保留一片软骨称骺软骨，成年后骺软骨骨化，遗留一骺线。短骨一般呈立方形，常有多个关节面，多成群分布于连结牢固且有一定灵活性的部位，如腕骨和跗骨。扁骨呈板状，面积较大，薄而坚固，主要构成颅腔、胸腔和盆腔的壁，起保护和增大肌肉附着面积的作用，如脑颅骨和肋骨。不规则骨形状不规则，如椎骨。

　　此外，籽骨是位于某些肌腱或韧带内的结节状小骨，体积比较小，在运动中有减少摩擦、改变肌肉牵拉力方向和力矩的作用。其中，髌骨是人体最大的籽骨，计入 206 块骨之内。

（二）骨的构造

　　活体骨由骨膜、骨质和骨髓，以及血管、神经等组成（图 1-1-3）。
　　1. 骨质
　　骨质（图 1-1-4）主要由骨组织构成，分为骨密质和骨松质两种。骨密质由紧密排列的骨板组成，质地致密，耐压性较大，主要配布于长骨

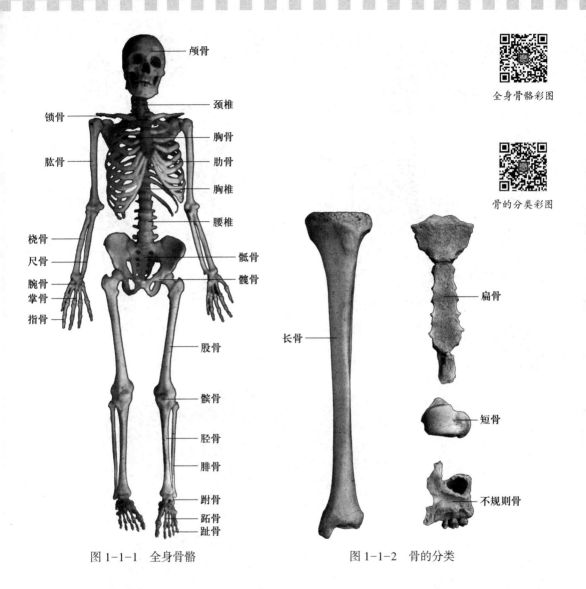

颅骨

颈椎

锁骨

胸骨

肱骨

肋骨

桡骨

胸椎

尺骨

腰椎

腕骨

骶骨

掌骨

髋骨

指骨

股骨

髌骨

胫骨

腓骨

跗骨

跖骨

趾骨

长骨

扁骨

短骨

不规则骨

全身骨骼彩图

骨的分类彩图

图 1-1-1　全身骨骼　　　　　　　　　　图 1-1-2　骨的分类

骨干、短骨和不规则骨的表层。骨松质呈海绵状，配布于骨内部，往往形成杆状或片状的骨小梁。骨小梁的排列方向与骨所承受的压力及相应的张力方向一致，因而能承受较大的重量。颅盖骨表层为骨密质，分为外板和内板，外板厚而坚韧，富有弹性，内板薄而松脆，故颅盖骨骨折多见于内板。两板之间的松质，称板障，内有板障静脉通过（图 1-1-5）。

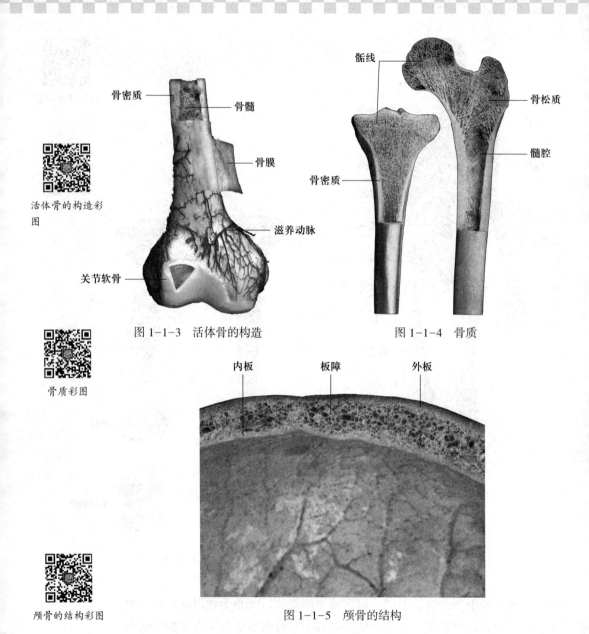

活体骨的构造彩图

图 1-1-3　活体骨的构造

骨质彩图

图 1-1-4　骨质

颅骨的结构彩图

图 1-1-5　颅骨的结构

2. 骨膜

骨膜由致密纤维结缔组织构成，分为骨外膜和骨内膜。骨外膜被覆于除关节面外活体骨表面，富含神经、血管和淋巴管，对骨的营养、再生和感觉有重要作用。骨内膜由薄层结缔组织构成，衬于骨髓腔内面和骨松质骨小梁表面，具有产生新骨质和破坏旧骨质的功能。

3. 骨髓

填充在骨髓腔和松质间隙内，骨髓分为红骨髓和黄骨髓。胎儿和幼儿的骨髓全部是红骨髓，具有造血功能。5岁以后长骨内红骨髓逐渐被黄色脂肪组织所代替，称为黄骨髓，失去造血功能。

4. 骨的血管、淋巴管和神经

长骨动脉包括滋养动脉、干骺端动脉、骺动脉及骨膜动脉。不规则骨、扁骨和短骨的动脉来自骨膜动脉或滋养动脉。神经伴随滋养动脉进入骨内，内脏神经纤维多分布在血管壁上，躯体神经纤维多分布于骨膜，因此，骨膜对张力或撕扯的刺激较为敏感。骨膜淋巴管丰富，但是骨质内是否存在淋巴管尚有争议。

骨膜炎

（三）骨的理化特性与年龄特征

1. 骨的化学成分

骨的化学成分分为有机物和无机物两类。成人骨中有机物约占28%，主要是骨胶原纤维束和黏多糖蛋白，构成骨的支架，赋予骨弹性和韧性；无机物约占72%，主要是水（约占50%）和钙盐（主要为磷酸钙、碳酸钙、氟化钙和氯化钙等，约占20%），使骨坚硬挺实。

2. 骨的物理特性

骨的化学成分决定物理特性，主要表现为硬度和弹性两种特性。脱钙骨（除去无机物）仍保骨原有形状，但柔软易弯曲，甚至可以打结。煅烧骨（除去有机物）虽能保持原形状，但脆而易碎。

3. 骨的年龄特征

骨化学成分随年龄增长而发生变化，物理特性也随之变化。幼儿时期骨内有机物较多，有机物与无机物约各占一半，故硬度较小，弹性较大，柔软，易发生变形，不易骨折（易发生青枝骨折）。成年人比例约为3：7，此时，骨具有最佳物理特性。老年人因激素水平下降，影响钙、磷的吸收和沉积，骨质出现多孔性，骨组织总量减少，比例约1：4，此时，骨弹性减少而脆性增大，故易发生骨折。

（四）骨的发生与生长

1. 骨的发生

骨的发生包括膜化骨和软骨化骨两种形式。在膜的基础上骨化，称为膜化骨，多见于一些扁骨，如颅骨等。在软骨的基础上骨化，称为软骨化骨，多见于长骨、短骨和一些不规则骨。

2. 骨的生长

骨的生长是骨破坏和建造两个过程对立统一的结果。影响骨生长的因素很多，种族、遗传和激素的作用是内因，营养、机械力和体育锻炼是外因。骨的生长主要包括增粗和长长。骨的增粗以膜内成骨方式为主。儿童少年时期骨膜较厚，骨外膜的成骨细胞不断分泌，使骨干不断增粗，骨内膜内的破骨细胞不断破坏与吸收骨质，骨髓腔扩大。骨的长长以软骨化骨方式为主。在儿童少年时期，长骨的骨骺与骨干之间存在骺软骨，骺软骨不断地增生和骨化，促使骨不断地长长。

3. 骨龄

骨龄是骨骼年龄的简称，常常用来确定人的生物年龄，它是指小骨骨化中心、骨骺出现的年龄及干骺端愈合的年龄。骨龄测定方法主要有BONAGE超声骨龄测试和X光拍摄两种。骨龄在临床医学和体育科学领域的应用广泛：骨龄判断是对儿童青少年内分泌疾病及其生长紊乱疾病诊断与治疗的重要依据，这是身高、体重等指标不能提供的信息。骨龄已被作为国民体质监测、运动员选材、运动训练、竞赛分组的重要参考指标。另外，骨龄也是对儿童青少年生长发育评价的重要指标。

骨龄在运动员选材中的应用

（五）骨的功能

骨与骨连结构成人体坚固的支架：一方面支持人体各种软组织（如肌肉、脏器等），使人体具有一定的轮廓和外形；另一方面支持身体局部及全身重量。在神经系统的支配下，骨骼肌收缩与舒张，牵拉骨骼绕关节的运动轴产生各种运动。骨构成体腔的壁，保护人体的重要器官。骨还是重要的造血器官，如红骨髓具有造血功能。此外，骨是人体内钙、磷的储备仓库。

（六）体育运动对骨的影响

长期、系统和科学的体育运动对骨有积极的影响。主要表现在促进骨的生长发育，改善新陈代谢活动等方面。根据有关研究结果表明，适当体育运动可以促进骨骼的钙磷代谢，加速骨骼矿物质元素在骨骼内的积累，促进骨骼的生长发育。适当体育运动还可以促进骨细胞的增殖，有利于骨骼正常发育，促使管状骨变长，横径增粗，骨骼的体积和重量增加。体育运动可以增强骨、关节周围的肌肉力量，提高关节周围的韧带和肌肉的伸展性，加大关节运动幅度，这样既可使关节的灵活性提高，又可使关节的稳定性增强。运动的应力刺激作用使骨密度增加、骨小梁排列整齐，排列方向与应力作用方向更为一致，可以有效地预防或减轻骨质疏松的症状。体育运动可以从两个方面预防骨质疏松：第一，在骨量增长期，有规律地参加体育运动，可促进获得较高的峰值骨量。第二，成年人坚持体育运动可以最大限度地减少随年龄增长而发生的骨量丢失。

二、骨骼论

（一）躯干骨

成人躯干骨包括 1 块胸骨、12 对肋骨、26 块椎骨，共计 51 块。它们分别参与胸廓、脊柱和骨盆的构成。

1. 胸骨

胸骨（图 1-1-6）位于胸前正中，上宽下窄，为长形扁骨，可分为胸骨柄、胸骨体、剑突三部分。胸骨柄上缘正中凹陷为颈静脉切迹，两侧卵圆形关节面为锁切迹，与锁骨相关构成胸锁关节。胸骨体位于胸骨柄与剑突之间。在胸骨柄与胸骨体相连处微向前凸，称胸骨角，可在体表扪及，两侧肋切迹与第 2 肋软骨相连，是计数肋的重要体表标志。胸骨下端为剑突，扁而薄，下端游离。

2. 肋

共有 12 对肋，由肋骨与肋软骨组成。肋的前端借助肋软骨和胸骨相连，后端与相应的胸椎构成胸肋关节。因第 1~7 对肋前端与胸骨相连结称真肋；第 8~10 对肋骨借肋软骨与上位肋相连结，称假肋；第 11~12

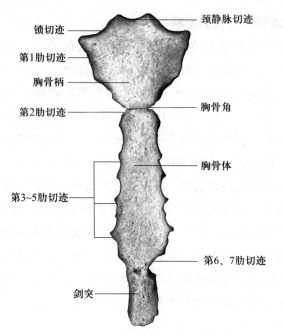

图 1-1-6　胸骨（前面观）

对肋前端游离于腹壁肌层中，称浮肋。

（1）肋骨。肋骨（图 1-1-7）呈弓状，属于扁骨，可分为前端、后端和肋体三部分，前端扁宽，与肋软骨相连。后端膨大，称肋头，有肋头关节面与胸椎上、下肋凹相关节。肋体位于中部，可分内、外两面和上、下两缘。内面下缘处有一浅沟称肋沟，有肋间血管和神经通过。肋头后外侧稍细部分称肋颈。肋颈与肋体交界处粗糙隆起称肋结节，肋结节关节面与胸椎横突肋凹相关节构成肋横突关节。

（2）肋软骨。肋软骨位于各肋骨的前端，呈扁圆形，由透明软骨构成。

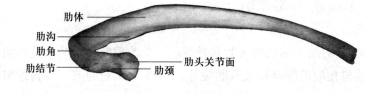

图 1-1-7　肋骨（内面观）

3. 椎骨

幼年时椎骨总数为 32 或 33 块，即颈椎 7 块，胸椎 12 块，腰椎 5 块，骶椎 5 块，尾椎 3~4 块。成年后，骶椎融合为 1 块骶骨，尾椎融合成为 1 块尾骨，故成年人的椎骨共 26 块。

（1）椎骨的一般形态特征。椎骨（图 1-1-8）一般由前方的椎体和后方的椎弓组成，椎体和椎弓围成的孔称为椎孔，各椎孔相连构成的管称为椎管，容纳脊髓及被膜等。

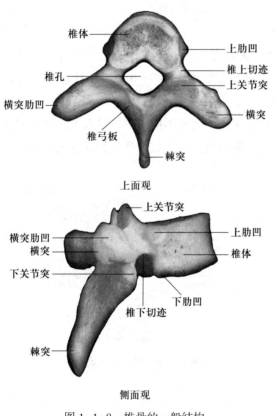

上面观

侧面观

图 1-1-8 椎骨的一般结构

椎骨的一般结构
彩图

① 椎体：位于椎骨前方，呈短圆柱形，是椎骨负重的主要部分，也是构成脊柱的基础，表面有薄层的骨密质，内部为骨松质。上、下皆粗糙，借椎间盘与相邻的椎骨椎体相连。在垂直暴力作用下，可发生压缩性骨折。

② 椎弓：位于椎体后方，呈弓形板状，由椎弓根和椎弓板构成。连接椎体的缩窄部分称椎弓根，两侧椎弓根向后内扩展变宽的板状结构称椎弓板。椎弓根上、下缘各有一个切迹，分别称椎上切迹和椎下切迹。两相邻椎骨叠连时，上位椎弓根上的椎下切迹和下位椎弓根上的椎上切迹围成椎间孔，共 23 对，其内有脊神经和血管通过。由椎弓向后部正中或后下方发出的一个突起称棘突，向两侧发出的一对突起称横突，在椎弓根和椎弓板结合处向上、下各发出一对突起，分别称为上关节突和下关节突。

（2）各部椎骨的主要形态特征。

① 颈椎（图 1-1-9）：位于颅骨与胸椎之间，共有 7 块。其中第 1、2、7 颈椎均为特殊形态的颈椎，在形态上与其余 4 块颈椎不同，其余 4 块颈椎具有相同的形态结构。第 2~6 颈椎椎体较小，大致呈圆形，颈椎棘突短且末端分叉，全部颈椎横突上有圆形小孔，称横突孔，内有椎动脉、椎静脉及神经通过。第 6 颈椎横突末端前方的结节较大，颈总动脉经其前面上行，当头部出血按压此结节具有暂时止血作用。

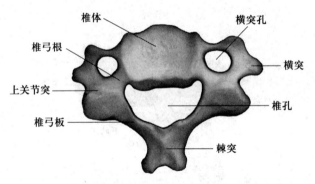

颈椎（上面观）
彩图

图 1-1-9 颈椎（上面观）

第 1 颈椎称寰椎，呈环形（图 1-1-10），无椎体、棘突、关节突，由前弓、后弓和两个侧块构成。其两对关节突变成一对上关节凹和一对下关节面。前弓中部的后面有一凹陷，称齿突凹，与枢椎齿突相关联。

第 2 颈椎即枢椎（图 1-1-11），椎体上方有一指状突起，称齿突，齿突两侧上面各有一个关节面，与寰椎下关节面相关联，以适应头部的旋转运动。

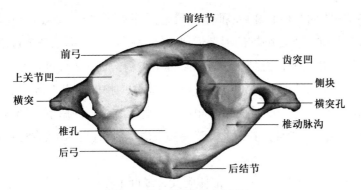

寰椎（上面观）
彩图

图 1-1-10 寰椎（上面观）

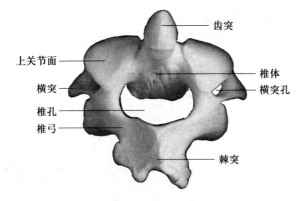

枢椎（上面观）
彩图

图 1-1-11 枢椎（上面观）

第 7 颈椎即隆椎（图 1-1-12），棘突特别长，呈水平状，末端不分叉，形成结节，低头时易在皮下可触及，是计数椎骨序数的重要体表标志点。

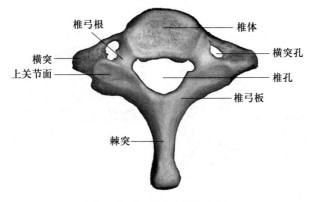

隆椎（上面观）
彩图

图 1-1-12 隆椎（上面观）

② 胸椎（图 1-1-8）：椎体大致呈圆柱形或"心"形，上胸椎的形态近似于颈椎，下位胸椎的形态近似腰椎。从第 1~3 胸椎椎体逐渐减小，然后开始逐渐增大，直到第 12 胸椎。胸椎椎体后外侧面的后方上、下各有一浅凹，称椎体肋凹，与肋骨肋头相关联。胸椎横突末端前面有一凹面，称横突肋凹，与肋骨肋结节相关联。棘突细长，向后下方倾斜，各相邻棘突呈叠瓦状排列。上、下关节突关节面呈冠状位，导致脊柱胸段活动受限。

③ 腰椎（图 1-1-13）：椎体肥大，横断面呈"肾"形，可承受更大的重量。椎孔呈三角形，所有椎孔一起构成椎管，椎管内有脊髓（马尾）通过。棘突宽而短，呈板状，水平伸向后方，各棘突之间的间隙较宽。上、下关节突关节面呈矢状位，便于脊柱腰段做屈伸运动。

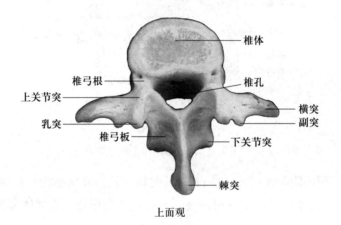

上面观

腰椎彩图

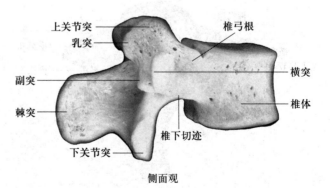

侧面观

图 1-1-13　腰椎

④ 骶骨（图 1-1-14）：由 5 块骶椎融合而成，上承腰椎，下接尾骨，构成骨盆后壁，呈扁平的倒三角形，为椎骨中最大的部分。底向上称骶骨底，与第 5 腰椎相关节，前缘正中突出称岬，尖朝下称骶骨尖，接尾骨。骶骨两侧有耳状面，与髂骨的耳状面相关节。骶骨内有骶管，上端接椎管，下端开口形成骶管裂孔，骶骨前面光滑，有 4 对骶前孔。后面粗糙，有 4 对骶后孔。骶前孔和骶后孔与骶管相通，有神经、血管通过。后面正中线上有一纵嵴为骶椎棘突融合的遗迹，称骶正中嵴。

⑤ 尾骨（图 1-1-14）：在外形上是一个尖端朝向尾侧的细长三角形，由 3~4 块退化的尾椎融合而成，上接骶骨，下端游离为尾骨尖，尾骨的

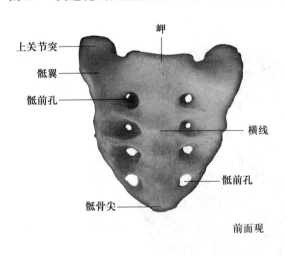

前面观

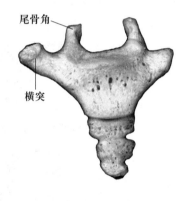

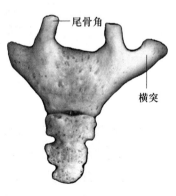

后面观

图 1-1-14 骶骨和尾骨

骶骨和尾骨彩图

躯干骨的主要体
表标志

上表面有一个小的关节面与骶5椎体下方的关节面连接。第1尾椎不一定
与骶椎相融合，有两个未发育的横突。

（二）颅骨

颅骨（图1-1-15）位于脊柱上方，与颈椎相连，由23块大小不等、
形态各异的不规则骨或扁骨构成（位于中耳的三对听小骨未计在内）。颅
骨借缝或软骨牢固连结（除舌骨和下颌骨外），共同围成腔，彼此间不能
活动，具有容纳和保护脑及感觉器官的作用，也参与构成呼吸道及消化道
的起始部。颅骨借眶上缘和外耳门上缘形成的分界线分为脑颅骨和面颅骨
两部分。

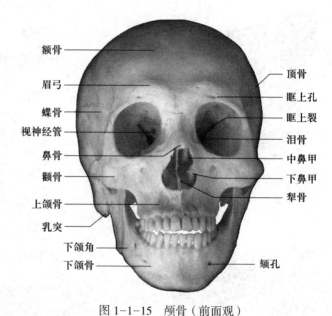

图1-1-15　颅骨（前面观）

颅骨（前面观）
彩图

1. 脑颅骨

脑颅骨，共有8块，包括1块额骨、1块枕骨、1块筛骨、1块蝶骨
和2块顶骨、2块颞骨。额骨位于颅的前上方，枕骨位于颅的后下部，枕
骨的前下部有枕骨大孔。额骨、顶骨、枕骨共同构成颅腔的顶，呈穹隆形
的颅盖。颅腔的底由中部的蝶骨、后方的枕骨、两侧的颞骨、前方的额骨
和筛骨构成。筛骨是最脆弱的含气骨，位于两眶之间，构成鼻腔上部和外

侧壁，筛骨上方的筛板上有许多筛孔，有嗅神经通过。蝶骨形似蝴蝶，居颅底中央；顶骨外隆内凹，呈四方形，位于颅顶中部，左右各一；颞骨参与构成颅底和颅腔侧壁，亦左右各一。

2. 面颅骨

面颅骨，共有 15 块。其中不成对的有 1 块下颌骨、1 块梨骨、1 块舌骨；成对的有 2 块上颌骨、2 块颧骨、2 块鼻骨、2 块泪骨、2 块腭骨和 2 块下鼻甲骨。面颅骨构成眶腔、鼻腔和口腔。

（三）上肢骨

上肢骨由上肢带骨和自由上肢骨构成。上肢带骨包括锁骨和肩胛骨，自由上肢骨包括肱骨、尺骨、桡骨和手骨。

1. 上肢带骨

（1）锁骨。锁骨（图 1-1-16）形似长骨，但无骨髓腔，位于胸廓的前侧上方，呈"~"形弯曲，内侧 2/3 向前凸，内侧胸骨端粗大呈圆柱状，与胸骨柄锁切迹构成胸锁关节；外侧 1/3 向后凸，外侧肩峰端呈扁平状，与肩胛骨肩峰关节面构成肩锁关节。上面光滑，下面粗糙。锁骨全长均可在体表扪到。

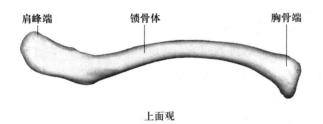

上面观

锁骨彩图

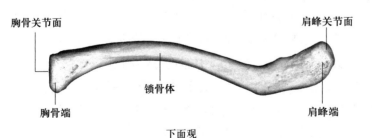

下面观

图 1-1-16 锁骨

（2）肩胛骨。位于背部的外侧上方，位于2~7肋骨之间，呈倒三角形，可分为两面、三缘、三角。

肩胛骨（图1-1-17）的两面为前面和后面。前面为一浅窝，称为肩胛下窝，与肋骨相邻；肩胛骨后面有一横行的骨嵴，称为肩胛冈。肩胛冈向外延伸的扁平凸起称为肩峰，与锁骨的肩峰端构成肩锁关节，肩峰是测量肩宽和上肢长度的骨性标志。肩胛冈上方和下方各有一个浅窝，分别称为冈上窝和冈下窝。

肩胛骨的三缘指上缘、外侧缘和内侧缘。肩胛骨的上缘较短，上缘靠近外侧角的地方，有一个向前上方的指状突起结构称为喙突。外侧缘较肥厚，靠近腋窝，又称为腋缘。内侧缘较薄，靠近脊柱，又称为脊柱缘。

肩胛骨的三角指上角、下角和外侧角。肩胛骨的上角为上缘和内侧缘的交汇处，平对第2肋的上缘。下角为内侧缘与外侧缘的交汇处，平对第7肋或第7肋间隙，下角为测量胸围和计数肋骨的骨性标志。外侧角为上缘和外侧缘的交汇处，三个角当中最肥厚的角，外侧角上有一梨状浅窝，称为关节盂，与肱骨头构成肩关节，关节盂的上下方各有一隆起，分别称为盂上结节和盂下结节。

肩胛骨的肩峰、内侧缘、下角、肩胛冈和喙突都可以在体表摸到。

不同项目运动员
的上肢差异

2. 自由上肢骨

（1）肱骨。肱骨（图1-1-18）位于上臂部，为典型的长骨，分为一体两端。肱骨头为肱骨近侧端的一半球形状的结构，和肩胛骨关节盂构成肩关节。在肱骨头周围有一环形浅沟，称为解剖颈。在肱骨头向肱骨体移行的地方有一稍细处，称为外科颈，此处较易发生骨折。肱骨头外侧有一较大的隆起，称为大结节，大结节向肱骨体延续的骨嵴称为大结节嵴。肱骨头前方有一较小的骨隆起，称为小结节，小结节向肱骨体延续的骨嵴称为小结节嵴。大结节嵴和小结节嵴之间有一条纵沟，称为结节间沟，有肱二头肌长头腱从中通过。肱骨体中部外侧有一粗糙的骨隆起部位，称为三角肌粗隆，是三角肌的附着点。肱骨体中部有一条由内上走行于肱骨体外侧斜行到外下的浅沟，称为桡神经沟，内有桡神经和肱深动脉通过。肱骨远侧端前后稍扁，外侧有半球形的肱骨小头，与桡骨关节凹构成关节，内侧有肱骨滑车与尺骨鹰嘴相关节。在肱骨的内外侧有向内和向外的突起，

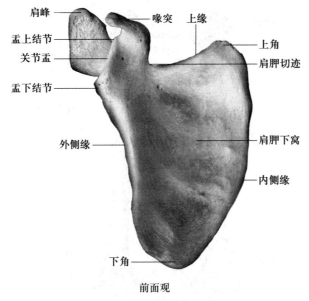

前面观

肩胛骨彩图

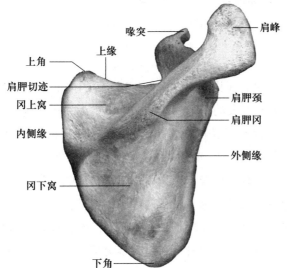

后面观

图1-1-17　肩胛骨

称为内上髁和外上髁。内上髁的后方有一条浅沟，称为尺神经沟，内有尺神经通过。肱骨滑车前上方的浅窝称为冠突窝，肱骨滑车后上方的深窝称为鹰嘴窝。肱骨大、小结节，内、外上髁在体表都可以扪及。

肱骨彩图

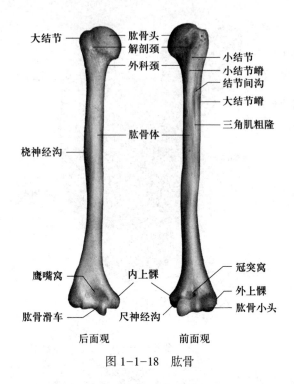

图 1-1-18 肱骨

（2）尺骨。尺骨（图 1-1-19）位于前臂的内侧，为长骨。尺骨近侧端比较粗大，前面有大的呈半月形的凹陷，称为滑车切迹，与肱骨滑车构成肱尺关节。在滑车切迹的上、下方都有一个突起，分别称为鹰嘴和冠突。冠突的外侧面有一关节面，称为桡切迹，与桡骨头环状关节面相关节。在冠突的下方有一粗隆，称为尺骨粗隆，为肱肌附着点。尺骨体上粗下细，外侧缘薄锐为骨间缘。尺骨的远侧端为尺骨头，尺骨头的后内侧有向下的突起即尺骨茎突，在尺骨头的外侧和前面有环状关节面和桡骨的尺切迹相关联。尺骨鹰嘴、尺骨头和尺骨茎突都可以在体表扪到。

（3）桡骨。桡骨（图 1-1-19）位于前臂的外侧，为长骨，分为一体两端。桡骨近侧端膨大的部分称为桡骨头，桡骨头周围是一圈环状关节面与尺骨上面的桡切迹相关联，桡骨头上面有关节凹与肱骨小头相关联。在桡骨头下方稍细的部位是桡骨颈，在桡骨颈的内下方是桡骨粗隆，桡骨粗隆是肱二头肌肌腱的附着点。桡骨体为三菱柱形，内侧缘薄锐为骨间缘。

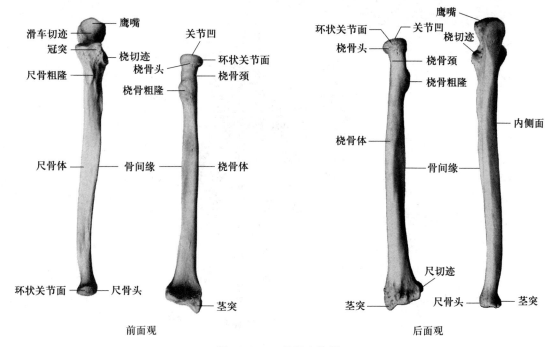

图 1-1-19　尺骨和桡骨

桡骨远侧端前凹后凸，在桡骨的下端外侧有凸向远端的桡骨茎突，在桡骨远端的内侧有尺切迹与尺骨环状关节面相关节。桡骨茎突可在体表扪到。

（4）手骨。手骨（图 1-1-20）包括腕骨，掌骨和指骨。

① 腕骨：位于手腕部，属短骨，单侧腕骨 8 块，由近侧列和远侧列组成。近侧列 4 块，由外向内分别为手舟骨、月骨、三角骨和豌豆骨；远侧列 4 块，由外向内分别是大多角骨、小多角骨、头状骨和钩骨。

② 掌骨：位于腕骨和指骨之间，属长骨，由远及近，分掌骨头、掌骨体和掌骨底。单侧 5 块，由外向内分别是第 1~5 掌骨。

③ 指骨：位于上肢的最远端，属长骨，由远及近，分指骨滑车（指骨粗隆）、指骨体和指骨底。单侧 14 块，除了拇指是两节，其他均是三节，分别为近节指骨、中节指骨和远节指骨。

上肢的主要体表骨性标志

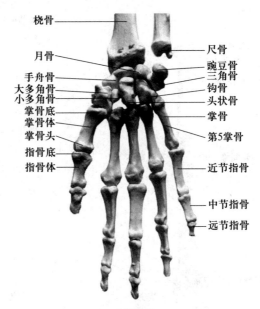

桡骨

月骨

手舟骨
大多角骨
小多角骨
掌骨底
掌骨体
掌骨头
指骨底
指骨体

尺骨
豌豆骨
三角骨
钩骨
头状骨
掌骨
第5掌骨

近节指骨

中节指骨

远节指骨

前面观

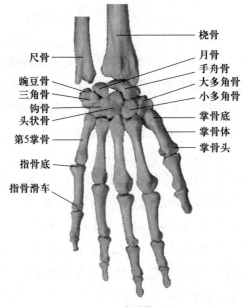

尺骨

豌豆骨
三角骨
钩骨
头状骨

第5掌骨

指骨底

指骨滑车

桡骨

月骨
手舟骨
大多角骨
小多角骨

掌骨底
掌骨体
掌骨头

后面观

图 1-1-20 手骨

（四）下肢骨

下肢骨包括下肢带骨和自由下肢骨两部分，下肢带骨由左、右两侧的髋骨构成，自由下肢骨由股骨、髌骨、胫骨、腓骨和足骨构成。

1. 下肢带骨

下肢带骨包括左右两侧的髋骨。

髋骨（图1-1-21）位于躯干下端的两侧，属不规则骨，两块髋骨成左右对称。髋骨上部宽扁，下部窄厚。幼儿时髋骨由上部的髂骨、后下部的坐骨和前下部的耻骨3块骨头构成，成年之后软骨骨化，3块骨头融合成1块髋骨。在3块骨头的融合部位的外侧有一深窝，称为髋臼。在髋臼的下方由坐骨和耻骨围成的卵圆形的闭孔。

（1）髂骨。它位于髋骨的上方，其结构有髂骨翼、髂窝、耳状面、弓状线、髂前上棘、髂前下棘、髂后上棘和髂后下棘等。髂骨上缘肥厚，称为髂嵴，髂嵴的前端为髂前上棘，后端为髂后上棘。在髂前上棘的下方是髂前下棘，在髂后上棘的下方是髂后下棘。髂骨上部宽大而薄，称为髂骨翼，髂骨翼内侧面的大浅窝称为髂窝。髂窝的下界有突起的圆润骨嵴，

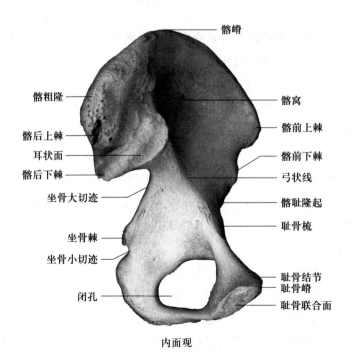

内面观

髋骨彩图

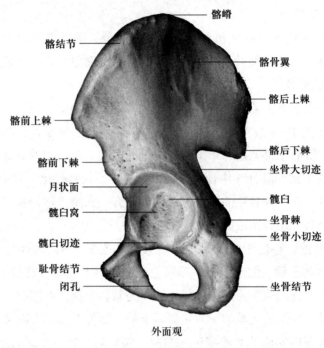

髂嵴

髂结节

髂骨翼

髂后上棘

髂前上棘

髂后下棘

坐骨大切迹

髂前下棘

月状面

髋臼

髋臼窝

坐骨棘

髋臼切迹

坐骨小切迹

耻骨结节

闭孔

坐骨结节

外面观

图 1-1-21　髋骨

称为弓状线，是大小骨盆的分界线。在髂骨翼的后方有耳状的粗糙面，称为耳状面，与骶骨的耳状面相关联。

（2）坐骨。它位于髋骨的后下部。其下端后部有肥厚而粗糙的坐骨结节，为坐骨的最低处，可以在体表扪到。坐骨后缘的三角形骨突起，称为坐骨棘。坐骨棘的上下方各有一个切迹，分别称为坐骨大切迹和坐骨小切迹。

（3）耻骨。它位于髋骨的前下部。两侧耻骨的粗糙相对面，称为耻骨联合面。在耻骨联合面上缘有一骨突起，称为耻骨结节。耻骨结节靠近髂骨的地方有圆润突起的骨嵴，称为耻骨梳，是大小骨盆的分界线。

2. 自由下肢骨

自由下肢骨由股骨、胫骨、腓骨、髌骨和足骨组成。

（1）股骨（图 1-1-22）。它位于大腿部。为人体最长骨，分为一体两端，约占身高的 1/4。股骨近侧端的球形结构为股骨头，与髋臼相关联。股骨头下面狭窄的部分为股骨颈。在股骨颈与股骨体交界的地方有两

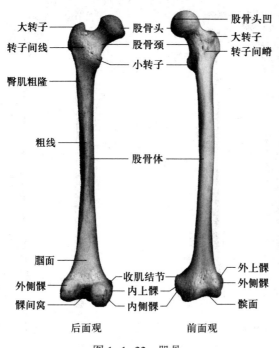

股骨彩图

图 1-1-22　股骨

个隆起，上外侧的隆起称为大转子，内下侧的隆起称为小转子。大转子和小转子之间在股骨的前面有转子间线相连，在股骨后面有转子间嵴相连。大转子可以在体表扪到。股骨体稍向前突，在股骨体的后侧有纵行的骨嵴，称为粗线。粗线向上延续于股骨上端的臀肌粗隆。股骨远侧端有两个膨大部分，内侧的叫内侧髁，外侧的叫外侧髁，内侧髁和外侧髁之间有一个窝，称为髁间窝。股骨远端前面有个光滑的关节面叫髌面，参与膝关节的组成。

（2）胫骨（图 1-1-23）。它位于小腿内侧。是小腿的最主要负重骨，较粗壮，分为一体两端。近侧端膨大，分别向内、外突出形成内侧髁和外侧髁。内、外侧髁的上面都有关节面与股骨下端相关节，内外侧髁上端关节面之间有一个向上的粗糙小隆起，称为髁间隆起。胫骨近侧端前面有一个粗糙隆起，称为胫骨粗隆，是股四头肌的止点。胫骨外侧髁的后下方有一指甲大小的关节面，称为腓关节面，参与构成胫腓关节。胫骨体呈三菱柱形，其前缘明显，直接位于皮下。胫骨远侧端内侧有向下的突起，称为

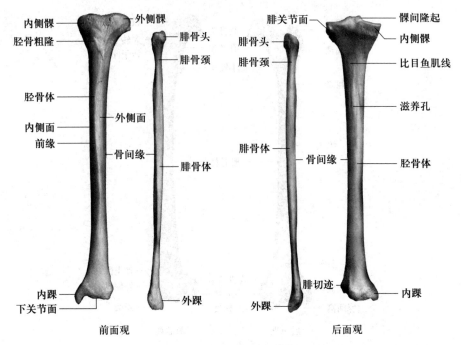

胫骨和腓骨彩图

图 1-1-23　胫骨和腓骨

内踝，内踝的外侧有关节面参与构成踝关节。胫骨外侧面有三角形的切迹，称为腓切迹。内踝可以在体表扪到。

（3）腓骨（图 1-1-23）。它位于小腿的外侧，细而长，可分为一体两端。近侧端略膨大，称为腓骨头，腓骨头内上方为关节面，与胫骨相关联。腓骨头下方变细，称为腓骨颈。腓骨远侧端膨大部分称为外踝，外踝内侧有关节面参与构成踝关节。腓骨头、外踝为重要的骨性标志，可在体表扪到。

（4）髌骨（图 1-1-24）。它位于股四头肌肌腱内，为全身最大的籽骨。髌骨上宽下尖，前面粗糙，后面有光滑的关节面与股骨下端髌面相关联。髌骨可在体表扪到。

（5）足骨（图 1-1-25）。它可分为跗骨、跖骨和趾骨。

① 跗骨：位于脚踝部，属短骨，单侧跗骨 7 块，分别为距骨、跟骨、骰骨、足舟骨及 3 块楔骨。距骨上面的滑车关节面参与构成踝关节。

② 跖骨：位于跗骨和趾骨之间，属长骨，由远及近，分跖骨头、跖

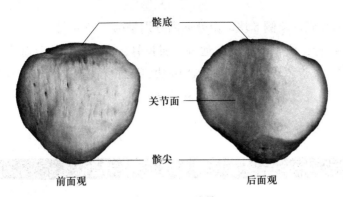

髌骨彩图

图 1-1-24　髌骨

前面观　　　　　　　　后面观

髌底

关节面

髌尖

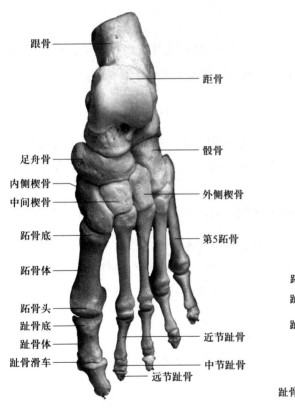

跟骨

距骨

骰骨

足舟骨

内侧楔骨

中间楔骨

外侧楔骨

跖骨底

第5跖骨

跖骨体

跖骨头

趾骨底

趾骨体

趾骨滑车

近节趾骨

中节趾骨

远节趾骨

左侧上面观

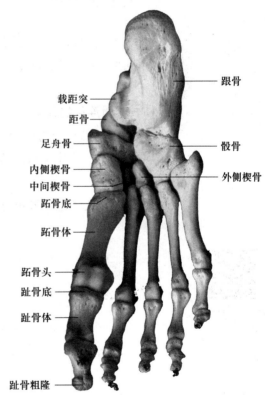

载距突

距骨

足舟骨

内侧楔骨

中间楔骨

跖骨底

跖骨体

跖骨头

趾骨底

趾骨体

趾骨粗隆

跟骨

骰骨

外侧楔骨

右侧下面观

图 1-1-25　足骨

足骨彩图

骨体和距骨底。单侧 5 块，由外向内分别是第 1~5 跖骨。

③趾骨：位于下肢的最远端，属长骨，由远及近，分趾骨滑车（趾骨粗隆）、趾骨体和趾骨底。单侧 14 块，除了第 1 趾是两节，其他均是三节，分别为近节趾骨、中节趾骨和远节趾骨。

第二节 骨 连 结

一、骨连结总论

骨与骨之间借纤维结缔组织、软骨组织或骨组织相连结，称为骨连结。不同部位的骨连结在形态、结构和功能方面存在着差异。

（一）骨连结的分类

按连结的部位分为中轴骨连结和附（四）肢骨连结。中轴骨连结包括颅骨连结、躯干骨连结；附（四）肢骨连结包括上肢骨连结和下肢骨连结。

按骨连结形式的不同可分为直接连结和间接连结两种（图 1-2-1）。

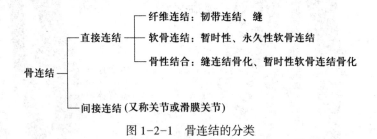

图 1-2-1 骨连结的分类

1. 直接连结

直接连结是指骨与骨之间借纤维结缔组织、软骨或骨直接相连，其连结之间无间隙，运动范围极小或完全不能活动。根据连结组织的不同，这种连结可分为纤维连结、软骨连结和骨性结合三类。

（1）纤维连结。骨与骨之间借纤维结缔组织相连，常有两种连结形式：韧带连结和缝连结。

① 韧带连结：是连接两骨的纤维结缔组织呈条索状、扁带状或膜状，如椎体前方的前纵韧带连结，椎体后方的后纵韧带连结，或前臂骨连结（图 1-2-2）等。此连结运动范围小，仅有稍许活动。

② 缝连结：是两骨间借少量纤维结缔组织相连，多见于颅骨间，如婴幼儿颅骨的矢状缝和冠状缝（图 1-2-3）等。此连结无活动性。

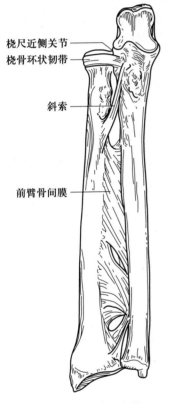

桡尺近侧关节
桡骨环状韧带
斜索
前臂骨间膜

图 1-2-2 前臂骨连结

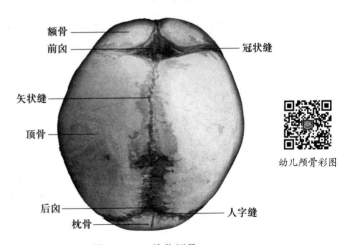

额骨
前囟
冠状缝
矢状缝
顶骨
后囟
枕骨
人字缝

幼儿颅骨彩图

图 1-2-3 幼儿颅骨

（2）软骨连结。骨与骨之间借软骨组织相连，可分为暂时性软骨连结与永久性软骨连结两种。

① 暂时性软骨连结：在婴幼儿或少年时期，骨与骨之间为透明或纤

维软骨连结，但随着年龄增长，软骨连结部位骨化成骨性结合，如髋骨的髂骨、耻骨和坐骨之间的连结（图 1-2-4）。

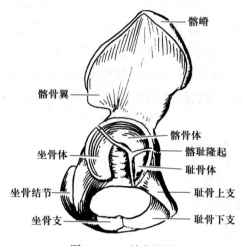

髂嵴

髂骨翼

髂骨体
髂耻隆起
耻骨体

坐骨体

坐骨结节

耻骨上支

坐骨支

耻骨下支

图 1-2-4　幼儿髋骨

② 永久性软骨连结：骨与骨之间终身为透明或纤维软骨连结，如第 1 肋软骨与胸骨间的连结以及椎体间的椎间盘（图 1-2-5）。

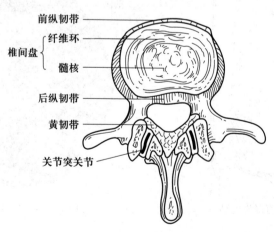

前纵韧带

纤维环

椎间盘

髓核

后纵韧带

黄韧带

关节突关节

图 1-2-5　椎间盘

（3）骨性结合。骨与骨间借骨组织相连。缝连结骨化后转变为骨性结合，如颅骨缝的结缔组织骨化等。暂时性软骨连结骨化后转变为骨性结合，如髂骨、耻骨和坐骨之间的透明软骨骨化等。

2. 间接连结

在脊椎动物种系发展中，直接连结可能是骨连结中最简单、最原始的方式，此后随着进化演变，相邻骨的相对面借结缔组织相连成"袖套状"结构，有滑液出现，由此形成了骨连结中的高级形式——关节或滑膜关节。骨与骨之间借复杂的结缔组织相连，失去了连续性并出现间隙，包括关节面、关节囊、关节腔，称为关节。由于人体有关节的存在，骨与骨之间存在着的腔隙使骨能够围绕关节做出各种灵活的运动。

脱臼

（二）关节的构造

关节的结构包括主要结构和辅助结构（图1-2-6）。

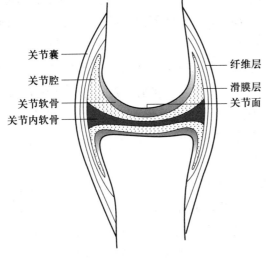

图 1-2-6　关节的构造

关节的构造彩图

1. 关节的主要结构

关节的主要结构包括关节面、关节囊和关节腔，是每个关节必须具备的结构，也称为关节三要素。

（1）关节面。关节面是参与组成关节的各相关骨的接触面。每一关节至少包括两个关节面，一般为一凸一凹，凸者为关节头，凹者为关节窝。

关节面上覆盖有关节软骨。关节软骨大多数为透明软骨，少数为纤维软骨。正常关节软骨表面光滑而富有光泽，深部与关节面紧密相连，关节软骨厚度为2~7 mm，其厚薄因不同的关节和不同的年龄而异，运动员的关节软骨较厚，老年人的较薄。即使在同一关节中，不同部位的厚薄亦不相同，一般受压力较大的部位关节软骨较厚，关节头和关节窝周缘较厚，使两关节面接触处更加吻合。

显微结构下，软骨细胞就位于由胶原纤维构成的拱形网状结构中，人体运动时，外力被拱形网状结构缓冲，加之软骨表面覆以少量滑液，故关节软骨具有减轻冲击、吸收震荡、减少摩擦等作用。关节面软骨内无血管、神经和淋巴管，其营养由滑液和关节囊滑膜层的血管供应。

（2）关节囊。关节囊是由纤维结缔组织构成的囊，附于关节面周围的骨面与骨膜融合，密闭关节腔，关节囊可分为内、外两层。

外层为纤维层，由致密结缔组织构成，附着于关节面软骨周缘。富有血管、淋巴管和神经。在某些部位，纤维层增厚可形成韧带，增强骨与骨之间的连结，并限制关节的过度运动。纤维层的厚薄在不同关节或同一关节不同部位都有所不同，负重大的部位纤维层较厚（髋关节），负重小的部位纤维层较薄（肩关节）；在某一方向运动受限或运动幅度较小的部位纤维层较厚（肘关节左右两侧的纤维层），某一方向运动幅度较大的关节纤维层较薄（肘关节左右前后的纤维层）。纤维层起着稳固关节、保持关节完整性的作用。

内层为滑膜层，由平滑光亮、薄而柔润的疏松结缔组织膜构成，衬贴于纤维层内面，包被着关节内除关节面软骨、关节唇和关节盘以外的所有结构。滑膜层富含血管，能分泌滑液。滑液的正常含量仅有0.3~2 mL，颜色淡黄，清亮略呈碱性。滑液不但为关节提供了液态环境，起着增加滑润，减少摩擦，降低软骨蚀损的作用，而且保持一定酸碱度，为关节面和关节内软骨提供营养，促进其新陈代谢。

（3）关节腔。关节腔为关节面软骨和关节囊滑膜层共同围成的密闭腔隙，腔内有少量滑液，关节腔内呈负压，对维持关节的稳定性有一定的作用。

2. 关节的辅助结构

关节除具备上述主要结构外，某些关节为适应特殊功能的需要而

关节软骨损伤

分化出一些辅助结构以增加关节的灵活性或稳固性，其具体内容详见表
1-2-1。

▶ 表1-2-1 辅助结构名称及内容

辅助结构名称	概念	分类	举例	功能
韧带	连于相邻两骨之间的致密纤维结缔组织束	囊外韧带囊上韧带囊内韧带	腓侧副韧带髂股韧带膝交叉韧带	加强关节的稳固性
关节内软骨	存在于关节腔内的纤维软骨	关节盘半月板	腕关节膝关节	使两关节面更为吻合，减少冲击震荡，并可增加关节的稳定性
关节唇	是附于关节窝周缘的纤维软骨环		肩关节髋关节	加深关节窝，增大关节面，有增加关节稳固性的作用
滑膜囊	关节囊的滑膜层囊状向纤维层的薄弱或缺如处膨出		膝关节	减少肌肉活动时与骨面之间的摩擦
滑膜襞	关节囊的滑膜层突向关节腔内折叠		膝关节	调节或充填关节腔的作用，同时也扩大了滑膜的面积有利于滑液的分泌和吸收

（三）关节的运动

发生运动的某一部分（如躯干、上肢、下肢等）或某一节段（上臂、前臂、大腿、小腿等）称之为运动环节。运动环节围绕关节产生的运动称之为关节的运动。运动环节在关节处围绕三个互相垂直的基本轴在三个基本面里面进行运动，产生下列几种基本的关节运动形式（图1-2-7），其具体内容详见表1-2-2。

▶ 表 1-2-2　关节运动形式的分类及内容

关节运动形式	分类	内容
屈和伸：运动环节绕冠状轴，在矢状面内运动	屈	往前运动为屈，或相邻环节在腹侧角度变小的运动为屈。膝关节及其以下的关节则相反。如膝关节处，小腿向后贴近大腿为屈；踝关节处，绷足尖＝屈＝跖屈
	伸	往后运动为伸，或相邻环节在背侧角度变小的运动为伸。膝关节及其以下的关节则相反。如膝关节处，往前运动为伸；踝关节处，勾足尖＝伸＝背屈
内收和外展：运动环节绕矢状轴，在冠状面内运动	内收	环节向正中矢状面靠拢为内收。手指和足趾处，规定以第三指和第二趾为中轴的靠拢为内收
	外展	环节远离正中矢状面为外展。手指和足趾处，规定以第三指和第二趾为中轴的散开为外展
回旋：运动环节绕垂直轴，在水平面内运动	内旋	环节由前面向内侧旋转称转为内旋。前臂处，手背内旋至前方称之为旋前
	外旋	环节由前面向外侧旋转称为外旋。前臂处，手掌外旋至前方称之为旋后
水平屈、水平伸：上肢在肩关节或下肢在髋关节先外展90°，绕垂直轴在水平面内运动	水平屈	向前运动为水平屈
	水平伸	向后运动为水平伸
环转：运动环节绕任何两轴所做的连续运动，运动环节的近端在原位活动，运动环节的远端做圆周运动，运动环节描绘出圆锥形的轨迹。环转运动实际上是屈、展、伸、收依次结合的连续动作		

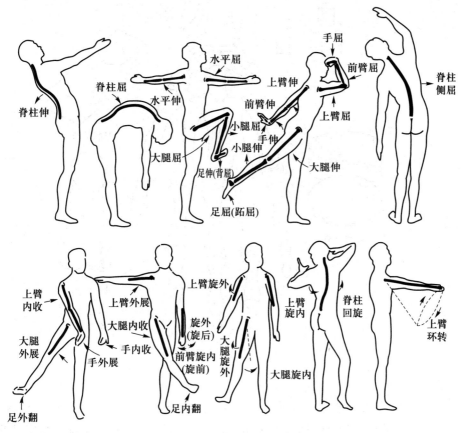

图 1-2-7　关节的运动形式

（四）关节的分类

关节的运动与关节面的形状关系密切，关节面的形状决定了关节运动轴的数目，故关节可按关节运动轴的数目和关节面的形状、构成关节骨的数目和关节的运动方式进行分类（图 1-2-8）。

1. 按运动轴的数目分类

（1）单轴关节。关节只能绕一个运动轴在一个平面内运动。包括滑车关节和车轴关节两种。

① 滑车关节（屈戌关节）：关节头呈滑车状，关节窝与其相适应。通常只能绕冠状轴做屈伸运动，如指间关节。

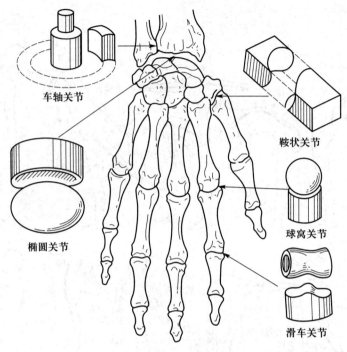

图 1-2-8 关节的分类

② 车轴关节（圆柱关节）：由圆柱状的关节头与凹面状的关节窝构成，关节窝常为骨和韧带连成环组成。可绕垂直轴做旋转运动，如桡尺近侧与远侧关节等。

（2）双轴关节。关节能绕两个运动轴在两个相应的平面内运动，以及环转运动。包括椭圆关节和鞍状关节。

① 椭圆关节：关节头和关节窝均呈椭圆形，可绕冠状轴做屈伸运动，或绕矢状轴做外展与内收运动，此外还可做环转运动，如腕关节。

② 鞍状关节：两骨的关节面均呈鞍状，互为关节头，可绕冠状轴做屈伸运动，或绕矢状轴做外展与内收运动，此外还可做环转运动，如拇指腕掌关节。

（3）多轴关节。关节能绕三个运动轴在多个平面内做多方向的运动。包括球窝关节和平面关节。

① 球窝关节：关节头呈球状，关节窝是与之相吻合的窝状。可绕冠

状轴做屈伸运动，或绕矢状轴做外展与内收运动，或绕垂直轴做旋内和旋外运动。关节运动幅度较大，如肩、髋关节。

② 平面关节：两骨的关节面均较平坦而光滑，但仍有一定的弯曲或弧度，可做多轴性的滑动或转动。但关节运动幅度极小，只能做微小的回旋和滑动。因此又称微动关节，如腕骨间关节、跗跖关节、肩锁关节和关节突关节等。

2. 按构成关节的骨的数目分类

（1）单关节。由两块骨组成的关节，即一个关节头和一个关节窝，如肩关节和髋关节。

（2）复关节。由两块以上的骨构成，被一个关节囊所包裹，其中每一块骨都能独立活动的，称为复关节，如肘关节和膝关节。

3. 按关节的运动方式分类

（1）单动关节。指能单独进行活动的关节，如肩关节。

（2）联合关节。指两个或两个以上结构独立的关节，在运动时需绕共同运动轴进行活动。如桡尺近侧关节和桡尺远侧关节，结构是独立的，活动时必须共同运动，才能使前臂做旋前和旋后动作。

（五）关节的运动幅度及其影响因素

关节运动幅度是指一个动作从开始到结束，某一关节处相邻两环节之间的运动范围的极限角度（用角度表示）。

关节运动幅度与关节灵活性和稳固性有关，它受以下因素的影响。

（1）构成关节的两关节面面积差。面积差大的，灵活性大，稳固性小，如肩关节；面积差小的，灵活性小，稳固性大，如髋关节。

（2）关节囊的厚薄及松紧度。关节囊厚而紧张的灵活性小，坚固性大，如髋关节；关节囊薄弱而松弛的，灵活性大，坚固性小，如肩关节。

（3）关节韧带的多少与强弱。韧带多而强的，稳固性大，灵活性小，如髋关节；韧带少而弱的稳固性小，灵活性大，如肩关节。

（4）关节周围肌肉的状况。关节周围肌肉力量强，稳固性大，灵活性小，如下肢各关节周围的骨骼肌；关节周围肌肉力量弱，稳固性小，灵活性大，如上肢各关节周围的骨骼肌。

（5）关节周围的骨突起。关节周围的骨突起常阻碍环节的运动，影响关节的运动幅度，如尺骨鹰嘴限制了肘关节伸的运动幅度，如股骨大转子可限制髋关节外展的运动幅度。

（6）体育项目。不同的运动项目，对关节运动幅度的影响不同。如跨栏项目，髋关节运动幅度大；游泳、排球项目，肩关节运动幅度大；体操项目，脊柱运动幅度大。

（7）年龄。儿童少年软组织的胶原纤维多，关节运动幅度大；老年反之，关节运动幅度减小；经常参加锻炼的人群，关节运动幅度较大，维持的年龄段较长，且关节稳固性较好。

（8）性别。女性关节运动幅度一般大于男性。

（六）体育运动对关节形态结构的影响

系统的体育锻炼可使骨关节面骨密质增厚，从而承受更大的负荷。

短时间的运动可使关节面软骨肿胀，运动停止后肿胀消失，这种变化在 25 岁以下的年轻人中更明显。体育活动可以使肌腱和韧带增粗，加固了关节的稳固性。长期系统的运动可使关节面软骨增厚。关节稳固性的提高加强了对关节的保护作用，但这往往会减小关节的活动幅度。体育运动可增强中枢神经对骨骼肌的调节能力，提高关节本体感觉，增加关节的灵活性。

系统的柔韧性练习可增加关节囊周围肌腱、韧带和肌肉的伸展性，从而使关节运动幅度增加。所以在进行力量性练习时应配合一定数量的柔韧性练习，使力量与柔韧素质同时得到相应的发展。柔韧素质的发展有助于动作的协调，对提高运动成绩、减少伤害事故和预防损伤有着重要意义。

预防关节损伤

二、骨连结各论

（一）躯干骨连结

包括脊柱和胸廓，前者由椎骨间连接构成；后者由 1 块胸骨、12 块胸椎及 12 对肋等连接构成。

1. 脊柱

（1）椎体间的连结。相邻椎体之间通过椎间盘、前纵韧带和后纵韧带相连结。

① 椎间盘（图1-2-9）：是连结相邻两个椎体的纤维软骨盘，正常人的椎间盘有23个，它们叠加在一起的总厚度，相当于脊柱全长的1/4，在脊柱上分颈、胸、腰三段。

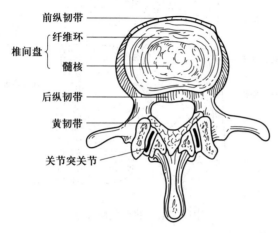

图 1-2-9 椎间盘

主要结构：由两部分构成，中央部分是胚胎时脊索的残留物，由柔软而富有弹性的黏液状胶体物质构成，称为髓核；周围部分由多层纤维软骨环按同心圆排列组成，较为坚韧，牢固连结上下两个椎体，保护髓核并限制髓核向周围膨出，称为纤维环。

功能：椎间盘似"弹性垫"，坚韧、抗压、富有弹性，具有承重、传递力、缓冲振荡作用，并与椎骨共同形成生理弯曲，还具有增加脊柱运动幅度等功能。

椎间盘各段厚薄不一，前后缘厚薄也不等。颈、腰段前缘厚、后缘薄，形成脊柱前突；胸段后缘厚、前缘薄，形成脊柱后突。骶骨与腰椎的连结，又称"腰骶关节"，其他骶椎椎体之间没有椎间盘，自然形成后突（图1-2-10）。

② 前纵韧带（图1-2-10）：位于椎体前面，宽厚而坚韧。

起止点：上起自枕骨大孔前缘，下止第1或第2骶椎椎体前壁。

功能：前纵韧带纵贯脊柱全长，其纵行纤维与椎体和椎间盘牢固连结，有防止脊柱过度后伸和椎间盘向前脱出的作用。

椎间盘突出症

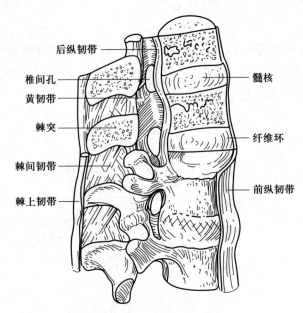

图 1-2-10   椎骨间的连结

③ 后纵韧带（图 1-2-10）：位于椎体后面，椎管前壁，细而坚韧。

起止点：上起自枢椎并与覆盖枢椎椎体的被膜相续，下止骶中管前壁。

功能：后纵韧带纤维与椎体上、下缘和椎间盘紧密连结，而与椎体结合较为疏松，其作用为限制脊柱过度前屈。

（2）椎弓间的连结。包括椎弓板之间和各突起间的连结。

① 黄韧带：又称弓间韧带，（图 1-2-10）位于椎管内，是连结相邻两椎弓板间的韧带，由黄色的弹力纤维构成，其封闭了椎弓间隙，并协助围成椎管。

功能：限制脊柱过度前屈并维持脊柱于直立位。

② 棘间韧带（图 1-2-10）：位于相邻各棘突之间，向前连接黄韧带，向后移行为棘上韧带和项韧带。

③ 棘上韧带（图 1-2-10）：其前方与棘间韧带相融合，是连结胸、腰、骶椎各棘突尖之间的纵行韧带，有限制脊柱前屈的作用。

④ 项韧带（图 1-2-10）：从枕外隆凸等处至第 7 颈椎棘突尖的棘上韧带，其弹性膜层扩展成三角形板状结构，具有限制颈椎段过度前屈的作用。

⑤ 腰骶连结：即第 5 腰椎体与第 1 骶椎体之间的椎间盘构成连结。

连结方式与椎骨间的连结方式基本相同。

⑥ 骶尾连结：位于骶椎与第 1 尾椎之间，若未骨化则借纤维软骨盘和透明软骨的残余形成骶尾连结。

⑦ 横突间韧带：连结相邻椎骨横突。

（3）寰椎与枕骨及枢椎的关节、关节突关节。

① 寰枕关节（图 1-2-11）：由枕骨的枕髁和寰椎上两侧块的上关节凹构成。寰枕关节属于椭圆形关节，左右寰枕关节在结构上独立，功能上属于联合关节。绕冠状轴使头做屈与伸（即低头与抬头）运动；绕矢状轴使头侧倾（即头偏向左、右侧）运动。

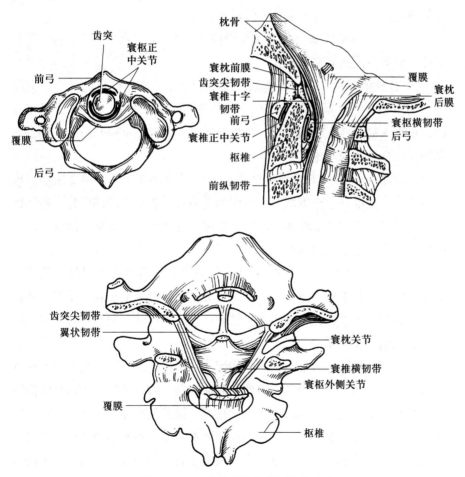

图 1-2-11 寰枕关节和寰枢关节

②寰枢关节（图1-2-11）：由寰椎前弓上的齿凹与枢椎前方的齿突构成寰枢正中关节，属车轴关节。由寰椎侧块的下关节面与枢椎上关节面构成两个寰枢外侧关节。这三个独立的关节共同构成寰枢关节。可以绕齿突垂直轴，使头连同寰椎进行回旋（即头部旋左、旋右）运动。

寰枕关节和寰枢关节的联合运动能使头做俯仰、侧屈和回旋运动（图1-2-11）。

③关节突关节：由下位椎体上关节突与上位椎体下关节突构成，关节囊附于关节面周缘，两侧的关节突关节属联合关节。关节突关节属于平面关节，只能做轻微滑动，虽然各椎骨之间活动幅度不大，但所有关节突关节同时参与活动，可产生较大的运动幅度。

（4）脊柱的整体观。成年女性脊柱长约65 cm，男性约70 cm，其长度可因姿势不同而略有差异。

①脊柱前面观：正常人自第2颈椎到第2骶椎，椎体的大小、宽度自上而下增大，而骶骨耳状面以下椎体逐渐变小。此外，从前面观察脊柱，正常人的脊柱有轻度侧屈，惯用右手的人，脊柱上部略凸向右侧，下部则代偿性地凸向左侧。

这是由于椎体自上而下负载增加，所以自第2颈椎到第2骶椎，椎体的大小、宽度自上而下增大。但因为重力经骶骨传至两侧髋骨，椎体已无承重意义，所以到骶骨耳状面以下椎体又突然变小、变窄。因此，骶骨的形态与其功能是相适应的。

②脊柱后面观：脊柱后面可见所有椎骨棘突连贯形成纵嵴，位于背部正中线上。颈椎棘突近水平位，短而分叉；胸椎棘突细长，呈覆瓦状排列，多斜向后下方；腰椎棘突水平伸向后方，呈板状，而骶椎棘突逐渐退化，直至消失（图1-2-12）。

③脊柱侧面观：成人的脊柱侧面可见有颈、胸、腰、骶4个生理性弯曲。其中颈曲和腰曲向前，胸曲和骶曲向后。脊柱的每个生理性弯曲形态都与其功能相适应，颈曲支持头的抬起，腰曲使身体重心垂线后移，以维持身体的前后平衡，保持稳固的直立姿势，而胸曲和骶曲在一定意义上扩大了胸腔和盆腔的容积。这些弯曲增大了脊柱的弹性，对维持人体的重心稳定和减轻震荡有重要意义（图1-2-12）。

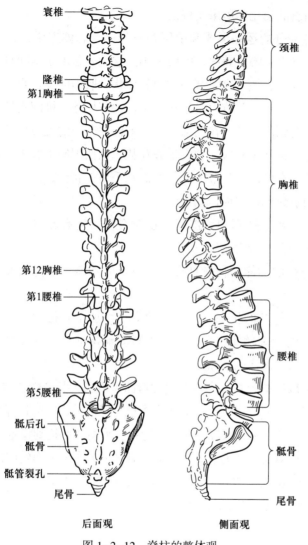

寰椎
隆椎
第1胸椎
颈椎

第12胸椎
第1腰椎
胸椎

第5腰椎

骶后孔
骶骨
骶管裂孔
尾骨

腰椎

骶骨

尾骨

后面观   侧面观

图1-2-12 脊柱的整体观

脊柱侧弯

    脊柱的生理性弯曲是人类在漫长的进化过程中形成的，在胚胎时人体处于全身屈曲状态下发育，此时形成胸曲和骶曲。婴儿出生后3~4个月开始抬头形成颈曲，而腰曲则是在出生后1岁左右开始直立行走时才形成。

    （5）脊柱的运动。相邻两椎骨之间的活动范围是有限的，但整个脊柱的活动范围较大。可做屈伸、侧屈、回旋和环转运动，脊柱的运动主要是依靠椎间盘的扁化作用来实现的。

脊柱各部分的运动形式和范围各不相同，总体来说，脊柱各段活动范围是颈段最大、腰段其次、胸段最小。这主要是由于椎间盘的厚度、韧带的位置及强弱、关节突关节的方位和形状、肌肉的发达程度等不同。在颈部，颈椎关节突的关节面略呈水平位，关节松弛，椎间盘较厚，故屈伸和旋转运动的幅度较大。在胸部，由于胸椎关节突的关节面呈冠状位，且与肋骨相连，椎间盘较薄，棘突呈叠瓦状，从而限制了胸椎的运动，故活动范围较小。在腰部，关节突的关节面几乎呈矢状位，限制了此段旋转运动，但椎间盘最厚，屈伸运动灵活。

此外，年龄、性别和锻炼程度也对脊柱运动有影响，一般人与运动员的脊柱运动存在较大差别。

（6）脊柱的功能。脊柱具有支持负重的功能，是构成人体躯干的中轴和支柱。

脊柱起到杠杆的作用。椎间盘的变化增加了脊柱的运动幅度，实现了关节运动的生理功能，脊柱可最大限度地帮助完成许多复杂的身体运动，如杂技演员表演的"软腰"。

脊柱可以保护大脑。脊柱的生理弯曲可以增大其弹性，缓冲和分散自上而下承载的重力及自下而上对颅内中枢神经的冲击，间接保护了大脑。

脊柱可以传递力，减轻震荡，维持重心平衡从而达到稳定身体的目的。

脊柱的椎管容纳了脊髓，是保护脊髓不可或缺的组织结构。

脊柱构成胸腔、腹腔、盆腔的后壁，可保护内脏脏器。

此外脊柱也是肌肉的重要附着点。

2. 胸廓

（1）组成。胸廓由 12 块胸椎、12 对肋、1 块胸骨和它们之间的连结共同构成。其中主要关节包括肋椎关节和胸肋关节。

① 肋椎关节：由肋骨后端与胸椎之间组成关节，包括肋头关节和肋横突关节。它们在结构上是独立的，但功能上是联合的，属于联合关节（图 1-2-13）。

肋头关节：由肋头关节面与相邻胸椎椎体的上、下肋凹构成，属于微动的平面关节（图 1-2-13）。

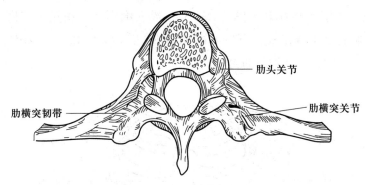

图1-2-13 肋椎关节

肋横突关节：由肋结节关节面与相应胸椎的横突肋凹构成，属于微动的球窝关节（图1-2-13）。

肋头关节和肋横突关节都属于微动关节，运动范围较小，可使胸廓矢状径和横径发生变化。

②胸肋关节：由第2~7肋软骨与胸骨上的相应肋切迹组成，属微动关节。第1肋骨借肋软骨与胸骨柄上的第1肋切迹直接相连，第8~10对肋软骨的前端与上位肋软骨相连，在两侧形成肋弓；第11和12对肋骨前端没有软骨，也不和上位肋相连，悬浮于腹后壁的肌肉之中（图1-2-14）。

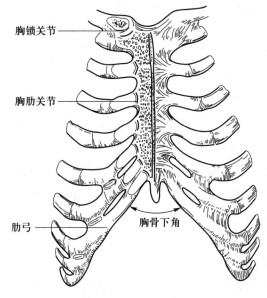

图1-2-14 胸肋关节

（2）胸廓的整体观（图 1-2-15）。成人胸廓上口由第 1 胸椎、第 1 肋骨和胸骨柄上缘围成，下口由第 12 胸椎、第 11 与 12 对肋前端、肋弓和胸骨剑突围成，并被膈肌封闭。

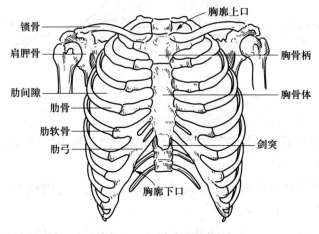

图 1-2-15　胸廓的整体观

成人胸廓上口小而下口大，前后稍扁，上窄下宽，形似圆锥状。胸廓内有三径：冠状径（左右或横径）、矢状径（前后径）和垂直径（上下径）。上口矢状径较短，下口较长，因此下口向前膨出。冠状径也向两侧膨出。

（3）胸廓的运动。胸廓的运动是以肋椎关节作为支点进行的，肋骨绕着斜向后上的这两个关节的斜轴进行联合运动。

胸廓的运动主要是参与呼吸，其运动是以肋骨体的上下运动来表示，吸气时，膈肌圆顶下降、胸廓上提，胸骨上举、肋骨上提、三径扩大、胸腔扩张；呼气时，膈肌圆顶被动反弹上升、胸廓下降，胸肋骨一起下降、三径变小、胸腔缩小。而且胸廓直接参与完成人体的胸式呼吸。

（4）胸廓的功能。胸廓的主要功能是运动参与呼吸，此外胸廓具有保护、支持和容纳脏器的功能。

（二）颅骨连结

颅骨的连接形式包括：直接连结（缝连结、软骨连结）和关节。

颅骨大部分以缝的形式连结，如冠状缝、矢状缝和人字缝等，缝内含有薄层结缔组织纤维膜，随年龄增长所有的缝先后骨化演变成骨性结合，如新生儿颅骨很薄，各颅盖骨之间未骨化的缝隙称囟。颅顶中央的"囟门"不宜触压，因为此处出生后一年半左右才骨化。

颅的小部分以软骨方式形成连结，如颅底的蝶枕、蝶岩、岩枕等软骨结合，随年龄增长都先后骨化，形成骨性结合。

此外还有以关节形式连结的颞下颌关节（又称下颌关节）。

1. 颞下颌关节

（1）主要结构。由下颌骨的下颌头和颞骨的下颌窝组成，属于椭圆关节（图1-2-16）。

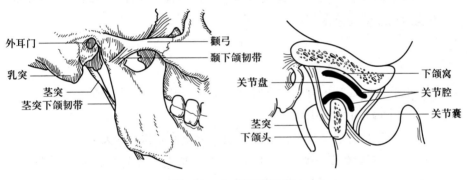

图1-2-16 颞下颌关节

（2）辅助结构。颞骨的下颌窝内有一个椭圆形的纤维软骨盘，将整个关节腔分割成为上、下两部分并被包在一个囊内。关节盘的周缘与关节囊相连，整个关节囊较松弛，前部较薄弱，下颌骨易向前脱位，囊外有外侧韧带加强。

（3）运动。颞下颌关节在结构上是独立的，功能属于联合关节。颞下颌关节可以进行上提与下降、前伸与后缩和侧向运动。运动时左右两侧同时运动。

软骨盘将关节腔分为上下两部分，上关节腔的腔隙较小，下关节腔内的下颌头抵住关节盘可以一起上下运动，下颌头类似球状却具有三个方向运动，增加了下颌关节的运动范围。

2. 颅的整体观

颅顶面由额骨、顶骨和枕骨构成，呈卵圆形，前窄后宽，光滑隆凸。三块骨连接处形成"三缝"：冠状缝，由两侧顶骨与额骨构成；矢状缝，由两侧顶骨连接形成；人字缝，由两侧顶骨与枕骨连接形成。

颅底内面形成窝。各窝内有孔、管、裂，它们多数与颅底外面相通。

颅底外面凸凹不平，有沟、管和裂孔供血管和神经通过。其后部下方有枕骨大孔，孔后上方有枕外隆凸；孔前外侧有隆起，称枕髁，呈椭圆形。

颅的前面由部分脑颅骨和大部分面颅骨共同围成眶和骨性鼻腔。

颅的侧面中部有外耳门，外耳门后方有一隆起称乳突，呈圆锥形；前方的深窝为下颌窝，下颌窝前下方为下颌角。

除下颌骨和舌骨外，其他各颅骨借膜、软骨和骨牢固结合成一整体，不能活动或活动范围很小。

（三）上肢骨连结

上肢骨的连结可分上肢带骨的连结和自由上肢骨的连结。

1. 上肢带骨的连结

上肢带骨的连结（又称肩带）包括胸锁关节和肩锁关节。

（1）胸锁关节（图1-2-17）。它是上肢与躯干连结的唯一关节。由锁骨的胸骨端，胸骨的锁切迹及第一肋软骨的上面组成，属于多轴关节。关节囊坚韧，周围有韧带加强，关节腔密闭呈负压。其周围韧带均为囊外韧带，包括胸锁前、后韧带，锁间韧带，肋锁韧带等，可防止关节前后脱位、锁骨外侧端过度下降等。这些关节均在一定程度上加强胸锁关节的稳固性。囊内有由纤维软骨构成的关节盘，其具有增强关节头和关节窝契合度，防止锁骨向内上脱位的作用。胸锁关节可以围绕三个运动轴运动，即绕矢状轴做上下运动（如耸肩、沉肩动作）；绕垂直轴做前后运动（如含胸、扩胸运动）；绕额状轴可做前后回旋运动（如肩部的环转运动）。胸锁关节的活动范围小，但因关节腔内关节盘的存在及锁骨以胸锁关节为支点向后外支撑肩部，大大增加了上肢的活动范围。胸锁关节在体操、排球等运动项目中较易发生损伤，多为间接暴力所致。

（2）肩锁关节。它由肩胛骨的肩峰关节面与锁骨外侧端的关节面构

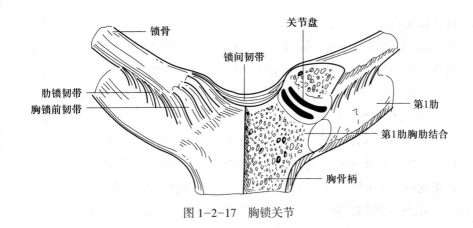

图 1-2-17　胸锁关节

成，属于平面关节。关节囊坚韧，周围有韧带加强，关节腔密闭呈负压。肩锁关节的上方有肩锁韧带加强，关节囊和锁骨下方有喙锁韧带，连于喙突，可防止肱骨头向上脱位。肩锁关节活动幅度较小，属于微动关节，在体操、足球、排球等运动项目中易发生损伤。

（3）上肢带的运动。因肩胛骨和锁骨在肩锁关节处连结紧密，为微动关节，故可将肩胛骨和锁骨视为一个整体，共同以胸锁关节为运动轴运动。由于肩胛骨运动较为明显，故常以肩胛骨的运动表示上肢带的运动。肩胛骨的运动使用特殊的运动术语来描述。

①上提、下降：肩胛骨在冠状面内绕矢状轴做向上、向下的移动。向上移动为上提（如耸肩动作）；向下移动为下降（如沉肩动作）。

②前伸、后缩：肩胛骨沿肋骨所做的向前与向后的移动。肩胛骨顺肋骨向前移动，内侧缘远离脊柱称前伸，又称外展（如含胸动作）；肩胛骨顺肋骨向后移动，内侧缘靠近脊柱称后缩，又称内收（如扩胸动作）。

③上回旋、下回旋：肩胛骨在冠状面内绕矢状轴做旋转运动。肩胛骨关节盂向上，下角转向外上称上回旋（如抬手动作）；肩胛骨关节盂向下，下角转向内下方称下回旋（如抬手后放下的动作）。

2. 自由上肢骨的连结

自由上肢骨的连结包括肩关节、肘关节、前臂骨连结和手的关节等。

（1）肩关节。

①组成：肩关节由肱骨头与肩胛骨的关节盂组成（图 1-2-18），也

称盂肱关节。

②主要结构特点：肱骨头大，有半球形的关节面；关节盂浅而小，虽然有纤维软骨环构成的盂唇附于其周缘，使之略为加深，但它仍只与 1/4~1/3 的肱骨头关节面相接触。因此，肩关节可做多轴且幅度较大的运动，为人体运动最灵活的关节。

肩关节囊薄而松弛，囊内有肱二头肌长头腱通过。囊的上部、后部和前部有肌腱纤维加强。关节囊的前下部没有肌腱加强而较薄弱，因此，临床见到的肩关节脱位，以前下方脱位为多见，此时肱骨头移至喙突的下方。

③辅助结构：包括关节唇、韧带和滑膜囊等（图 1-2-18）。

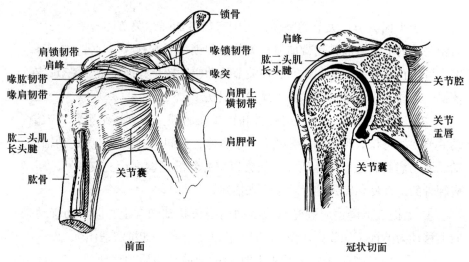

图 1-2-18   肩关节

关节唇：由纤维软骨构成，附于关节盂周缘，加大、加深关节盂，进而增加关节的稳定性。

韧带：肩关节的韧带具有连结或加固作用，主要的韧带有：

喙肩韧带：连与肩胛骨的喙突与肩峰之间，防止肱骨头向内上方脱位。

喙肱韧带：自喙突至肱骨大结节，加固关节囊上部，防止肱骨头向上脱位。

盂肱韧带：自关节盂周缘前部至肱骨小结节，加强关节前壁，防止肱骨头向前脱位。

肱骨横韧带：横跨结节间沟的上方，有固定肱二头肌长头肌腱于结节间沟的作用。

肱二头肌长头腱：关节囊壁内有由滑膜包裹的肱二头肌长头腱通过，具有从上方加固肩关节的作用。

④ 运动：肩关节为典型的球窝关节，能围绕三个运动轴运动，是人体运动最灵活的关节。它可绕冠状轴做屈和伸（前后摆臂动作）；绕矢状轴做外展和内收（自立飞鸟动作）；绕垂直轴做旋内和旋外等运动（武术勾手亮掌动作）；此外还可做环转运动（武术抡臂动作）及水平屈伸动作（扩胸运动）。

肩周炎

（2）肘关节。

① 组成：由肱骨下端和桡、尺骨上端构成（图1-2-19），包括下列三个关节：

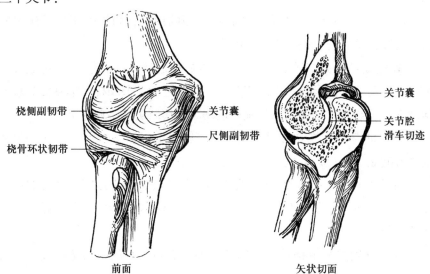

桡侧副韧带		关节囊		关节囊
桡骨环状韧带		尺侧副韧带		关节腔
				滑车切迹
前面				矢状切面

图 1-2-19 肘关节

肱尺关节：由肱骨滑车和尺骨滑车切迹构成，属滑车关节；

肱桡关节：由肱骨小头和桡骨上端关节凹构成，属球窝关节；

桡尺近侧关节：由桡骨上端的环状关节面与尺骨的桡切迹构成，属车轴关节。

② 主要结构特点：三个关节被包在同一个关节囊内，有一个共同的

关节腔。关节囊的前后壁薄弱而松弛，但其两侧的纤维层则增厚。关节囊纤维层的环行纤维，于桡骨头处较发达，形成一坚强的桡骨环状韧带，包绕桡骨头的环状关节面，两端分别连于尺骨的桡切迹前后缘。

尺骨鹰嘴和肱骨内、外上髁是肘部三个重要的骨性标志。正常状态下当肘关节后伸时，上述三点连成一条直线；当肘关节前屈至90°时，三线连成一等腰三角形称肘后三角。在肘关节后脱位时，上述三点的位置关系即发生改变，而当肱骨髁上骨折时，则三点的关系不变。

③ 辅助结构：包括桡侧副韧带、尺侧副韧带、桡骨环状韧带等（图1-2-19），具有加固关节的作用。

桡侧副韧带：位于关节囊的桡侧，自肱骨外上髁至桡骨环状韧带。

尺侧副韧带：位于关节囊的尺侧，自肱骨内上髁至尺骨滑车切迹内侧缘。

桡骨环状韧带：位于桡骨环状关节面的周缘，两端附于尺骨切迹的前、后缘，具有防止桡骨头脱出的作用。

④ 运动：肘关节运动可绕冠状轴做屈伸运动（负重弯举），为肱尺关节、肱桡关节共同参与；在肱桡关节、桡尺近侧关节和桡尺远侧关节联合活动下，可绕垂直轴做旋前与旋后运动（乒乓球正反手攻球）。

（3）前臂骨连结（桡尺连结）。前臂骨间的连结（图1-2-20）包括前臂骨间膜、桡尺近侧关节和桡尺远侧关节。

前臂骨间膜（图1-2-20）为连结尺骨与桡骨骨干之间的坚韧的纤维膜。当前臂处于内旋或外旋位时，骨间膜松弛；当前臂处于半内旋位时，骨间膜最紧张。

桡尺近侧关节由桡骨上端的环状关节面与尺骨的桡切迹构成（见肘关节）。

桡尺远侧关节由桡骨下端的尺切迹与尺骨头构成。关节的下方，有略呈三角形的关节盘，与桡腕关节分隔。桡尺骨近、远侧两个关节联合活动，可做旋前和旋后运动（乒乓球正反手攻球）。

（4）腕关节。

① 组成：由桡骨下面和尺骨头下面的关节盘组成的关节窝，与手舟骨、月骨、三角骨的近侧面组成的关节头构成，又称为桡腕关节（图1-2-21）。

网球肘

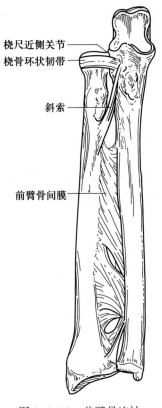

图 1-2-20 前臂骨连结

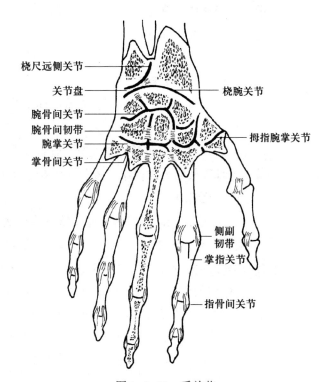

图 1-2-21 手关节

② 主要结构特点及辅助结构：关节囊前后松弛，两侧紧张，有利于桡腕关节做屈伸运动。周围都有韧带加强，如：前面的桡腕掌侧韧带，后面的桡腕背侧韧带，内侧的腕尺侧副韧带，外侧的腕桡侧副韧带，都具有加固关节的作用。

③ 运动：桡腕关节为典型的椭圆关节，可绕两个运动轴运动。可做屈伸、内收外展和环转运动。

（5）手骨间连结。包括腕骨间关节、腕掌关节、掌骨间关节、掌指关节和手指骨间关节。腕骨间关节为腕骨相互间的连结，运动微小。腕掌关节由远侧列腕骨与 5 块掌骨底构成。第 2~5 腕掌关节的运动范围极小，仅能做轻微的滑动，而大多角骨与第 1 掌骨底构成的拇指腕掌关节，属于鞍状关节，活动性较大，它可作对掌、内收外展和屈伸等运动。掌指关节由各掌骨头与近节指骨底构成，能做屈伸和内收外展等运动，也能做环转运动。但拇指的掌指关节只能做屈伸运动。手指间关节共 9 个，它们的构造相同，只能做屈伸运动。

（四）下肢骨连结

下肢骨的连结，可分下肢带骨的连结和自由下肢骨的连结。

1. 下肢带骨的连结

下肢带骨连结包括骶髂关节、耻骨联合。下肢带骨、下肢带关节和骶骨、尾骨等共同组成骨盆。通常下肢带的运动是以骨盆的整体运动进行的。

（1）骶髂关节。

① 组成：骶髂关节由骶骨和髂骨的耳状关节面构成。

② 主要结构特点：关节面凹凸不平，彼此紧密嵌合；关节囊紧张，并有坚强的韧带进一步加强其稳定性，运动范围极小。

③ 辅助结构：骶结节韧带强韧宽阔，从骶、尾骨的外侧缘至坐骨结节。骶棘韧带从骶骨、尾骨的外侧缘开始，集中地附着于坐骨棘。

上述两个韧带与坐骨大、小切迹分别围成坐骨大孔和坐骨小孔，都有神经、血管和肌肉通过（图 1-2-22）。

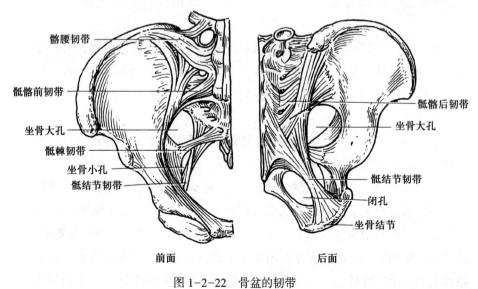

图 1-2-22　骨盆的韧带

（2）耻骨联合。髋骨间的连结（图1-2-23），由左右耻骨的联合面和其间的纤维软骨共同构成。软骨内往往有纵长裂隙。在女性此软骨较宽而短。两侧耻骨形成的骨性弓，称耻骨弓。

（3）骨盆。

① 骨盆的组成：骨盆是由骶骨、尾骨及左右髋骨借关节和韧带连结而成的穹隆状结构（图1-2-23）。

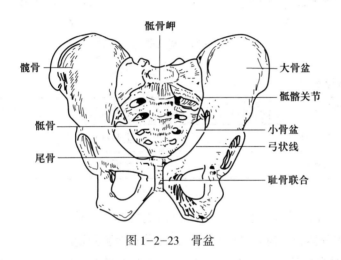

图1-2-23 骨盆

骨盆以骶骨岬、弓状线、耻骨梳及耻骨联合上缘为分界线，将整个骨盆分为上方的大骨盆和下方的小骨盆。大骨盆较宽大，向前开放，盆壁不完整，故又称假骨盆。小骨盆盆壁结构完整，故又称真骨盆。真骨盆有上、下两口：上口即为大小骨盆的分界线；下口是由尾骨、骶结节韧带、坐骨结节和耻骨弓围成。两口之间的空腔称盆腔。

② 骨盆的特征：骨盆的位置，因人体姿势的不同而变动。人体直立时，骨盆前倾，骨盆入口的平面与地平面构成50°～55°的角，女性此角较大，约60°，这个角度即骨盆倾斜角。此外，男女骨盆在形态上具有较大的差别（图1-2-24），整体看男性骨盆高而狭窄，耻骨角呈锐角；女性骨盆低而宽阔，耻骨角呈钝角，具体差别可详见下表（表1-2-3）。

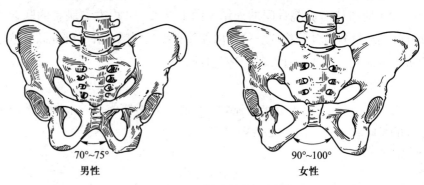

男性   女性

70°~75°   90°~100°

图 1-2-24   男女骨盆的差异

▶   表 1-2-3   骨盆性别差异表

项目	骨盆全形	耻骨角	小骨盆腔	小骨盆上口
女性	低而宽阔	钝角	呈圆柱形	呈圆形
男性	高而狭窄	锐角	呈漏斗形	呈杏形

③ 骨盆的功能：骨盆的功能包括支持体重，传递力量，缓冲震荡，保护盆腔脏器，肌肉重要的附着点，还是女性胎儿娩出的产道。

④ 骨盆的运动：骨盆相对下肢可以绕两侧髋关节共同冠状轴，做向前和向后运动（体前屈和体后伸）；绕一侧髋关节的矢状轴，做向上和向下转动（上下台阶）；绕一侧髋关节的垂直轴，做侧向转动（送髋动作）。骨盆与下肢一起相对脊柱可以绕脊柱的冠状轴，做后倾（收腹举腿）和前倾（向后背腿）运动；绕矢状轴，做侧屈（鞍马单腿摆越）运动；绕垂直轴，做回旋（双杠支撑前摆转体180°）运动。

骨盆转动的积极
意义

2. 自由下肢骨的连结

（1）髋关节。

① 组成：由股骨的股骨头和髋骨的髋臼构成（图 1-2-25）。

② 主要结构特点：髋臼周缘有纤维软骨构成的髋臼唇，以增加髋臼的深度，可容纳股骨头的 2/3。关节囊坚韧，上方附于髋臼唇周缘，下方前面到达两转子之间的线上，后面附于股骨颈的中部。股骨颈前面全部在囊内，但股骨颈后面的外 1/3 在囊外。所以临床上股骨颈发生骨折，有囊内、

外之分。关节囊后下部较薄弱，所以股骨头容易向后下脱位。关节囊内有股骨头韧带，连于关节窝与股骨头之间，韧带中含有滋养股骨头的血管。

③ 辅助结构：包括髋臼唇和韧带等。

髋臼唇：由纤维软骨构成，附于髋臼周缘，作用是增加髋臼的深度并缩小其周缘的口径，进而增加关节的稳定性。

韧带：髋关节的韧带强劲有力，主要的韧带有：

髂股韧带：为人体最强力的韧带之一，起自髂前下棘，呈人字形向下经关节囊的前方止于转子间线。可限制大腿过伸，对维持人体直立有很大作用。

耻股韧带：位于关节囊的前内侧，起自耻骨上支，斜向外下方与关节囊融合，可限制大腿的外展和旋外运动。

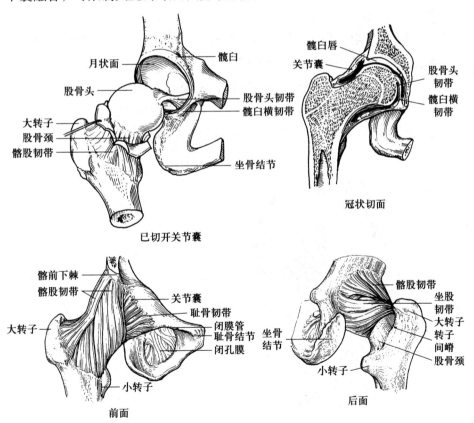

图 1-2-25 髋关节

坐股韧带：位于关节囊的后方，起自坐骨体，斜向外上方与关节囊融合，止于大转子根部。可限制大腿的内收和旋内运动。

股骨头韧带：位于关节内，连于股骨头凹和髋臼横韧带之间，内有滋养股骨头的血管通过。此韧带有加固髋关节和营养股骨头的功能。

④ 运动：髋关节的运动与肩关节类似，在冠状轴上可做屈和伸运动；在矢状轴做内收和外展运动；在垂直轴上做旋内和旋外运动。此外，还可做环转运动。因受髋臼的限制，髋关节的运动范围较肩关节小。

（2）膝关节。

① 组成：膝关节（图1-2-26）为人体最大、最复杂的关节，由股骨内、外侧髁，胫骨内、外侧髁和髌骨共同构成。其结构包括两个关节：

股胫关节：由股骨内、外侧髁与胫骨内、外侧髁构成，为椭圆关节。

股髌关节：由股骨的髌面与髌骨的后面构成，为滑车关节。

② 主要结构特点：关节囊广阔松弛，各部厚薄不一。关节囊前壁不完整，由附着于股四头肌肌腱的髌骨和髌韧带填补。囊的两侧壁有韧带加强（图1-2-26），外侧为腓侧副韧带，内侧为胫侧副韧带。关节囊的滑膜层附着于各关节软骨的周缘。在髌骨下方中线的两旁，滑膜层向关节腔内突成一对翼状襞，襞内充以脂肪组织，充填关节内的腔隙。

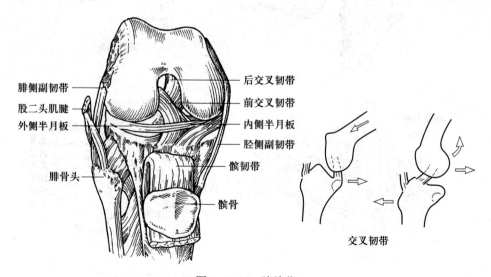

图 1-2-26 膝关节

③辅助结构：包括半月板、韧带、滑膜襞和滑膜囊等。

半月板是位于股骨和胫骨关节面之间的两个纤维软骨板，周缘厚而内缘薄，下面平而上面凹陷。内侧半月板较大，呈"C"形，其外缘与胫侧副韧带紧密相连。外侧半月板较小，近"O"形（图1-2-27）。半月板加深了关节窝的深度，从而增加了膝关节的稳固性，同时在跳跃和剧烈运动时可起到缓冲作用。

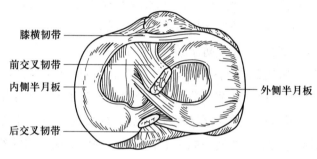

图1-2-27 膝关节半月板和交叉韧带

膝关节内外有一系列的韧带以增强膝关节的稳定性，主要的韧带有（图1-2-28）：

髌韧带：起自髌骨，止于胫骨粗隆。从前方加固关节和限制膝关节过度屈，并防止髌骨向侧方脱位。

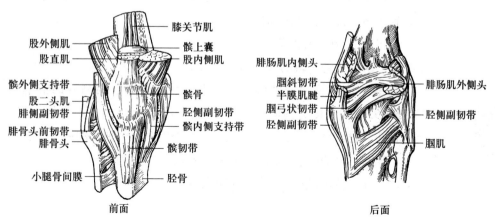

图1-2-28 膝关节

胫侧副韧带：起自股骨内上髁，止于胫骨内侧髁，从内侧加固关节，并限制膝关节过度伸。

腓侧副韧带：起自股骨外侧髁，止于腓骨头。从外侧加固关节，并限制膝关节过度伸。

腘斜韧带：起自胫骨内侧髁，止于股骨外上髁，部分纤维与关节囊融合。从后方加固关节，并限制膝关节过度伸（图1-2-28）。

膝交叉韧带：关节囊内有前、后交叉韧带。前后交叉韧带牢固地连结于股骨和胫骨之间，前交叉韧带于伸膝时最紧张，防止胫上端前移；后交叉韧带于屈膝时最紧张，防止胫骨上端后移。

滑膜襞：由于膝关节内空隙较多，多由含有脂肪组织的滑膜襞来填充。其具有缓冲震荡、调节关节内压力及增加关节稳定性等作用。

滑膜囊：膝关节周围具有许多滑膜囊，部分与关节腔相通，如髌上囊；部分则不与关节腔相通，如位于髌韧带与胫骨上端之间的髌下囊。滑膜囊具有减少肌肉或肌腱与骨之间的摩擦的作用。

膝关节损伤机制

④ 运动：膝关节的运动主要是围绕额状轴做屈伸运动，在屈膝状态下，又可做旋内和旋外运动。

（3）小腿间的连结。小腿胫、腓二骨连结紧密。其上端构成微动的胫腓关节，下端属于韧带连结，两骨的骨干借骨间膜连结。所以两骨之间的运动很微弱。

（4）足关节。包括距小腿（踝）关节、跗骨间关节、跗跖关节、跖骨间关节，跖趾关节和足趾间关节。

① 距小腿关节：又称踝关节。

组成：由胫腓骨下端的关节面与距骨上部的关节面构成。

主要结构特点及辅助结构：关节囊前后壁较薄，两侧有韧带增强（图1-2-29）。在内侧为内侧韧带（又名三角韧带），自内踝开始，呈扇形向下展开，附于足舟骨、距骨和跟骨。在外侧有三个独立的韧带，它们都自外踝开始，分别向前、向下、向后，跗着于距骨和跟骨。

踝关节损伤机制

运动：踝关节可做背屈（伸）和跖屈（屈）运动。

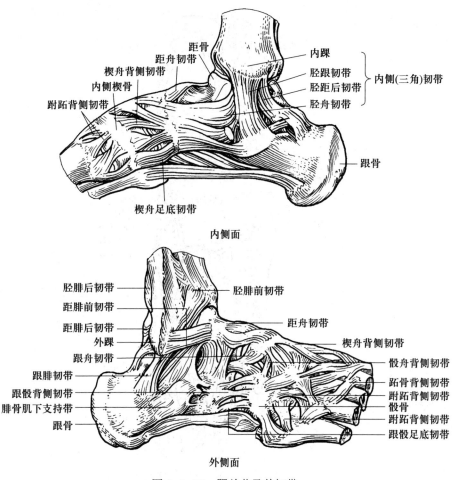

距骨
距舟韧带
楔舟背侧韧带
内侧楔骨
跗跖背侧韧带
楔舟足底韧带
内踝
胫跟韧带
胫距后韧带
胫舟韧带
内侧(三角)韧带
跟骨

内侧面

胫腓后韧带
距腓前韧带
距腓后韧带
外踝
跟舟韧带
跟腓韧带
跟骰背侧韧带
腓骨肌下支持带
跟骨

胫腓前韧带
距舟韧带
楔舟背侧韧带
骰舟背侧韧带
跗跖背侧韧带
骰骨
跗跖背侧韧带
跟骰足底韧带

外侧面

图 1-2-29 踝关节及其韧带

② 跗骨间关节：跗骨间的连结比较复杂，包括距跟关节、距跟舟关节、跟骰关节（图 1-2-30）。跗骨间关节主要可做足内翻（足底面朝向内侧）和足外翻（足底面朝向外侧）。

③ 足弓（图 1-2-31）：跗骨和跖骨借韧带、肌和肌腱的牵拉，形成一个凸向上的弓，称足弓。足弓可分为前后方向的足纵弓和内外方向的足横弓。足纵弓较明显。当站立时足骨仅以跟结节、第 1 跖骨头和第 5 跖骨头三点着地。足弓具有弹性，可在跳跃和行走时缓冲震荡，同时具有保护足底血管神经免受压迫的作用。

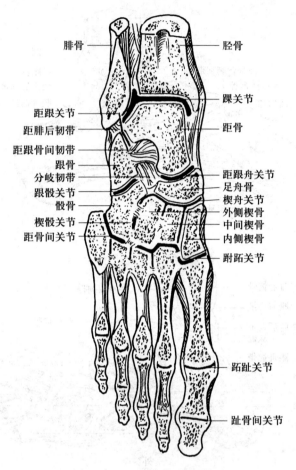

腓骨

胫骨

踝关节

距骨

距跟关节
距腓后韧带
距跟骨间韧带
跟骨
分岐韧带
跟骰关节
骰骨
楔骰关节
距骨间关节

距跟舟关节
足舟骨
楔舟关节
外侧楔骨
中间楔骨
内侧楔骨
跗跖关节

跖趾关节

趾骨间关节

图 1-2-30 足关节（水平切）

扁平足

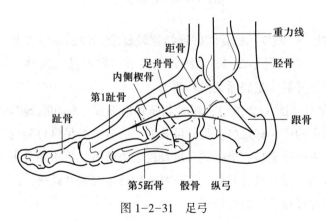

重力线

胫骨

距骨
足舟骨
内侧楔骨
第1跖骨

趾骨

跟骨

第5跖骨 骰骨 纵弓

图 1-2-31 足弓

第三节　骨　骼　肌

　　人体的骨骼肌简称肌肉，绝大多数附着于骨骼上，在神经系统的支配下，骨骼肌收缩，牵动骨骼产生各种随意运动，全身共有骨骼肌600多块，在分析动作中常用的约有75对较大块的肌肉，其他一些肌肉与面部表情、咀嚼、吞咽、呼吸和发音等有关。此外，尚有大量与躯体运动有关的小块肌肉。成年人的骨骼约占人体重的40%（女性为35%），面部四肢肌又占全身肌肉的80%，其中下肢肌占全身肌肉的50%。

一、骨骼肌总论

（一）骨骼肌的分类和命名

1. 按肌肉形状分类

骨骼肌按形状可分为长肌、短肌、扁肌和轮匝肌等（图1-3-1）。

2. 按肌纤维排列方式分类

骨骼肌按肌纤维排列的方向可分为直肌、斜肌和横肌等。按肌纤维和肌长轴的关系可分为梭形肌、半羽状肌、双羽状肌和多羽状肌等。（图1-3-1）

3. 按肌腹和肌头数量分类

骨骼肌按肌腹数量可分为单腹肌、二腹肌和多腹肌，大多数肌肉为一个肌腹。按肌头数可分为单头肌、二头肌、三头肌和四头肌，肌头是指肌肉的起点腱，大多数肌肉为单头肌（图1-3-1）。

4. 按肌肉功能分类

骨骼肌按功能可分为屈肌、伸肌、展肌、收肌、旋前肌、旋后肌、括约肌、开大肌和提肌等。

5. 按肌肉跨过的关节数分类

跨过一个关节的肌肉称为单关节肌；跨过两个关节的肌肉叫双关节肌；跨过两个以上关节的肌肉称为多关节肌。

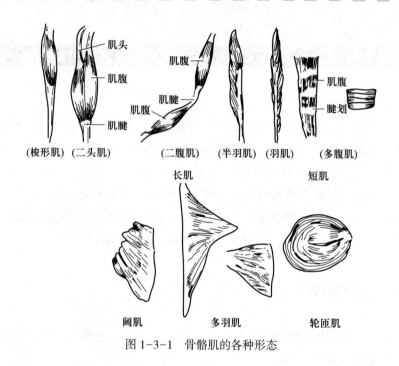

图 1-3-1 骨骼肌的各种形态

骨骼肌的命名与其形态、位置、起止点和功能有关，如三角肌和梨状肌是按照其形状命名的，肘肌和肩胛下肌是按照其位置命名的，肱二头肌和股四头肌则是结合其位置和形状命名的，喙肱肌和胸锁乳突肌是按照其起止点命名的，肩胛提肌和大收肌是按照其功能命名的。

（二）骨骼肌的构造

1. 骨骼肌的主要结构

骨骼肌由肌腹、肌腱、毛细血管和神经等构成（图 1-3-2）。

（1）肌腹。肌腹主要由肌纤维构成，每条肌纤维长度在 1 mm 到 15 cm。较长的肌肉，是由若干肌纤维连接而成。每条肌纤维的外面包有一层结缔组织膜称肌内膜。由 100~150 条肌纤维集合在一起形成肌束，外面包有肌束膜。由若干肌束组成整块肌腹，外面包有肌外膜。在肌内膜、肌束膜和肌外膜中都分布有丰富的血管和神经，与肌肉的营养和神经支配有关。

（2）肌腱。肌腱大都位于肌腹两端，以条索或扁带的形状附着于骨

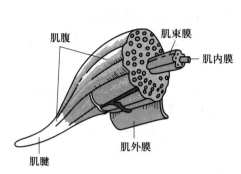

肌肉的结构彩图

图 1-3-2 肌肉的结构

骼并与骨膜牢固地编织在一起，主要由致密的胶原纤维束构成。胶原纤维不是平行排列，而是互相交织成辫状，色白、强韧而无收缩功能，但有很强的抗张力（拉力）性能。据实验可知，成年人的肌腱，每平方厘米的抗张力达 611~1 265 kg，而松弛的肌肉抗张力强度只有 5.44 kg。

肌纤维和肌腱的胶原纤维之间并不直接相连，在肌纤维末端，肌内膜增厚而与肌腱的胶原纤维相连。阔肌的肌腹和肌腱都呈膜状，其肌腱叫腱膜。

（3）骨骼肌中的血管（表 1-3-1）。骨骼肌中含有丰富的血管，尤其是毛细血管特别丰富。据估计在人的骨骼肌中每平方毫米约有毛细血管3 000 条，全部肌肉毛细血管长度约为 10^4 km。在安静时，肌肉中毛细血管并不是全部都开放的，一般每平方毫米只有 100 条毛细血管开放。而在激烈运动时，可有 3 000 条毛细血管开放。

▶ 表 1-3-1 安静和运动时骨骼肌中毛细血管的变化（依克洛夫 1992）

状态	每平方毫米肌肉中毛细血管开放数 /n	每平方厘米肌肉中开放毛细血管的表面积 /cm^2	开放毛细血管容积 / 肌容积 /%	毛细血管直径 /μm
安静	31~85	3.0~8.0	0.02~0.06	3
按摩	1 400	200	2.8	4.6
运动	2 500	360	5.5	5
最大运动	3 000	750	15	8

（4）骨骼肌中的神经。它包括运动神经、感觉神经和交感神经三类。

运动神经支配骨骼肌的运动。一个运动神经元及它所支配的肌纤维构成一个运动单位。运动单位是骨骼肌的基本功能单位。一般的运动单位约有 100 条肌纤维，而较大的运动单位则有 1 000~2 000 条肌纤维。运动单位愈大，收缩力愈强，大块肌肉由大运动单位构成。

本体感觉神经起于肌梭、腱梭和环层小体等本体感受器，向神经中枢传导运动器官的运动状态。另外，还有传导一般感觉的神经纤维。

肌肉中的交感神经兴奋可开放肌毛细血管，改善肌肉营养。

2. 骨骼肌的辅助结构

在肌肉周围有一些保护和辅助肌肉工作的结构，称为肌肉的辅助结构。主要的有筋膜、腱鞘、滑液囊、籽骨和滑车等。

（1）筋膜。筋膜是包在肌肉周围的结缔组织膜，较厚，分为浅筋膜和深筋膜。

① 浅筋膜：又称皮下筋膜，是由疏松结缔组织构成，位于皮肤深层，作为完整的一层包被着整个身体。浅筋膜内大多含有脂肪组织，对其深部的肌肉、血管和神经有一定的保护作用，如手掌和足底的浅筋膜较发达，能起缓冲作用。

② 深筋膜：由致密结缔组织构成，位于浅筋膜的深面，并包在肌周围，随肌肉的分层而分层。深筋膜向内伸入直抵骨膜，形成筋膜鞘，将作用不同的肌群分隔开，叫作肌间隔。其作用是分隔各块肌肉或肌群，保证每块肌肉或肌群能单独活动，互不干扰。深筋膜的厚薄与肌的强弱有关。在四肢，由于运动较剧烈，深筋膜特别发达，如大腿部股四头肌表面的阔筋膜厚而坚韧。一些大的血管和神经干在肌肉间穿行时，深筋膜也包绕它们，形成血管鞘。在肌肉数目众多而骨面不够广阔的部位，深筋膜可供肌的附着或作为肌的起点。深筋膜在肌的周围具有辅助协助肌的活动，保持肌的位置，减少运动时的摩擦和保护等功能。包绕肌群的筋膜鞘还有潴留脓液、限制炎症扩散的作用。

（2）腱鞘。腱鞘是套在肌腱外面的结缔组织膜，呈长管状。腱鞘由外层和内层组成，外层厚而韧，称纤维鞘。为深筋膜增厚所形成的纤维性管道，它对肌腱起滑车和约束作用。内层称滑液鞘，分为壁层和脏层，两层之间有滑液。脏层连于肌腱，壁层连于纤维鞘。腱鞘有保护肌腱的作用，主要分布于活动性较大的部位，如腕、踝、手指和足趾等处，它使腱固定于一定的位置，并减少腱与骨面的摩擦。若手指不恰当地做长期、过度而快速的活动，可导致腱鞘损伤，产生疼痛并影响肌腱的滑动，临床上称为腱鞘炎，为常见多发病之一。

（3）滑液囊。

滑液囊也称滑膜囊，为封闭的结缔组织小囊，壁薄，内有滑液可减少摩擦。滑液囊位于软组织与骨之间，有肌下滑膜囊、腱下滑膜囊和皮下滑膜囊等。有的滑膜囊在关节附近和关节腔相通。滑膜囊炎症可影响肢体局部的运动功能。

（4）籽骨。通常位于肌肉止点腱与骨之间。例如，髌骨就是股四头肌止点腱与股骨髌面之间的籽骨。籽骨可以增大肌拉力角，从而加大了肌肉工作的力臂，有利于肌肉发力。

（5）滑车。滑车有两种：一种是骨性滑车，即骨性槽，滑车表面覆以软骨，有肌腱或籽骨在此滑动。如股骨下端前面的髌面，就是骨性滑车，髌骨在此滑动。还有足骨的内、外踝等处都有骨性滑车存在。另一种滑车是由结缔组织构成的环，有肌腱从环中通过。滑车的作用也有两个：一个是防止肌腱向旁边移位。另一个是肌腱通过滑车后往往会改变拉力方向。

上述这些辅助结构与肌肉的功能有密切关系，对肌肉工作提供了有利的力学条件。

（三）骨骼肌的物理特性

1. 伸展性与弹性

骨骼肌具有伸展性和弹性，在外力的作用下可以被拉长，当外力去掉后会恢复到原有长度。适当地提高肌肉的伸展性和弹性，对肌肉工作很有利。因此，加强肌肉柔韧性训练和力量训练都是十分重要的。

2. 黏滞性

肌肉的黏滞性是由肌肉内部分子所造成的，在肌肉收缩时产生一种阻力。黏滞性与温度的变化有密切关系，温度越低黏滞性越大；温度越高，黏滞性就越小，越灵活。因此准备活动也叫作热身运动，可提高肌肉温度，减少黏滞性，对提高成绩、减少损伤有重要意义。冬季气温较低，肌肉在进行高强度爆发式收缩练习时，容易出现拉伤，应特别注意做好准备活动。

（四）肌肉的工作条件

每块肌肉的附着点，可分为起点与止点。起点通常是指靠近身体正中面或肢体近侧端的附着点；止点则是远离身体正中面或肢体远侧端的附着点（图1-3-3），起止点是不变的。肌肉工作时，通常是一个附着点相对地固定，另一个附着点明显地运动，相对固定的附着点称为定点（图1-3-4a），相对移动的附着点称为动点（图1-3-4b）。肌肉的动点与定点会随动作的变化而改变。如在负重弯举动作中，肱二头肌的起点是定点，牵引前臂向上臂靠拢；而在引体向上动作中，肱二头肌的止点成为定点，牵引上臂向前臂靠拢。

肌肉的起止点示意图彩图

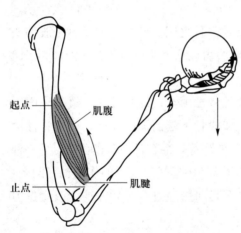

图1-3-3　肌肉的起止点示意图

定点与动点彩图

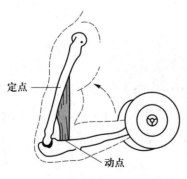

a. 持哑铃屈前臂

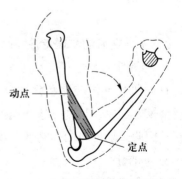

b. 单杠引体向上

图1-3-4　定点与动点

1. 近固定（近侧支撑）与远固定（远侧支撑）

这主要针对分布在四肢及四肢附近的一些肌肉，这些肌肉的一侧附着点靠近肢体近侧端，而另一侧附着点靠近肢体的远侧端。

（1）近固定。当四肢肌收缩时，起点相对固定或运动幅度相对较小，则称为近固定，或近侧支撑。此时，起点为定点，止点则为动点。肱肌收缩可引起前臂向上臂移动，如"持杠铃屈前臂"（图1-3-5）。

（2）远固定。当四肢肌收缩时，止点相对固定或运动幅度相对较小，则称为远固定，或远侧支撑。此时，止点为定点，起点则为动点。肱肌收缩可引起上臂向前臂移动，如"单杠引体向上"（图1-3-5）。

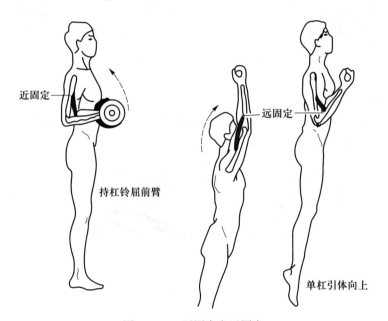

近固定

持杠铃屈前臂

远固定

单杠引体向上

近固定和远固定
彩图

图1-3-5　近固定和远固定

2. 上固定（上支撑）与下固定（下支撑）

这主要针对分布在躯干腹侧和背侧的一些肌肉。它们的肌纤维呈上下行排列，肌肉的上端连于胸廓，下端连于骨盆，如腹直肌、竖脊肌等。

（1）上固定。当胸廓相对固定，骨盆运动时，参与工作的肌肉是上固定工作，或上支撑工作，例如"悬垂举腿"（图1-3-6）。

（2）下固定。当骨盆相对固定，胸廓运动时，参与工作的肌肉是下固定工作，或下支撑工作，例如"仰卧起坐"（图1-3-6）。

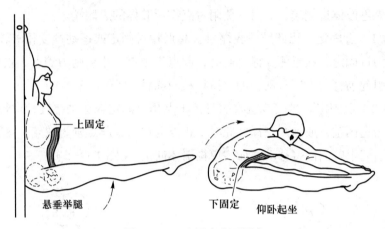

上固定

悬垂举腿

下固定

仰卧起坐

图1-3-6　上固定和下固定

3. 无固定

肌肉工作时，它两端的附着点都不固定，称无固定，例如"仰卧臂腿上振"动作（图1-3-7）。

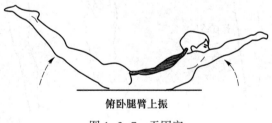

俯卧腿臂上振

图1-3-7　无固定

（五）影响肌肉力量的解剖学因素

影响肌肉力量的解剖学因素主要有肌肉的生理横断面、肌肉的初长度、年龄与性别、肌肉的起止点位置及肌拉力角。

1. 肌肉的生理横断面

肌肉的生理横断面指横切整块肌的所有肌纤维面积之和，它是决定骨骼肌力量大小最重要的解剖学因素。肌肉的生理横断面不同于肌肉的解剖横断面，与肌肉纵轴相垂直的断面称为肌肉的解剖横断面。在梭形肌中，肌肉的生理横断面与解剖横断面相等；在羽状肌中，其生理横断面大于解剖横断面（图1-3-8）。

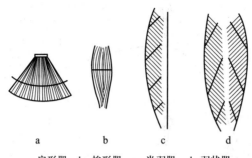

a. 扇形肌　b. 梭形肌　c. 半羽肌　d. 羽状肌

图1-3-8　几种结构的骨骼肌生理横断面

　　肌肉生理横断面的大小能反映骨骼肌中肌纤维的数量和肌纤维的粗细，即肌肉的发达程度，同时也反映肌肉绝对力量的大小。肌肉的生理横断面与其产生的力量成正比，即生理横断面越大，肌肉越发达，肌肉的绝对力量越大，完成动作的速度越快、越轻松。德国生理学家菲克的研究表明，人体肌肉的最大力量为 $6\sim10$ kg/cm^2，美国学者莫里斯的研究结果是人体肌肉的最大力量：男子为 9.2 kg/cm^2，女子为 7.1 kg/cm^2。

　　2. 肌肉的初长度

　　肌肉收缩前的长度称为肌肉的初长度。肌肉在收缩前被适度拉长，能有效地增加肌肉收缩的速度和幅度，而且将拉长肌肉产生的动能以弹性势能的形式贮存，在肌肉收缩时使肌肉发挥出更大的力量。研究表明，足背屈60°，使小腿三头肌预先被拉长后再收缩完成跖屈动作，此时小腿三头肌的肌力从 384 kg 增加至 598 kg。

　　增加肌肉初长度的增力效果与肌肉被拉伸的长度、拉伸的速度、肌肉由离心转变为向心收缩的耦联时间相关。一般而言，适宜的初长度、快速地拉伸肌肉、肌肉由离心转变为向心收缩的耦联时间越短，增力效果越好。如纵跳，蹬地起跳前下肢各关节的屈曲幅度与速度，及下蹲转变为蹬地起跳的耦联时间，直接决定起跳的效果。

　　3. 年龄和性别

　　一个人肌力的大小与年龄性别有一定的关系，从图1-3-9可以看到，人在 30 岁左右肌力达到最高峰，且女性肌力一般小于男子（表 1-3-2）。

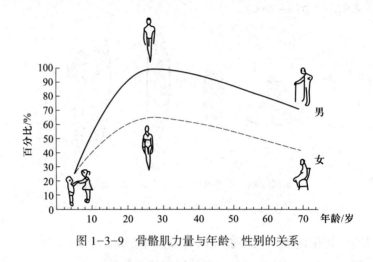

图 1-3-9　骨骼肌力量与年龄、性别的关系

▶　表 1-3-2　男女力量对比表

肌肉群	男子力量 /%	女子力量 /%
前臂屈肌群和前臂伸肌群	100	65
躯干屈肌群和伸肌群、手指屈肌群、足伸肌群	100	60
手指内收肌群、小腿伸肌群、臂内收肌群	100	65
臂外展肌群、手伸肌群和屈肌群、手指外展肌群	100	75
大腿屈肌群和伸肌群、小腿屈肌群、咀嚼肌群	100	80

4. 肌肉起止点位置

肌肉起止点的位置决定了肌肉在身体上的位置，也决定了肌肉在骨杠杆上的作用点。实践证明，启动角度小于 180° 的条件下，止点离关节中心远的肌肉，骨杠杆启动容易，但获得的速度和幅度差。止点离关节中心近的肌肉，骨杠杆启动较费力，但获得的速度和幅度大。

5. 肌拉力角

从肌肉的动点（肌肉在运动骨上的附着点）到关节中心（转动支点）连一直线，该直线与肌拉力线之间的夹角叫肌拉力角。肌拉力角大，力臂则就大。力臂增大，肌肉的做功效率就高。

在进化过程中，一些大块肌肉通过突起的骨结构，如结节、粗隆等来增大肌拉力角。尤其是籽骨，作用更为显著。通过增大转动力矩来增大肌肉的做功效率。

（六）确定肌肉功能的方法

确定肌肉功能的方法有多种，解剖学分析法是运动解剖学教学过程中最常用的方法。这种方法是根据肌拉力线与关节运动轴的关系进行分析肌肉的功能。

1. 肌拉力线及其确定

肌肉收缩时，每条肌纤维对起点和止点产生拉力，所有肌纤维拉力的合力作用线简称肌拉力线。肌拉力线是一个矢量，它表示肌肉拉力的方向，其方向总是由动点指向定点。

确定肌拉力线的方法大多数是从肌肉的动点中心到定点中心作一直线，此线即表示该肌的肌拉力线。如果肌肉或肌腱在某一骨突起或滑车处转弯，则由肌肉动点中心向转弯处中心作一直线，就表示该肌肉的肌拉力线，如股四头肌肌腱在髌骨处发生转弯，伸膝时，股四头肌的拉力线则是从胫骨粗隆至髌骨的连线。

2. 肌拉力线与关节运动轴的关系

肌拉力线从关节运动轴的不同方位通过，肌肉收缩引起环节产生的运动就会不同（表1-3-3）。

▶ **表1-3-3　肌功能分析简表（肌拉力线与关节运动轴的关系）**

关节运动轴	肌拉力线通过的方向	肌的功能	举例	特殊情况
冠状轴	前方	屈	肱二头肌	膝关节、踝关节运动方向相反
	后方	伸	肱三头肌	
矢状轴	外上方	外展	三角肌	脊柱、头颈为侧屈，骨盆为侧倾
	内下方	内收	胸大肌	
垂直轴	顺时针方向斜行（右侧）	旋外/后	旋前圆肌	左侧肢体相反
	逆时针方向斜行（右侧）	旋内/前	旋后肌	

（1）和额状轴的关系。当肌拉力线从关节额状轴前面跨过时，可使环节产生屈的运动，如肱二头肌可屈前臂。若肌拉力线从关节额状轴后面跨过时，可使环节产生伸的运动，如肱三头肌可伸前臂。但膝、踝关节相反。

（2）和矢状轴的关系。当肌拉力线从关节矢状轴的外上方跨过时，可使环节产生外展的运动，如三角肌、冈上肌可外展上臂。当肌拉力线从关节矢状轴的内下方跨过时，可使环节产生内收的运动，如胸大肌、背阔肌可内收上臂。

（3）和垂直轴的关系。当肌拉力线从关节垂直轴的前方跨过时，可使环节产生旋内的运动，如旋前圆肌可内旋前臂。当肌拉力线从关节垂直轴的后方跨过时，可使环节产生旋外的运动，如三角肌后部外旋上臂。

除此方法之外，确定骨骼肌功能的方法还有很多，如扪触法、临床观察法、电刺激法和肌电图法等。在科学研究与实验中，肌电图、电刺激等方法被广泛应用。

（七）肌肉力量性练习和伸展性练习的解剖学依据

1. 肌肉伸展性练习的解剖学依据

（1）影响伸展性的因素。

① 关节的骨性结构：对关节伸展性有直接影响的因素有两个：一是两个关节面之间的面积差和弧度差，差别越小，关节的灵活性（伸展性）越差；二是关节窝周围的骨突，对关节的活动有限制作用。

② 关节周围软组织的影响：关节周围的软组织主要有关节囊、韧带、肌腱、筋膜和肌肉等。这些软组织的伸展性，对关节的伸展性素质有较大的影响，但它们是可以改变的因素，具有可塑性。

③ 其他因素：年龄、性别、脂肪的厚度和温度等对机体的伸展性都有影响。

以上三点常用于教练员在青少年运动员选材时使用。具体还要根据各专项训练的要求，采用各自特有的方式。

（2）肌肉伸展性的训练方法。

可按照超负荷原理，采用拉伸方法进行训练。

　　近些年来体能训练推荐的方式多采用超负荷静力拉伸法，代表性的练习如瑜伽练习中的阴瑜伽，设计较为合理，同时减少损伤。相关训练内容如下可以供各专业教练员参考。其方法是训练者在拉伸软组织时，迫使被拉伸的软组织达到"酸、胀、痛"的位置并略微超过一些，每个动作停留 10~20 个呼吸周期，甚至更长时间。每组可分数次进行。

　　这种类型练习的优点：第一，能量内耗较大，特别是大体重运动员。第二，软组织不会因突然受力或用力过猛而发生拉伤。第三，不会激发牵张反射，就是不会引起肌肉被动收缩，引发运动员强烈的痛苦和对训练的心理上的排斥。第四，拉伸效果比较理想。

　　（3）伸展性训练的原则。

　　① 伸展性训练必须在热身练习或有氧练习后进行，切不可用力过猛。因为肌肉韧带筋膜等软组织是黏滞体，具有黏滞性。黏滞性与温度有密切关系，温度越高，黏滞性越小，灵活性就大。在黏滞性小的情况下拉伸效果好，而且不易受伤。但在疲劳的情况下练柔韧要慎重，以免损伤。

　　② 伸展性训练必须按照循序渐进的原则进行。循序渐进包括三个方面的含义：一是坚持长期的和阶段性的训练。二是在每一次训练中，应按先易后难、逐渐提高训练难度级别的方法进行。训练方式要柔和、用力要缓慢，切忌暴力，因为肌腱、韧带、筋膜和关节囊等致密结缔组织的主要成分为胶原纤维，其特点是抗拉性很强，而弹性差，需长期训练才能有明显效果。短期内强制拉伸容易导致胶原纤维断裂，从而影响运动员成绩。三是针对运动员个人训练的不同阶段和伸展练习的具体训练效果调整训练计划，逐步提高。

　　③ 按照以静力拉伸为主，动静结合的原则训练。例如训练股后软组织的柔韧性，可采用站立位体前屈和耗腿两种方法，两者可交替进行，但以后者为主。这样既可提高伸展性，又可提高软组织的弹性。因为柔韧性包含着伸展性和弹性两种素质。

　　④ 伸展性训练必须与力量性训练相结合，交替进行。由于单纯的力量性训练会降低柔韧性，而单纯的柔韧性训练，又会影响关节的稳固性。因此，两种训练要有机地结合，穿插进行，不可偏废。

　　⑤ 利用多关节肌的"被动不足"提高训练效果。使被训练的肌肉已

在某个关节处被拉伸的情况下，利用其他关节的运动来进一步拉伸它。例如，在训练股直肌的伸展性时，可采用跪撑后倒的方法。使股直肌先在膝关节处被拉长，再利用伸髋关节的动作进一步拉长练习，提高练习的强度后训练效果较好。例如，在训练股后肌群时，采用膝关节伸直时的坐位体前屈或踢腿练习，要比屈膝时效果好。但同时在设计训练方案的过程中主要针对刚开始训练的初学的运动员时应屈膝来降低训练强度。

2. 肌肉力量性练习的解剖学依据

（1）红肌纤维和白肌纤维。骨骼肌中存在着红肌纤维和白肌纤维，两种肌纤维在形态结构和功能方面都有明显的差异。白肌纤维和红肌纤维在人体中是混合分布的，不同的人两种肌纤维所占的比例是不同的。从事速度性项目的运动员，肌肉中的快缩肌（白肌）占优势。例如世界优秀运动员的小腿肌和短距离游泳运动员的三角肌中，快缩肌占 70%～90%。而从事耐力性项目的运动员则慢缩肌（红肌）占优势。

（2）发展肌肉力量素质的训练原则和方法。发展肌肉的力量素质，是提高运动员专项素质的基本功，应作为各专项训练中身体素质训练方案的重点。进行力量训练应注意以下几条原则和方法：

① 根据运动项目的不同，采用不同的训练方法。因此，应根据不同项目采用不同的训练方法。例如要发展耐力，可采用小强度多重复组数的训练原则；如 8~12 RM 的训练负荷，每组动作练习三次，间歇 1 min。

如要发展力量和速度素质，则采用大强度和快速运动的原则，以提高肌肉的爆发力。如 1~3 RM 的训练负荷，每组练习 1 次，组间间歇 10~30 s。通过系统的、小负荷、多重复的训练会使红肌纤维明显增粗，体积增大。大强度训练可使白肌纤维明显增粗，体积增大。中等量训练，两者均有发展。

② 采用增大阻力臂的方法来提高训练难度。在阻力不变的情况下，增大阻力臂就会使阻力矩增大，而阻力矩增大，就必须要增大力矩。大家知道，肌拉力线的力臂是不能随意改变的，所以要增大力矩，就必须要增大肌肉的收缩力。例如，用仰卧起坐来训练腹肌的力量，可采用三种姿势：一是上肢放在体侧；二是上肢放在胸前；三是上肢放在头部。由于上肢的上移，使上体的重心也随之向上移，阻力臂也就逐渐延长。阻力矩增

大，以第三种姿势阻力矩为最大，发展肌力的效果最好。

③ 在进行力量训练时，既要采用近固定练习，也要采用远固定练习。在一些大关节的肌肉配布上有这样一个特点，就是在功能相同的肌群中，有的止点离关节中心近，有的止点离关节中心远。例如，使髋关节屈的肌群中，髂腰肌的止点离关节中心近，而股直肌的止点则离关节中心远。实验证明，在做近固定屈髋时（如正踢腿），髂腰肌的作用远远超过股直肌；而在做远固定屈髋时（如仰卧起坐），则股直肌的作用就显著地加强了。因此，在训练肌肉力量时，既要采用近固定练习，也要采用远固定练习。

④ 利用多关节肌的"主动不足"来训练肌肉力量。例如在专业训练手腕的握力时，可采用屈腕的情况下用小哑铃负重，用力抓握，使指浅屈肌、指深屈肌和拇长屈肌处于主动不足的条件下强力收缩，用以提高训练难度。

⑤ 力量训练同样要注意循序渐进的原则，同样要在热身运动以后进行，以免造成损伤。力量训练前后一定要进行关节活动，防止肌肉僵硬，可采用泡沫轴按摩或使用肌内效贴布等方法。

（八）体育锻炼对骨骼肌的影响

系统的体育锻炼对骨骼肌形态结构的影响尤为明显，主要表现在以下几个方面：

1. 肌肉体积增大

通过体育锻炼和训练，肌肉体积明显增大，不同的运动项目对各部位肌肉的影响不同。肌肉体积的增大是肌纤维增粗的结果。肌纤维增粗的主要原因是肌纤维内部结构发生了变化。如肌纤维内的肌原纤维增粗，肌球蛋白增加，收缩物质增多，同时，肌浆网发达，肌红蛋白及营养物质都有所增加。力量性训练对骨骼肌体积的影响，明显地超过耐力性训练。

2. 肌纤维中线粒体数目增多、体积增大

线粒体是肌纤维的供能中心，是形成 ATP 的器官。ATP 主要是靠有氧代谢形成的，因此，耐力性项目的运动员通过训练能使肌纤维中线粒体增多增大明显。

3. 肌肉中的脂肪减少

在骨骼肌表面和肌纤维之间都有脂肪存在，脂肪多，对肌纤维的收缩会形成阻力，降低肌肉工作效率。通过训练，尤其是耐力性训练，可减少脂肪。

4. 肌肉内结缔组织增多

力量性训练可使肌肉结缔组织明显增加，主要表现在肌内膜和肌束膜均增厚，肌腱和韧带也明显增粗。上述变化都提高了肌肉的抗拉力性能。

5. 肌肉内化学成分的变化

经长期锻炼，肌肉中一些化学成分会明显增加，如肌红蛋白、三磷酸腺苷（ATP）、磷酸肌酸（CP）和肌糖原都有较明显增加。肌红蛋白的结构和功能与血红蛋白相似，但肌红蛋白与氧的亲和力比血红蛋白强，携带氧的能力强，能贮存较多的氧。ATP是肌纤维收缩的主要能源。CP也是肌肉活动的能源之一，CP的供能与ATP不同，它是供应肌肉快速、爆发性收缩（如短跑、举重等）的能源物质。

6. 肌原纤维增粗

肌原纤维有收缩功能．增粗的肌原纤维，其收缩能力大增。肌原纤维增粗是其内部的肌球蛋白微丝和肌动蛋白微丝增多的结果。肌球蛋白和肌动蛋白是肌纤维收缩的物质基础。不同的运动项目对收缩物质的影响不同，力量性训练效果较明显。这也是力量性训练能够显著增大肌肉体积的主要原因之一。

7. 肌肉中毛细血管增多

毛细血管很细，管壁很薄，是血管中唯一能进行物质交换的部位。系统的训练可以使肌肉中毛细血管的数量明显增多，同时管径也有所扩张，这就进一步增加了肌肉的血液供应，改善了营养状况，加强了肌肉组织的新陈代谢能力，提高了肌肉的工作能力。

二、骨骼肌各论

（一）躯干肌

躯干肌可分为颈肌、背肌、胸肌、膈、腹肌和会阴肌。

1. 颈肌

胸锁乳突肌（图 1-3-10）：

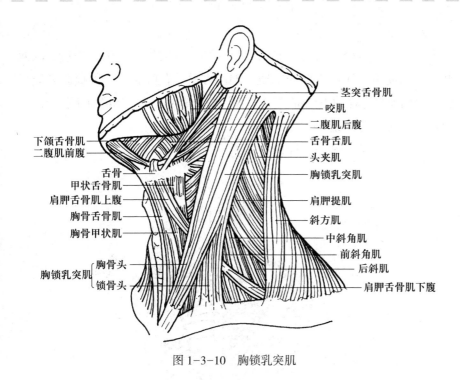

下颌舌骨肌
二腹肌前腹
舌骨
甲状舌骨肌
肩胛舌骨肌上腹
胸骨舌骨肌
胸骨甲状肌
胸锁乳突肌　胸骨头　锁骨头

茎突舌骨肌
咬肌
二腹肌后腹
舌骨舌肌
头夹肌
胸锁乳突肌
肩胛提肌
斜方肌
中斜角肌
前斜角肌
后斜肌
肩胛舌骨肌下腹

图 1-3-10　胸锁乳突肌

位置：斜位于颈部两侧皮下，大部分为颈阔肌所覆盖，在颈部形成明显的体表标志。

起点：胸骨柄前面和锁骨的胸骨端，二头会合斜向后上方。

止点：颞骨乳突。

功能：下固定时，一侧肌肉收缩使头向同侧倾斜，脸转向对侧；两侧同时收缩时，若肌拉力线通过寰枕关节额状轴前方，则使头颈前屈（低头动作）；若肌拉力线通过寰枕关节额状轴后方，则使头颈后仰（抬头动作）。上固定时，收缩可提肋助吸气。

力量练习方法：颈部静力性侧推（图 1-3-11）。

图 1-3-11　颈部静力性侧推

颈部静力性侧推
彩图

2. 背肌

位于躯干后面的肌群，肌的数目众多，分层排列，可分为浅、深两群和背部筋膜。浅群主要为阔肌，如斜方肌、背阔肌、肩胛提肌和菱形肌，它们起自脊柱的不同部位，止于上肢带骨或肱骨；深群位于棘突两侧的脊柱沟内，主要是竖脊肌。

（1）斜方肌（图 1-3-12）。

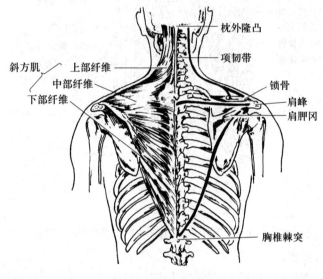

图 1-3-12　斜方肌

位置：位于项、背部的浅层，一侧呈三角形，两侧合起来为斜方形。

起点：起点很广，起自上项线、枕外隆凸、项韧带、第 7 颈椎和全部胸椎的棘突。

止点：上部肌束斜向外下方，中部的平行向外，下部的斜向外上方，止于锁骨的外侧 1/3 部分、肩峰和肩胛冈。

功能：

近固定（脊柱固定）。

上部肌束收缩：使肩胛骨上提、上回旋、后缩（靠近脊柱）。

中部肌束收缩：使肩胛骨后缩。

下部肌束收缩：使肩胛骨下降、上回旋。

两侧肌束同时收缩：使肩胛骨后缩。

远固定（肩胛骨固定）。

单侧上部肌束收缩：使头向同侧屈和对侧旋转。

双侧同时收缩：使肩胛骨向脊柱靠拢和头后仰。

力量练习方法：提拉杠铃耸肩（图 1-3-13）、负重直臂侧上举、俯立持哑铃扩胸和坐推举等。

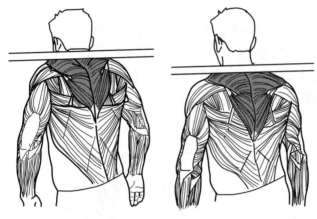

耸肩练习彩图

图 1-3-13　耸肩练习

（2）背阔肌（图 1-3-14）。

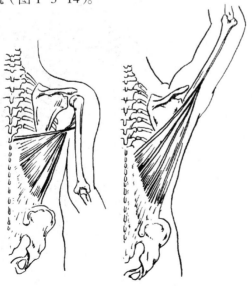

图 1-3-14　背阔肌

位置：为全身最大的扁肌，位于背下部、腰部和胸侧壁。

起点：第 6 胸椎以下的全部椎骨棘突和髂嵴后部。

止点：肌束向外上方集中，止于肱骨小结节嵴。

功能：

近固定收缩时：使上臂在肩关节处伸、内收、旋内。

远固定收缩时：当上肢上举后固定时，拉引躯干向上臂靠拢，提肋助吸气。

力量练习方法：单杠引体向上（图 1-3-15）、提拉杠铃、划船、俯立提拉杠铃片和爬绳等。

背深肌主要有竖脊肌，又称骶肌，是维持人体直立的重要肌。竖脊肌的深部为数目众多的短肌，附于椎骨与椎骨之间，加强椎骨的连接，增加脊椎运动的灵活性。

（3）竖脊肌（图 1-3-16）。

引体向上彩图

图 1-3-15　引体向上

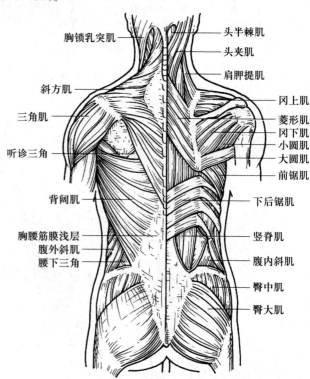

图 1-3-16　背部深层肌肉和竖脊肌

　　位置：位于背部深层全部椎骨棘突两侧的纵沟内，为两条强大的纵行肌柱。

　　起点：起自骶骨的背面和髂嵴的后部。

　　止点：向上分出三群肌束，沿途止于椎骨和肋骨，并达到颞骨乳突。

　　功能：下固定（骶部固定）两侧收缩使脊柱后伸和仰头，一侧收缩使脊柱向同侧侧屈；上固定：使骨盆前倾。

　　力量练习方法：背伸（图 1–3–17），慢起倒立、负重体屈伸、肩臂倒立和俯卧臂腿等。

背伸练习彩图

图 1–3–17　背伸练习

3. 胸肌

可分为胸上肢肌和胸固有肌。起自胸廓，止于上肢骨，称为胸上肢肌；起止均在胸廓上，称为胸固有肌。

（1）胸大肌（图 1-3-18）。

位置：位置表浅，覆盖胸廓前壁的大部，呈扇形，宽而厚。

起点：锁骨内侧半、胸骨和第 1~6 肋软骨等处。

止点：各部肌束聚合向外，以扁腱止于肱骨大结节嵴。

功能：近固定收缩向内前拉引肱骨使上臂屈、内收、旋内；远固定收缩：上肢上举后固定时，拉引躯干向上臂靠拢，提肋助吸气。

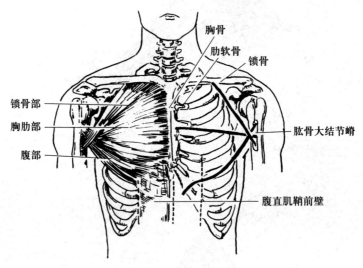

图 1-3-18　胸大肌

力量练习方法：双杠支撑摆动臂屈伸、卧推（图 1-3-19）、引体（或负重）向上、持哑铃俯卧"飞鸟"、平卧推和足高位俯卧撑等。

（2）前锯肌（图 1-3-20）。

位置：位于胸廓的外侧面浅层，上部被胸大肌和胸小肌遮盖，呈锯齿状的扁肌。

起点：以数个肌齿起自上 8 个或 9 个肋骨。

止点：肌束斜向上内方，经肩胛骨的前方，止于肩胛骨内侧缘和下角。

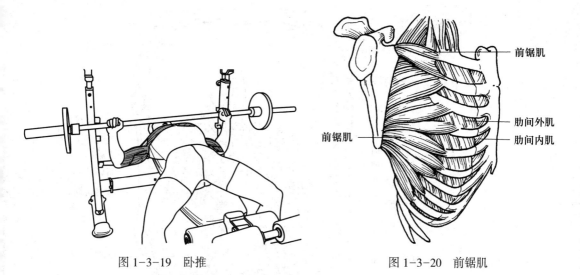

图 1-3-19　卧推　　　　　　　　　　图 1-3-20　前锯肌

卧推彩图

功能：近固定（肋骨固定）使肩胛骨前伸和上回旋。该肌与斜方肌共同作用，能使上臂上举到垂直部位；远固定（肩胛骨固定）：下部肌束收缩可提肋，助深吸气。

力量练习方法：实力推、负重俯卧撑、推手倒立、持哑铃侧上举和拳击沙包等。

4. 膈

膈位于胸腹腔之间，成为胸腔的底和腹腔的顶。膈的肌束起自胸廓下口周缘和腰椎的前面，可分为三部分：胸骨部起自剑突后面；肋部起自下 6 对肋骨和软肋骨；腰部以左、右两个膈脚起自第 2~3 腰椎。各部肌束均止于中央的中心腱。膈的位置如图 1-3-21 所示。

（1）形态结构。膈为向上膨隆呈穹隆形的扁薄阔肌，外周部属肌性部，而中央部分是腱膜（中心腱），膈上有三个裂孔：① 主动脉裂孔：位于第 12 胸椎体前方，由两侧膈脚、后方的脊柱和前方的膈围成，有降主动脉和胸导管在此通过；② 食管裂孔：位于主动脉裂孔的左前上方，约于第 10 胸椎水平，有食管和迷走神经前后干在此通过；③ 腔静脉孔：位于食管裂孔右前上方的中心腱内，约与第 9 胸椎水平，内通过下腔静脉、右膈神经。膈肌活动方式见图 1-3-22。

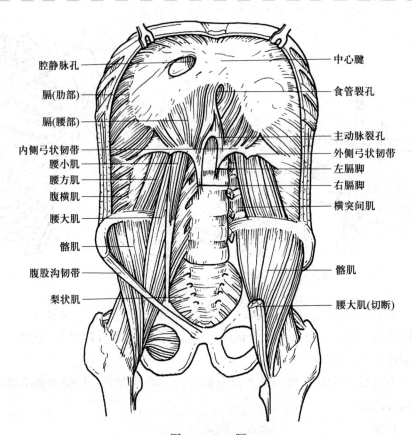

腔静脉孔

膈(肋部)

膈(腰部)

内侧弓状韧带
腰小肌
腰方肌
腹横肌
腰大肌

髂肌

腹股沟韧带

梨状肌

中心腱

食管裂孔

主动脉裂孔
外侧弓状韧带
左膈脚
右膈脚
横突间肌

髂肌

腰大肌(切断)

图 1-3-21　膈

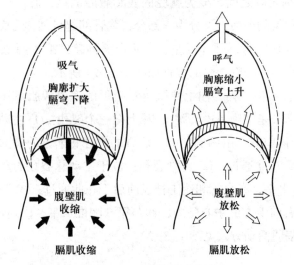

吸气
胸廓扩大
膈穹下降

腹壁肌
收缩

膈肌收缩

呼气
胸廓缩小
膈穹上升

腹壁肌
放松

膈肌放松

图 1-3-22　膈肌活动方式

（2）功能。

膈为主要的呼吸肌，收缩时，膈穹隆下降，胸腔容积扩大，以助吸气；松弛时膈穹隆上升恢复原位。胸腔容积减少，以助呼气（图1-3-22）。

5. 腹肌

腹前壁、侧壁和后壁的大部分均由腹肌构成。腹前壁有一对纵行的直肌，两侧是三层扁宽的阔肌，这三层肌的肌束方向彼此交叉，并在腹前壁处形成广阔的腱膜。腹肌可分为前外侧群（构成腹腔的前外侧壁，包括腹直肌、腹外斜肌、腹内斜肌和腹横肌）（图1-3-23）和后群（位于腹腔后壁，包括腰方肌和腰大肌）。

（1）腹直肌。

位置：位于腹前壁正中线的两旁，居腹直肌鞘中，为上宽下窄的带形多腹肌，肌的全长被3~4条横行的腱划分成多个肌腹。

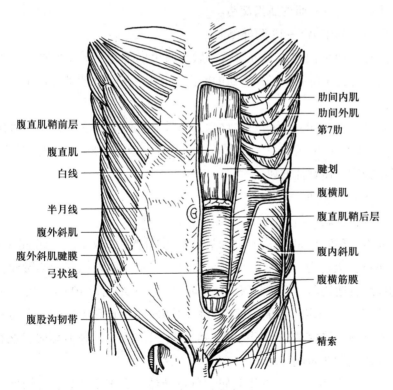

图1-3-23　腹前侧壁肌

图 1-3-24　屈膝仰卧起坐

屈膝仰卧起坐彩
图

起点：耻骨联合和耻骨嵴。

止点：肌束向上止于胸骨剑突和第 5~7 肋软骨的前面。

功能：上固定，两侧同时收缩，使骨盆后倾或保持水平位即收腹；下固定时，一侧收缩，使脊柱向同侧屈，两侧同时收缩，使脊柱前屈，并可降肋助呼气。

力量练习方法：屈膝仰卧起坐（图 1-3-24）、仰卧举腿、仰卧直角坐和负重下斜仰卧起坐等。

（2）腹外斜肌。

位置：位于腹前外侧壁的浅层，为扁宽阔肌，肌束由外上斜向前内下，侧后方与背阔肌的肌齿交错。

起点：起于第 5~12 肋外侧面。

止点：肌束向前内下方斜行，后部肌束向下止于髂嵴前部，上中部肌束向内移行于腱膜，经腹直肌的前面，并参与构成腹直肌鞘的前层而止于白线。

功能：上固定：两侧同时收缩，使骨盆后倾或成水平位（如直角支撑）；下固定：单侧收缩使脊柱向同侧屈和向对侧回旋。两侧同时收缩，可下拉胸廓，使脊柱前屈。

（3）腹内斜肌。

位置：在腹外斜肌深面。

起点：胸腰筋膜、髂嵴和腹股沟韧带的外侧 1/2 或 1/3，肌束呈扇形。

止点：大部分纤维向内前上方斜行，在腹直肌外缘移行为腱膜，参与构成腹直肌鞘前、后壁和腹白线。其余部分纤维止于 10~12 肋。

功能：下固定：一侧收缩时脊柱向同侧屈和转动（这时，它与对侧的腹外斜肌共同完成向同侧的转体运动）；上固定：一侧收缩时骨盆和脊柱向同侧屈和向对侧转动。

力量练习方法：负重体侧屈、负重转体（图 1-3-25）、掷铅球、悬垂剪腿、侧弯举和仰卧起坐左右转体等。

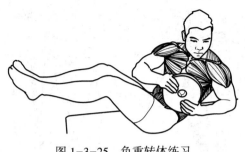

图 1-3-25　负重转体练习

负重转体练习彩图

（4）腹横肌。

位置：在腹内斜肌深面，较薄弱。

起点：下 6 个肋软骨的内面、胸腰筋膜、髂嵴和腹股沟韧带的外侧 1/3。

止点：肌束横行，止于腹白线，其腱膜参与组成腹直肌鞘的后壁。

功能：与其他腹肌协同收缩，可增加腹压，协助完成咳嗽、呕吐和排便等生理功能。

（二）上肢肌

上肢肌为全身肌肉中最灵活的部分，在体育运动的支撑、悬垂和推拉等动作中起着重要作用。上肢肌按部位分为上肢带肌、上臂肌、前臂肌和手肌。

1. 上肢带肌

上肢带肌配布在肩关节周围，起自锁骨和肩胛骨，止于肱骨，能运动肩关节，又能增强关节的稳固性。包括三角肌、肩胛下肌、冈上肌、冈下肌、小圆肌和大圆肌。

三角肌（图 1-3-26）。

位置：位于肩部外侧，呈三角形包裹肩关节。分前、中、后三部分肌束。

起点：前部肌束起自锁骨的外侧端，中部肌束起自肩峰，后部肌束起自肩胛冈。

止点：各部肌束逐渐向外下方集中，止于肱骨三角肌粗隆。

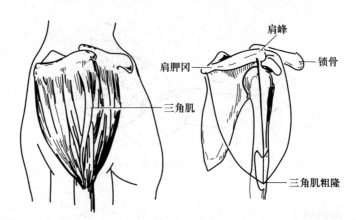

图 1-3-26　三角肌

功能：近固定收缩时，前部肌纤维使上臂在肩关节处屈、旋内、内收和水平屈。中部肌纤维使上臂在肩关节处外展至水平位。后部肌纤维收缩使上臂在肩关节处伸、旋外、内收和水平伸。三束肌纤维同时收缩产生的合力可使上臂外展，同时加固肩关节。

力量练习方法：胸前提拉杠铃（图 1-3-27）、负重直臂侧平举（图 1-3-28）、负重直臂侧平举（图 1-3-29）、肩上推举壶铃和颈后推举等动作。

柔韧性练习方法：将手臂内收，另一只手辅助将之拉往对侧。

胸前提拉杠铃彩图

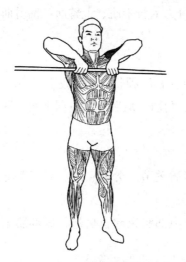

图 1-3-27　胸前提拉杠铃

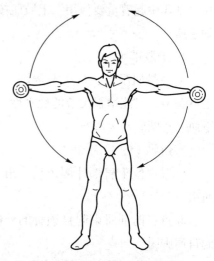

图 1-3-28　负重直臂侧平举

2. 上臂肌

上臂肌覆盖肱骨，有前后两群，前群主要为屈肌，包括肱二头肌、肱肌和喙肱肌。后群为伸肌，包括肱三头肌、肘肌。

（1）肱二头肌（图1-3-29）。

位置：位于上臂前面，上部被三角肌和胸大肌遮盖，肌腹呈梭形，屈肘时轮廓清晰可见。该肌分长头、短头，为双关节肌。

起点：长头起自肩胛骨盂上结节，穿过肩关节囊，经结节间沟下行；短头起自肩胛骨喙突。

止点：前臂筋膜和桡骨粗隆。

功能：近固定收缩时，使上臂在肩关节处屈（长头），使前臂在肘关节处屈和旋外。远固定收缩时，使上臂在肘关节处屈，向前臂靠拢。

力量练习方法：持哑铃屈前臂、负重屈肘（图1-3-30）和引体向上（图1-3-31）等。

柔韧性练习方法：将双手向后，手掌心对着手掌心进行拉伸，然后挺胸收腹。

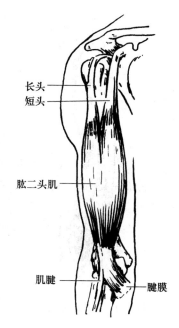

图1-3-29　肱二头肌

图1-3-30　负重屈肘

图1-3-31　引体向上

负重屈肘彩图

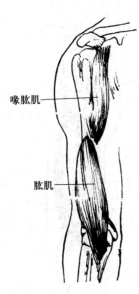

喙肱肌

肱肌

图 1-3-32　肱肌

（2）肱肌（图 1-3-32）。

位置：位于肱二头肌下半部的深层，为羽状肌。

起点：起于肱骨下半部的前面。

止点：尺骨粗隆和冠突。

功能：近固定收缩时，使前臂在肘关节处屈。远固定收缩时，使上臂向前臂靠拢。据研究，肱肌的绝对力量为 154.2 kg，大于肱二头肌的 132.7 kg，故肱肌是屈肘的主动肌。

力量练习方法：同肱二头肌。如持杠铃弯举、持哑铃屈前臂、负重屈肘和引体向上等均可发展肱肌的力量。

柔韧性练习方法：同肱二头肌。

（3）肱三头肌（图 1-3-33）。

位置：位于肱骨后面。用力伸肘时，该肌的轮廓清晰可见。分长头、内侧头和外侧头，其中长头为双关节肌。

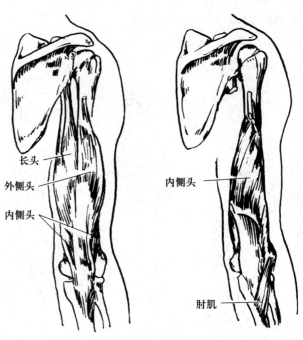

长头

外侧头

内侧头

内侧头

肘肌

图 1-3-33　肱三头肌

起点：长头起自肩胛骨盂下结节，外侧头起自肱骨后面桡神经沟外上方的骨面，内侧头起自桡神经沟内下方的骨面。

止点：三个头合为一个肌腹，形成一个肌腱止于尺骨鹰嘴。

功能：近固定收缩时，使前臂在肘关节处伸，使上臂在肩关节处伸（长头）。远固定收缩时，使上臂在肘关节处伸。

力量练习方法：俯卧撑、倒立推（图1-3-34）、双杠支撑臂屈伸和卧推等。

柔韧性练习方法：一只手臂弯曲，放在头后。另一只手握住其肘部，向其相反方向施加压力。如"毛巾擦背"动作。

图1-3-34 倒立推

3. 前臂肌

前臂肌位于尺桡骨的周围，分为前后两群，大多数是具有细长肌腱的长肌。肌腹位于近端，细长的肌腱位于远端。

前群肌位于前臂的前面和内侧面，共9块：肱桡肌、旋前圆肌、桡侧腕屈肌、掌长肌、尺侧腕屈肌；指浅屈肌；拇长屈肌、指深屈肌；旋前方肌。

后群肌位于前臂的后面，共10块：桡侧腕长伸肌、桡侧腕短伸肌、指伸肌、小指伸肌、尺侧腕伸肌；旋后肌、拇长展肌、拇短伸肌、拇长伸肌、示指伸肌。

肱桡肌（图1-3-35）。

位置：位于前臂前面外侧，为长而扁的梭形肌。

起点：肱骨外上髁。

止点：桡骨茎突。

功能：近固定收缩时，使前臂在肘关节处

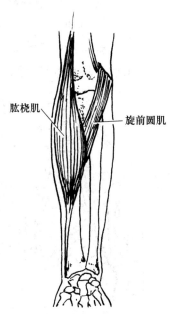

肱桡肌

旋前圆肌

图1-3-35 肱桡肌

屈。正常情况下，该肌使前臂处于"正中"位置，当前臂处于旋内位时，可使前臂旋外；当前臂处于旋外位时，可使前臂旋内。远固定收缩时，使上臂向前臂靠拢。

力量练习方法：同肱二头肌。

柔韧性练习方法：同肱二头肌。

4. 手肌

手肌即手部的肌肉，分为掌侧面和背侧面，均为短肌。

掌侧面的肌肉包括：拇短展肌、拇短屈肌、拇对掌肌、拇收肌；小指展肌、小指短屈肌、小指对掌肌；蚓状肌、骨间掌侧肌。

背侧面的肌肉包括：骨间背侧肌。

（三）下肢肌

下肢肌按部位可分为髋肌、大腿肌、小腿肌和足肌。与上肢肌相比，下肢肌较粗大有力，在人体的支持和位移中起着积极作用。站立时，下肢肌在远固定下进行收缩工作。走、跑、跳（下肢离开地面）时，下肢肌则是在近固定下进行收缩工作。

1. 髋肌

髋肌指位于髋关节周围的肌肉。分为骨盆内面的前群肌和外面的后群肌。前群为髂腰肌和阔筋膜张肌，后群有臀大肌、臀中肌、臀小肌、梨状肌、闭孔内肌和股方肌。

（1）髂腰肌（图 1-3-36）。

位置：位于腰椎体两侧和骨盆内，分腰大肌和髂肌两部分。

起点：腰大肌起于腰椎体侧面和横突，髂肌起于髂窝。

止点：两肌腱合并，经腹股沟韧带深面，止于股骨小转子。

功能：近固定收缩时，使大腿在髋关节处屈和旋外。近固定时，一侧收缩使躯干向同侧屈；两侧同时收缩

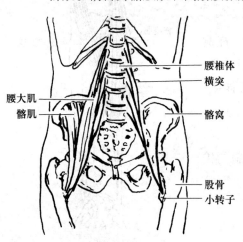

腰大肌
髂肌

腰椎体
横突

髂窝

股骨
小转子

图 1-3-36　髂腰肌

时，使躯干前屈和骨盆前倾。

力量练习方法：负重前摆腿、悬垂举腿、高抬腿、前控腿和仰卧"剪腿"（图1-3-37）等。

柔韧性练习方法：跪撑后倒（图1-3-38）、后摆腿、后压腿和前后劈叉等。

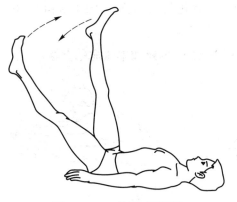

图1-3-37　仰卧"剪腿"　　　　　　　　　　　　图1-3-38　跪撑后倒

（2）臀大肌（图1-3-39）。

位置：位于臀部皮下，大而肥厚，形成特有的臀部隆起。在直立和跑、跳中得到发展，为人体最发达的肌肉之一，在形体健美中，臀大肌也是影响臀围和形成臀部外形的主要因素。

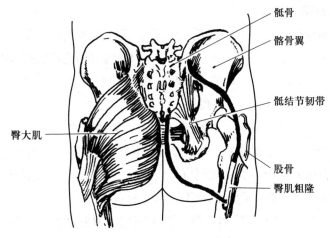

图1-3-39　臀大肌

起点：髂骨翼外面后部，骶骨和尾骨的背面。

止点：股骨的臀肌粗隆和髂胫束。

功能：近固定收缩时，使大腿在髋关节处伸和旋外。外上部纤维收缩，可使大腿外展，内下部纤维可使大腿内收。远固定时，一侧收缩使骨盆后倾并向对侧旋转；两侧收缩使骨盆后倾并维持人体直立。

力量练习方法：负重蹲起、俯卧"背腿"、后蹬跑（图1-3-40）和蛙跳等。

柔韧性练习方法：正压腿（图1-3-41）、深蹲和单腿跪弓步等。

图1-3-40 后蹬跑

图1-3-41 正压腿

2. 大腿肌

大腿肌位于股骨周围，可分为前群、后群和内侧群。前群为股四头肌和缝匠肌；后群为腘绳肌（股二头肌、半腱肌和半膜肌的合称）；内侧群为耻骨肌、长收肌、短收肌、大收肌和股薄肌。

（1）股四头肌（图1-3-42）。

位置：位于大腿前面，是全身体积最大的肌肉之一。该肌有4个头：股直肌、股中肌、股内侧肌、股外侧肌。股直肌位于大腿前面皮下；股中肌位于股直肌的深面；股内侧肌位于大腿前内侧；股外侧肌位于大腿前外侧。股四头肌是人走、跑、跳和下肢蹬伸的重要肌肉。

起点：股直肌起于髂前下棘，股中肌起于股骨体前面，股内侧肌起于股骨粗线内侧唇，股外侧肌起于股骨粗线外侧唇。

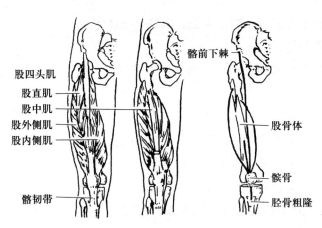

图 1-3-42　股四头肌

　　止点：四头下行合并为一腱，包绕髌骨，继而下延为髌韧带，止于胫骨粗隆。

　　功能：近固定收缩时，使小腿在膝关节处伸，大腿在髋关节处屈（股直肌作用）。远固定收缩时，使大腿在膝关节处伸，保持膝关节伸直，维持人体直立。

　　力量练习方法：负重伸小腿（图1-3-43）、负重深蹲（图1-3-44）、跳深和各种跳跃练习等。

负重伸小腿彩图

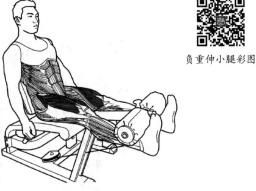

图 1-3-43　负重伸小腿

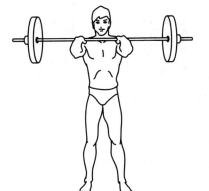

图 1-3-44　负重深蹲

柔韧性练习方法：跪撑后倒、俯卧反弓展体等。

（2）腘绳肌。

腘绳肌位于大腿的后面，共三块，包括股二头肌、半腱肌和半膜肌，又称股后肌群。

① 股二头肌（图1-3-45）。

位置：位于大腿后面外侧。有长、短两头。

起点：长头起于坐骨结节，短头起于股骨粗线。

止点：两头合并以长腱止于腓骨头。

功能：近固定收缩时，使大腿在髋关节处伸，使小腿在膝关节处屈和旋外。远固定时，一侧收缩使大腿在膝关节处屈，两侧收缩使骨盆后倾。

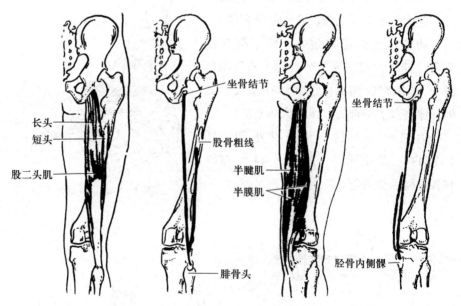

图1-3-45　股二头肌、半腱肌和半膜肌

② 半腱肌和半膜肌（图1-3-45）。

位置：位于大腿后面内侧。半腱肌在浅层，半膜肌在深层。

起点：起于坐骨结节。

止点：半腱肌止于胫骨粗隆内侧，半膜肌止于胫骨内侧髁后面。

功能：近固定收缩时，使大腿在髋关节处伸，使小腿在膝关节处屈和旋内。远固定时，一侧收缩使大腿在膝关节处屈，两侧收缩使骨盆后倾。

力量练习方法：俯卧背腿（图 1-3-46）、站立屈膝和抗阻屈膝等。

柔韧性练习方法：正压腿、正踢腿和纵劈腿（图 1-3-47）等。在起跑、跨栏或跳高起跳动作中易被拉伤，平时应注意发展其伸展性。

图 1-3-46 俯卧背腿

图 1-3-47 纵劈腿

（3）内收肌群（图 1-3-48）。

位置：位于大腿内侧深面。

起点：起于坐骨结节、坐骨支和耻骨下支。

止点：止于股骨粗线内侧唇上 2/3 和股骨内上髁。

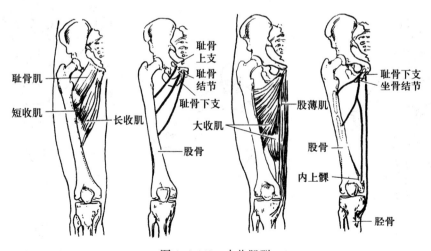

图 1-3-48 内收肌群

功能：近固定收缩时，使大腿在髋关节处内收、旋外和伸。远固定时，一侧收缩与臀大肌一起完成跑步后蹬的"送髋"动作，两侧同时收缩使骨盆后倾。

力量练习方法：武术里合腿（图 1-3-49）、侧卧内摆腿和抗阻内摆腿（图 1-3-50）等。

柔韧性练习方法：横劈腿腾起（图 1-3-51）、侧压腿和侧控腿（图 1-3-52）等。

图 1-3-49   武术里合腿

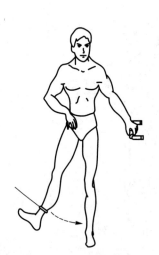

图 1-3-50   抗阻内摆腿   图 1-3-51   横劈腿腾起   图 1-3-52   侧控腿

3. 小腿肌

小腿肌位于小腿周围，参与维持人体的直立姿势和行走。分为 3 群：前群在骨间膜的前面，包括胫骨前肌、姆长伸肌、趾长伸肌；后群在骨间膜的后面，包括小腿三头肌、腘肌、趾长屈肌、胫骨后肌、姆长屈肌；外侧群在腓骨的外侧面，包括腓骨长肌、腓骨短肌。

小腿三头肌（图 1-3-53）。

位置：位于小腿后面皮下。由浅层的腓肠肌（两个头）和深层的比目鱼肌组成。该肌三个头，是小腿隆起的主要肌肉，在走、跑、跳中也是足关节蹬伸的主要肌群。

起点：腓肠肌的内、外侧头分别起于股骨的内、外上髁；比目鱼肌起于胫腓骨后面上方。

止点：两肌肌腹在小腿中部合并，向下形成跟腱，止于跟骨结节。

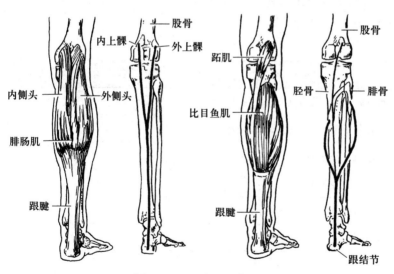

图 1-3-53　小腿三头肌

功能：近固定收缩时，使足在踝关节处跖屈，使小腿在膝关节处屈，同时腓肠肌内侧头使屈曲的小腿旋外，外侧头使屈曲的小腿旋内。远固定收缩时，拉小腿骨上端和股骨下端向后，使膝关节伸直，维持人体直立。

力量练习方法：跳绳、立定跳远和负重提踵（图1-3-54）等。

柔韧性练习方法：勾脚尖侧压腿、正压腿等。

4. 足肌

足肌可分为足背肌和足底肌。足背肌较弱小，包括踇短伸肌和趾短伸肌。足底肌分为内侧群、外侧群和中间群。内侧群包括踇展肌、踇短屈肌和踇收肌。外侧群包括小趾展肌和小趾短屈肌。中间群：可分浅、中、深三层，浅层有趾短屈肌；中层有足底方肌；深层有蚓状肌4块、骨间足底肌3块、骨间背侧肌4块。

图1-3-54　负重提踵

（四）人体各主要关节的运动肌群

1. 运动上肢各主要关节的肌群

（1）运动上肢带的肌群。

环节运动	完成动作的原动肌
肩带上提	斜方肌上部、菱形肌、肩胛提肌
肩带下降	斜方肌下部、前锯肌下部、胸小肌
肩带前伸	前锯肌、胸小肌
肩带后缩	斜方肌、菱形肌
肩带上回旋	斜方肌上部和下部、前锯肌下部
肩带下回旋	胸小肌、菱形肌、肩胛提肌

（2）运动肩关节的肌群。

关节运动	完成动作的原动肌
肩关节屈	胸大肌、三角肌前束、喙肱肌、肱二头肌长头
肩关节伸	背阔肌、三角肌后束、大圆肌、小圆肌、冈下肌、肱三头肌长头

续表

关节运动	完成动作的原动肌
肩关节外展	三角肌、冈上肌
肩关节内收	胸大肌、背阔肌、大圆肌、小圆肌、冈下肌、肩胛下肌
肩关节旋内	肩胛下肌、胸大肌、背阔肌、大圆肌、三角肌前束
肩关节旋外	三角肌后束、冈下肌、小圆肌

（3）运动肘关节的肌群。

关节运动	完成动作的原动肌
肘关节屈	肱二头肌、肱肌、肱桡肌、旋前圆肌
肘关节伸	肱三头肌、肘肌
肘关节旋内	旋前圆肌、旋前方肌
肘关节旋外	肱二头肌、旋后肌

（4）运动腕关节的肌群。

关节运动	完成动作的原动肌
腕关节屈	桡侧腕屈肌、掌长肌、尺侧腕屈肌、指浅屈肌、指深屈肌
腕关节伸	桡侧腕长伸肌、桡侧腕短伸肌、伸指总肌、尺侧腕伸肌、拇长伸肌、拇短伸肌、食指和小指固有伸肌
腕关节内收	尺侧腕屈肌、尺侧腕伸肌
腕关节外展	桡侧腕屈肌、桡侧腕长伸肌、桡侧腕短伸肌、拇长展肌、拇短伸肌、拇长伸肌

2. 运动下肢各主要关节的肌群

（1）运动骨盆的肌群。

环节运动	完成动作的原动肌
骨盆前倾	髂腰肌、股直肌、缝匠肌、长收肌、耻骨肌、股薄肌、臀中肌、臀小肌（均为远固定）
骨盆后倾	臀大肌、臀中肌后束、股二头肌、半腱肌、半膜肌、大收肌（远固定）、腹直肌、腹外斜肌（近固定）
骨盆侧倾	臀中肌、臀小肌（远固定）
骨盆旋转	臀大肌、梨状肌（远固定）

（2）运动髋关节的肌群。

关节运动	完成动作的原动肌
髋关节屈	髂腰肌、股直肌、缝匠肌、阔筋膜张肌、耻骨肌、长收肌、短收肌
髋关节伸	臀大肌、股二头肌、半腱肌、半膜肌、大收肌
髋关节外展	臀中肌、臀小肌、梨状肌、臀大肌上部、阔筋膜张肌
髋关节内收	大收肌、长收肌、短收肌、耻骨肌、股薄肌
髋关节旋内	臀中肌、臀小肌前部、阔筋膜张肌
髋关节旋外	髂腰肌、臀中肌和臀小肌的后部、大收肌、长收肌、短收肌、耻骨肌、股薄肌、缝匠肌、梨状肌、股方肌、闭孔内肌、闭孔外肌

（3）运动膝关节的肌群。

关节运动	完成动作的原动肌
膝关节伸	股四头肌
膝关节屈	股二头肌、半腱肌、半膜肌、缝匠肌、股薄肌、腓肠肌

续表

关节运动	完成动作的原动肌
膝关节旋内	缝匠肌、半腱肌、半膜肌、股薄肌、腓肠肌外侧头
膝关节旋外	股二头肌、腓肠肌内侧头

（4）运动踝关节的肌群。

关节运动	完成动作的原动肌
足跖屈	小腿三头肌、胫骨后肌、趾长屈肌、踇长屈肌、腓骨长肌、腓骨短肌
足背屈	胫骨前肌、踇长伸肌、趾长伸肌
足内翻	胫骨后肌、踇长屈肌、趾长屈肌、胫骨前肌、踇长伸肌
足外翻	腓骨长肌、腓骨短肌、第三腓骨肌、趾长伸肌

3. 运动脊柱的肌群

环节运动	完成动作的原动肌
脊柱前屈	胸锁乳突肌、腹直肌、腹外斜肌、腹内斜肌和髂腰肌
脊柱后伸	斜方肌、夹肌、竖脊肌、横突棘肌和背短肌
脊柱侧屈	同侧的胸锁乳突肌、腹直肌、腹外斜肌、腹内斜肌、斜方肌、竖脊肌和髂腰肌
脊柱回旋	同侧腹内斜肌、斜方肌、对侧的腹外斜肌和胸锁乳突肌

第四节　运动动作的解剖学分析

在体育运动实践中，无论是从事体育工作的专业人员还是健身爱好者，对动作的了解不能只停留在知其然上面，还需要知其所以然。运动动作的解剖学分析，就是要找出人体在运动时参与的运动环节，分析各环节的运动形式，参与动作的原动肌，肌肉的工作性质和工作条件，以及不同运动阶段肌肉工作变化的规律等。本章主要介绍动作分析的原理、方法、步骤以及在运动实践中的应用。

一、肌肉工作的基本理论

（一）肌肉的工作性质

肌肉收缩产生肌张力，这种力可以克服阻力引起环节运动，或平衡阻力使肢体保持某种动作姿势，我们称这种现象为肌肉工作性质。按肌肉的收缩特征和力的作用，肌肉的工作性质可分为动力性工作和静力性工作两大类。

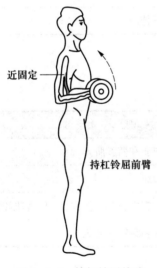

近固定

持杠铃屈前臂

图 1-4-1　持杠铃屈前臂

1. 动力性工作

动力性工作指肌肉收缩产生肌力，肌肉的长度发生变化，肌力矩和阻力矩不平衡使运动环节产生位移的工作。动力性工作可分为向心工作和离心工作。

（1）向心工作。向心工作又称克制性工作，肌力矩大于阻力矩，肌肉收缩长度变短，运动环节沿肌拉力方向运动。绝大多数的体育动作都属于此类工作。例如，持杠铃屈前臂（图 1-4-1），肱二头肌和肱肌做向心工作；负重深蹲蹲起阶段，膝关节伸，股四头肌做向心工作。

（2）离心工作。离心工作又称退让性工作，肌力矩小于阻力矩，肌肉收缩（发力）但长度逐渐被拉长，运动环节沿肌拉力的反方向运动。例如，俯卧撑动作的下降阶段，肱三头肌做离心工作；纵跳的落地缓冲阶段，臀大肌、股四头肌、小腿三头肌要保持紧张做离心工作，以缓冲落地时的冲击，保护人体避免损伤。

2. 静力性工作

静力性工作指肌肉收缩产生的拉力矩等于阻力矩，肌肉长度不变，运动环节固定以保持一定姿势时完成的工作。根据平衡外力矩的情况分为支持工作、固定工作和加固工作。

（1）支持工作。肌肉持续收缩，产生的肌力矩平衡阻力矩，使运动环节保持一定姿势的工作称为支持工作。如双杠直角支撑时（图1-4-2），髂腰肌、腹直肌、股直肌等做支持工作，以保持髋关节屈位。

（2）固定工作。关节周围作用相反的肌肉共同收缩，使环节固定不动，称为固定工作。如双杠直角支撑时（图1-4-2），肘关节周围的肌肉做固定工作，使肘关节固定在伸直状态；站立时，膝关节周围的肌肉也是做固定工作。

（3）加固工作。运动环节受到外力牵拉产生离散趋势时，肌肉持续收缩以抵抗外力加固关节时的工作称加固工作。如悬垂时（图1-4-3），肘关节周围的肌群保持收缩，防止关节被拉脱位。

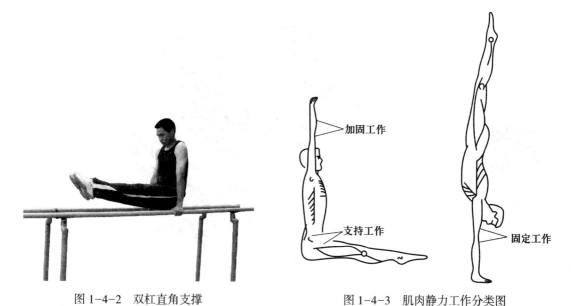

图1-4-2 双杠直角支撑　　　　　图1-4-3 肌肉静力工作分类图

（二）肌肉的协作关系

每个体育动作，即使简单的动作，都是在多块肌肉或多群肌肉共同配合下完成的。肌肉的协作关系指在完成体育动作过程中多群肌肉共同参与、相互协调配合的关系。依据在运动中的作用，把肌群分为原动肌、拮抗肌、固定肌与中和肌（图 1-4-4）。

1. 原动肌

指在运动中主动收缩发力，直接参与完成动作，引起环节运动的肌肉。根据所起作用的主次，又分为主动肌和次动肌。如肘关节伸的动作，肱三头肌和肘肌是原动肌，其中肱三头肌是主动肌，而肘肌是次动肌。

2. 拮抗肌

位于原动肌相对的一侧，与原动肌作用相反的肌肉。拮抗肌对原动肌起对抗作用，一方面在原动肌工作时应协调放松，降低原动肌工作的阻力，另一方面在动作之末收缩，可使防止动作过度而拉伤肌肉，或使动作制动。如完成前臂弯举动作时，肱二头肌是原动肌，肱三头肌则是拮抗肌（图 1-4-4）。原动肌和拮抗肌只是相对的，不是固定不变的，他们会随着动作的改变而发生变化。

原动肌与拮抗肌
作用示意图彩图

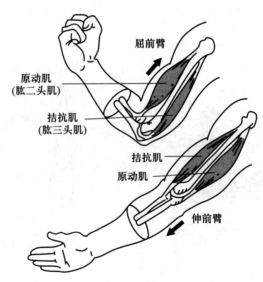

图 1-4-4　原动肌与拮抗肌作用示意图

3. 固定肌

指固定原动肌定点附着骨或环节的肌群。固定肌的参与可以防止原动肌两端附着的骨或环节产生相向运动，防止出现多余或错误动作。如前臂弯举动作，肩关节周围的肌群即为固定肌，它固定肱骨，防止肱二头肌在牵拉前臂屈的同时，出现上臂在肩关节屈的多余动作。

4. 中和肌

多数肌肉对其跨过的关节有多种功能。为了发挥原动肌与动作相关的功能，抵消原动肌与动作无关功能的工作肌群称为中和肌。如走步前抬大腿时，臀中肌作为中和肌，其前部的旋内作用抵消髂腰肌的旋外作用，使步态正常。

（三）多关节肌的工作特点

起止点只跨过一个关节的肌肉称为单关节肌。跨过两个或两个以上关节的肌肉称为多关节肌，如指浅屈肌、指伸肌等。多关节肌收缩时，如果只引起一个关节的运动，其发挥的力量较大，环节运动幅度也大。如果同时作用于两个或两个以上关节时，则存在收缩时力量性"主动不足"和拉伸时伸展性"被动不足"现象。

1. 多关节肌的"主动不足"

多关节肌收缩时，作用于其中一个关节后，对其余关节不能充分发挥作用的现象，称为多关节肌的"主动不足"。例如，屈腕再屈指时，指屈肌用力屈腕后再屈指无力，指屈肌出现"主动不足"现象；直膝屈髋时，股直肌用力伸膝后，再屈髋无力，股直肌出现"主动不足"现象；屈膝伸髋时，存在股后肌群用力屈膝后，再伸髋无力，股后肌群出现"主动不足"现象（图1-4-5a）。

2. 多关节肌的"被动不足"

当多关节肌在一个关节处被拉长时，在其余关节就不能被充分拉长的现象称为多关节肌的"被动不足"。如直膝屈髋时，股后肌群在膝关节后面被拉长后，在髋关节后面再被拉伸的幅度就受限（图1-4-5b）；屈腕屈指时，指伸肌在腕关节后面被拉长后，在指关节后面被拉伸的幅度受限；屈膝伸髋时，股直肌在膝关节前面被拉长后，在髋关节前面被拉伸的幅度受限。

事实上，在限制动作幅度方面，多关节肌的"主动不足"和"被动不足"往往同时起作用。如在用力屈腕的情况下再屈指感到很困难，既是屈指肌"主动不足"，也是伸指肌"被动不足"。所以在运动实践中，一方

多关节主动不足
和被动不足示意
图彩图

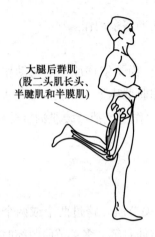

大腿后群肌
(股二头肌长头、
半腱肌和半膜肌)

大腿后群肌
(股二头肌长头、
半腱肌和半膜肌)

a. 多关节肌主动不足   b. 多关节肌被动不足

图 1-4-5　多关节肌主动不足和被动不足示意图

面动作技术创新，尽可能地避免多关节肌的"主动不足"和"被动不足"，
如跳高技术从跨越式、俯卧式到背越式的演进。另一方面加强多关节肌在
"两个不足"状态下的训练，发展多关节肌的力量素质和柔韧素质，以适
应专项动作的要求。

　　3. 多关节肌和单关节肌的协作关系

　　在一些大关节周围，往往同时配布单关节肌和多关节肌，他们互相
协作，取长补短，以利于完成各种复杂的动作。单关节肌发力集中，效率
高，但收缩幅度小，而多关节肌一般较长，收缩可引起相邻关节较大幅度
的运动，弥补了单关节肌运动幅度小的缺陷。

二、动作分析的内容与方法

（一）动作分析的内容与目的

　　运动动作的解剖学分析是将人体形态理论知识和运动动作实践相结
合的知识体系，它是在正常人体形态结构的基础上，深入学习运动动作的
解剖学分析方法，可以为指导各项运动技术的身体素质训练、各类人士的
体育训练以及全民健身运动提供理论依据和实践方法，是科学运动健身和
运动训练的重要基础。

（二）环节受力分析法

1. 环节的概念

环节指人体的一段肢体或者一块骨骼，如上肢、下肢、躯干等。上肢可分为上臂、前臂、手等若干环节；下肢可分为大腿、小腿、足等若干环节。环节可绕关节运动轴进行运动。

2. 环节受力分析法

环节受力分析法是根据环节的运动方向、外力的作用方向、环节运动速度三者间的关系，分析并找出完成动作原动肌的方法。运用环节受力分析法，可以准确地找出完成动作的原动肌的位置，并根据解剖学知识，指出原动肌名称，有利于科学、正确制定训练方案和计划。

3. 环节运动方向与外力方向的关系

根据环节运动方向与外力方向的关系，可分为相反和相同两种情况：

（1）环节运动与外力方向相反。

原动肌在关节运动同侧。当环节运动方向与外力作用相反时，环节为抵抗外力的作用而运动，原动肌配布于关节运动的同侧。例如：前臂弯举动作，前臂运动方向向上，外力（主要是重力）的作用方向向下，肘关节做屈的动作，其原动肌即为肘关节的屈肌群。

（2）环节运动与外力作用相同。

① 当环节运动为加速运动时，原动肌在关节运动同侧。"鞭打"类动作属于此范畴。例如羽毛球的扣杀阶段，上肢各环节运动方向朝下且为加速运动，肘关节做伸的动作，其原动肌即为肘关节的伸肌群。

② 当环节运动为减速运动时，原动肌在关节运动对侧。关节运动方向对侧的原动肌收缩以减缓环节运动速度，可起到一定的保护作用。例如：立定跳远落地缓冲动作，下肢各环节运动方向朝下，且速度慢为宜，此时髋关节屈、膝关节屈、踝关节伸，原动肌为在关节运动方向的对侧肌群，即髋关节的伸肌群、膝关节的伸肌群、踝关节的屈肌群。

（三）动作阶段的划分与动作描述

在进行动作分析时，一定要遵循体育动作自身的特点与规律，熟悉动作的完整过程，并抓住不同阶段动作的特征，用简明方式表达出来。

1. 确定动作的开始姿势

开始姿势是完成动作前的准备状态，用简明扼要的文字描述，展现人体所处状态，特别是各主要关节所处的运动状态，为下一步分析做好准备。例如单手肩上投篮的开始姿势为：右手五指自然分开，指根以上部位触球，掌心空出，屈肘、伸腕持球于肩上方耳根附近，肩关节略内收，前臂与地面垂直，左手扶球，右脚稍向前，左脚略向后，重心放于两脚之间，膝关节微屈，目视篮筐。

2. 划分动作阶段

运动训练专业的学生和专业工作者，可以按照专项理论与实践技术，依据动作的不同组成部分划分动作阶段。例如：立定跳远是由下蹲、蹬地、腾空和落地四个部分组成的。下蹲阶段下肢动作主要用来拉伸完成蹬地动作的原动肌，使原动肌拉伸至适宜初长度，增加弹性势能，增加蹬地起跳时原动肌的肌力；蹬地阶段是下肢充分蹬伸，通过地面反作用力而获得向前上方的动力；腾空是保持平衡，控制飞行方向；落地阶段主要用于缓冲，机体延缓、控制人体下降速度，防止损伤的发生，起到保护作用。

（四）各动作阶段内容分析

1. 关节名称

在进行动作分析时，首先要确定参与动作的关节名称，其次需要确定环节的运动方向。如"深蹲"下蹲阶段，涉及大腿、小腿和足三个环节的运动，即髋关节、膝关节和踝关节参与运动。同时，确定下肢整体的运动方向为"向下"即可。

2. 关节运动

确定环节运动是根据关节的运动形式来确定的。如"深蹲"下蹲阶段，涉及大腿、小腿和足三个环节的运动，即髋关节、膝关节和踝关节参与运动，三个关节的运动形式分别为：髋关节做屈的运动，膝关节做屈的运动，踝关节做伸的运动。

3. 原动肌的确定

原动肌为完成动作时直接收缩发力的肌肉，是引起运动环节运动的原动力。根据环节运动方向与外力方向关系分析结果，结合解剖学中肌肉位置和功能知识，确定完成该动作时具体的肌肉或肌群名称。例如，"引体向上"的向上阶段动作时，上肢环节运动方向为"向上"，使肩胛骨后缩的原动肌是斜方肌、菱形肌；使肩关节伸的原动肌是背阔肌、三角肌后部、肱三头肌长头；使肘关节屈的原动肌是肱二头肌、肱肌；使腕关节屈的原动肌是桡侧腕屈肌、尺侧腕屈肌等前臂屈肌群（图1-4-6）。

图1-4-6　引体向上动作

4. 原动肌的工作条件

肌肉附着于骨骼上，一般有两个（部分肌肉有多个）附着点。在完成动作时，原动肌附着点移动幅度较小（甚至基本不动）的部分称为"定点"，移动幅度较大的部分称为"动点"。如果定点靠近身体的近端称为"近固定"，如果定点靠近身体的远端称为"远固定"；定点靠近身体的颅侧称为"上固定"，定点靠近身体的足部，则称为"下固定"；当人体处于腾空状态时，位于人体中线上的部分肌肉收缩呈现出附着点相向运动的特征，这种状态的肌肉收缩称为"无固定"。

例如"前臂弯举"动作，肱二头肌收缩，肘关节屈，该肌起点移动幅度较小，止点移动幅度较大，工作条件为近固定（图1-4-7）。

"负重深蹲"蹲起阶段，股四头肌收缩，使膝关节伸，该肌止点移动幅度较小，为远固定（图1-4-8）。"坐位体前屈"时，腹直肌起点部分移动幅度小，为下固定（图1-4-9）。"仰卧两头起"动作，在空中的收腹动作腹直肌附着点做相向运动，起点、止点部分移动幅度基本相同，为无固定（图 1-4-10）。

图 1-4-7　前臂弯举

图 1-4-8　负重深蹲

坐位体前屈彩图

仰卧两头起彩图

图 1-4-9　坐位体前屈

图 1-4-10　仰卧两头起

5. 原动肌的工作性质

工作性质指完成动作时原动肌的收缩状况。肌肉收缩时长度变短称为"克制工作"，或称为"向心工作"；肌肉在收缩时长度变长则称为"退让工作"，或称为"离心工作"；长度无变化称为"静力性工作"。

如"仰卧起坐"动作中，腹直肌收缩，长度变短，牵引胸廓与骨盆相互靠近，为向心工作（图 1-4-11）。

如"落地缓冲"动作中，股四头肌收缩，

图 1-4-11　仰卧起坐

长度变长，减少下降的速度，为离心工作（图1-4-12）。

如"燕式平衡"动作中，后举腿的臀大肌收缩，但是长度不变，抵抗重力，为静力性工作（图1-4-13）。

落地缓冲彩图

图1-4-12　落地缓冲

图1-4-13　燕式平衡

总结以上5部分内容，可以用一个表格简述：

关节名称	关节运动	原动肌	工作条件	工作性质

三、人体主要部位常见动作的解剖学分析

运动动作的解剖学分析只有与运动实践相结合，才能对运动实践提出科学的指导。下面对主要技术动作模式进行解剖学分析，为运动训练提供建议。

根据完成动作时的主要运动环节不同，均运用图和表格对上肢、下肢、躯干常见运动动作的解剖学分析。

（一）上肢动作分析

根据运动模式的不同，上肢主要有推、拉、挥臂三类动作的解剖学分析。

1. 推

推的本意是指手向外用力使物体移动或向前移动，也指使用工具向前移动进行工作。根据运动动作环节运动的情况，常见的"推"的动作有"俯卧撑""推铅球""卧推""单手肩上投篮"等动作。

下面以"俯卧撑"撑起阶段为例进行解剖学分析（图1-4-14）。

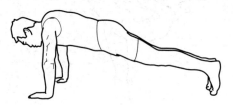

图 1-4-14　"俯卧撑"撑起阶段

（1）准备阶段。

身体必须保持从肩到踝成一条直线，双脚微微张开，双臂应该放在胸部位置，两手相距略宽于肩膀，身体伏低直到胸部几乎能贴到地面，然后用力撑起。

（2）动作阶段。

"俯卧撑"撑起阶段上肢动作的解剖学分析见表1-4-1。

▶　表1-4-1　"俯卧撑"撑起阶段上肢动作的解剖学分析

关节名称	关节运动	原动肌名称	工作条件	工作性质
肩胛骨	前伸	前锯肌下部、胸小肌	远固定	向心工作
肩关节	屈	三角肌前部肌纤维、肱二头肌长头、胸大肌	远固定	向心工作
肘关节	伸	肱三头肌、肘肌	远固定	向心工作
腕关节	屈	前臂屈腕、屈指肌群	远固定	向心工作

（3）小结和建议。

在完成动作时双手支撑的距离不同，对肌肉的训练效果也不相同。较窄的支撑距离主要锻炼肱三头肌和三角肌，较宽的支撑距离主要锻炼胸肌。因此，俯卧撑是很简单易行却十分有效的力量训练手段。

2. 拉

通过上肢各关节的运动，将物体拉近身体的动作为"拉"。根据体育动作环节运动的情况，常见的"拉"动作有"引体向上""蛙泳划水""拉拉力器""T-杆下拉"等。

下面以"引体向上"上升阶段为例进行上肢动作解剖学分析（图1-4-15）。

图1-4-15　引体向上动作

（1）准备阶段。

双手掌心朝向身体握杠，两手间距应与肩同宽或稍宽于肩，身体自然下垂。

（2）动作阶段。

"反握引体向上"上升阶段上肢动作的解剖学分析见表1-4-2。

表1-4-2 "反握引体向上"上升阶段上肢动作的解剖学分析

关节名称	关节运动	原动肌名称	工作条件	工作性质
肩胛骨	下回旋后缩	胸小肌、肩胛提肌、菱形肌、斜方肌	远固定	向心工作
肩关节	伸	三角肌后束肌纤维、肱三头肌长头、背阔肌	远固定	向心工作
肘关节	屈	肱二头肌、肱肌	远固定	向心工作
腕关节	屈	前臂屈腕屈指肌群	远固定	向心工作

（3）小结和建议。

反握引体动作，重点锻炼背阔肌和肱二头肌，对肩胛骨周围许多小肌肉群以及前臂肌群也有一定的训练效果。而在训练中也可采用正握引体向上动作，而正握引体向上动作又分窄握和宽握两种方式。采用正握宽握引体向上时，肩关节完成的是内收动作，由背阔肌和胸大肌共同收缩完成，因此宽握比窄握容易；无论采用窄握和宽握，肘关节完成的是前屈动作，由肱二头肌和肱肌共同收缩完成，但由于前臂需旋前才能完成正握，因此肱二头肌完成屈肘已被分出一部分力来完成前臂旋前，因此完成正握引体向上这个动作屈肘关节比较困难。

3. 挥臂

通过下肢各环节的运动，以大关节运动带动小关节运动，形成鞭打动作为"挥臂"。上肢肌在完成该动作时均为近固定和向心工作。根据体育动作环节运动的情况，常见的"挥臂"动作有排球的"正面扣球"、网球的"发球"和羽毛球的"正手击高球"等。

　　下面以排球"正面扣球"为例进行上肢动作的解剖学分析
（图 1-4-16）。

排球正面扣球彩
图

图 1-4-16　排球正面扣球

　　（1）准备阶段。

　　助跑起跳后，挺胸展腹，上体稍向右转，右臂向后上方抬起，身体
成反弓形。挥臂时，以迅速转体、收腹动作发力，及时带动肩、肘、腕各
部位关节呈鞭打动作向前上方挥动。

　　（2）动作阶段。

　　排球"正面扣球"上肢动作的解剖学分析见表 1-4-3。

▶　表 1-4-3　"正面扣球"上肢动作的解剖学分析

关节名称	关节运动	原动肌名称	工作条件	工作性质
肩胛骨	上回旋	斜方肌上部和下部肌纤维、前锯肌下部肌纤维	近固定	向心工作
肩关节	伸	背阔肌、三角肌后部肌纤维、肱三头肌长头	近固定	向心工作
肘关节	伸	肱三头肌、肘肌	近固定	向心工作
腕关节	屈	前臂屈腕屈指肌群	近固定	向心工作

（3）小结和建议。

扣球是排球基本技术中攻击性最强的一项技术，该动作要求上肢肌具有较强的爆发力，在训练中重点发展背阔肌、前锯肌、胸大肌、肱三头肌以及前臂屈肌群的快速发力能力，有助于提高扣球的力量与速度。同时，还应注意下肢和躯干参与工作的肌肉力量训练，这有助于提高扣球的质量。

（二）下肢动作分析

根据运动模式的不同，下肢动作分析主要分为蹬、摆、缓冲等三类动作的解剖学分析。

1. 蹬

通过下肢各环节的运动，用腿和脚向脚底的方向用力的动作为"蹬"。根据体育动作环节运动的情况，常见的"蹬"动作有"立定跳远""跳远""原地纵跳""深蹲""蹲踞式起跑"等。

下面以"原地纵跳"起跳阶段为例进行下肢动作的解剖学分析（图1-4-17）。

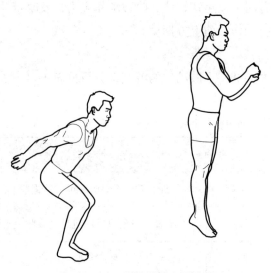

图 1-4-17　原地纵跳起跳阶段

（1）准备阶段。

起跳时，两臂由后向体前上方迅速摆动，以有力的摆臂配合提踵、伸膝、伸髋。

（2）动作阶段。

"原地纵跳"起跳阶段下肢动作的解剖学分析见表1-4-4。

▶　表1-4-4　"原地纵跳"起跳阶段下肢动作的解剖学分析

关节名称	关节运动	原动肌名称	工作条件	工作性质
髋关节	伸	臀大肌、股二头肌、半腱肌、半膜肌	远固定	向心工作
膝关节	伸	股四头肌	远固定	向心工作
踝关节	屈	小腿三头肌	远固定	向心工作

（3）小结和建议。

蹬地时，上体稍前倾，下肢各关节适度屈曲，可以使原动肌处于最适初长度，增加肌肉力量。在起跳时，有力地摆臂并配合迅速地提踵、伸膝、伸髋，要求原动肌具有较强的爆发力。

2. 摆

通过下肢各环节的运动，以髋关节为轴，形成"钟摆式"运动的动作为"摆"。下肢肌在完成该动作时均为近固定和向心工作。根据体育动作环节运动的情况，常见的"摆"动作有"正踢腿""正脚背踢球""侧踢腿""外摆腿"等。

下面以"正踢腿"为例进行下肢动作的解剖学分析（图1-4-18）。

（1）准备阶段。

挺胸抬头，身体挺直，腿伸直，勾脚尖，以髋为轴，向正前正上踢，上身保持正直。

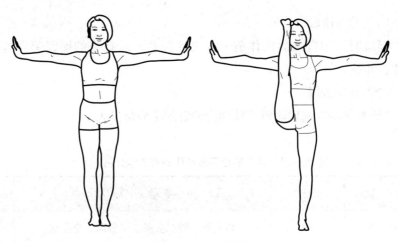

图 1-4-18   正踢腿

（2）动作阶段。

"正踢腿"下肢动作的解剖学分析见表 1-4-5。

▶   表 1-4-5   "正踢腿"下肢动作的解剖学分析

关节名称	关节运动	原动肌名称	工作条件	工作性质
髋关节	屈	髂腰肌、股直肌	近固定	向心工作
膝关节	伸	股四头肌	近固定	向心工作
踝关节	伸	小腿前群肌	近固定	向心工作

（3）小结和建议。

在完成"正踢腿"动作时，以髋为轴，积极上摆，可发展股直肌、髂腰肌以及腹直肌的肌肉力量，也可发展股后肌群和小腿后群肌肉的伸展性。

3. 缓冲

通过下肢各环节的运动，使人体各环节形成折叠动作，减慢或减弱变化过程以降低速度称为"缓冲"。根据体育动作环节运动的情况，常见的"缓冲"动作主要为立定跳远"落地缓冲""跨栏"下栏着地、原地纵跳"落地缓冲"、负重蹲起的"蹲下"等。

下面以负重蹲起的"蹲下"阶段为例进行下肢动作的解剖学分析（图1-4-19）。

（1）准备阶段。

双脚分开与肩同宽，收腹挺直，后背挺直，缓慢屈髋屈膝下蹲，至大腿与地面平行。

图 1-4-19　负重蹲起的蹲下

（2）动作阶段。

"负重蹲起"下蹲阶段下肢动作的解剖学分析见表1-4-6。

► 表 1-4-6　"负重蹲起"下蹲阶段下肢动作的解剖学分析

关节名称	关节运动	原动肌名称	工作条件	工作性质
髋关节	屈	臀大肌、股二头肌、半腱肌、半膜肌	远固定	离心工作
膝关节	屈	股四头肌	远固定	离心工作
踝关节	伸	小腿三头肌	远固定	离心工作

（3）小结和建议。

下蹲动作是在所有运动项目中都会出现的动作模式。因此，在完成蹲下动作时，下肢关节形成折叠动作，但由于要求动作延缓，控制人体下降速度，这时就需要下肢各关节伸肌群完成退让工作，抵消一部分由重力导致的下肢各关节屈曲作用。所以，长期下蹲动作训练，能够有效发展这些肌肉的离心收缩力量，提高控制能力，更好达到缓冲效果。

（三）躯干动作分析

躯干大致分为胸廓、脊柱两个整体结构。从运动角度分析，胸廓主要在呼吸时表现相应的运动，而脊柱的运动是躯干运动的主要表现。此外，还有骨盆的运动。骨盆与脊柱在构造上相互关联，两者的运动是密切相连的。因此，躯干动作的分析主要是分析脊柱与骨盆的运动。

根据运动模式的不同，躯干动作分析主要分为屈、伸、侧屈和回旋等 4 类动作的解剖学分析。

1. 屈

脊柱绕自身冠状轴向前，骨盆对下肢绕两侧髋关节共同的冠状轴前倾为"屈"。根据体育动作环节运动的情况，常见的躯干屈的动作有"坐位体前屈""仰卧起坐""仰卧两头起"等。

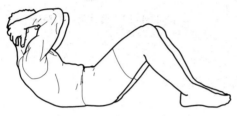

图 1-4-20　仰卧起坐坐起阶段

下面以"仰卧起坐"坐起阶段为例进行躯干动作的解剖学分析（图 1-4-20）。

（1）准备阶段。

身体仰卧于地垫上，双手交叉贴于胸前，膝部屈曲呈 90°，两腿并拢，脚部平放在地上，利用腹肌收缩，迅速成坐姿，躯干前屈。

（2）动作阶段。

"仰卧起坐"坐起阶段躯干动作的解剖学分析见表 1-4-7。

▶ 表 1-4-7　"仰卧起坐"坐起阶段躯干动作的解剖学分析

关节名称	关节运动	原动肌名称	工作条件	工作性质
脊柱	屈	腹直肌、腹内斜肌、腹外斜肌	下固定	向心工作
骨盆	前倾	髂腰肌、股直肌	远固定	向心工作

（3）小结和建议。

在完成仰卧起坐时，主要发展和训练腹部的肌肉群，包括腹直肌，腹外斜肌，腹内斜肌和腹横肌。但在完成仰卧起坐时，紧抱头部过度用力，使颈部过度屈曲，很容易引起颈部肌肉拉伤以及脊柱的损伤。因此，在完成仰卧起坐时，如果双手置于颈后耳侧或头后时，要注意双手不要紧抱后颈；可以将双手自然伸直平放在体侧或双手交叉放在胸前。

2. 伸

脊柱绕自身冠状轴向后，骨盆对下肢绕两侧髋关节共同的冠状轴后倾为"伸"。根据体育动作环节运动的情况，常见的躯干的"展体"动作有"俯卧背腿""体操下桥"等。

下面以"俯卧背腿"动作为例进行躯干动作的解剖学分析（图 1-4-21）。

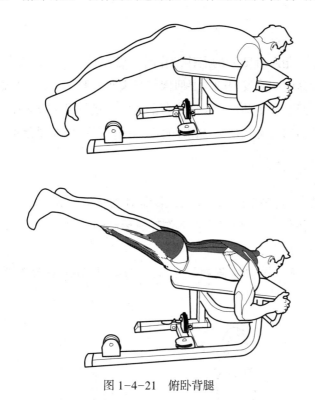

俯卧背腿彩图

图 1-4-21 俯卧背腿

（1）准备阶段。

上体俯卧于器械上，双手握住器械，以髋关节为支点，抬起双腿，双腿悬空。

（2）动作阶段。

"俯卧背腿"展体阶段躯干动作的解剖学分析见表 1-4-8。

► 表 1-4-8　"俯卧背腿"展体阶段躯干动作的解剖学分析

关节名称	关节运动	原动肌名称	工作条件	工作性质
脊柱	伸	竖脊肌、斜方肌	下固定	向心工作
骨盆	前倾	臀大肌、股二头肌、半腱肌、半膜肌	近固定	向心工作

（3）小结和建议。

在完成"俯卧背腿"的展体动作时，后伸脊柱的主要肌肉有竖脊肌、斜方肌；骨盆前倾时发展的主要肌肉有臀大肌、股二头肌、半腱肌和半膜肌。此外，俯卧背腿动作对发展腰背部肌肉力量效果十分明显，尤其是对患有腰背疼痛的人群长期坚持俯卧背腿训练，可以增加腰背肌力，从而减轻疼痛。

3. 侧屈

脊柱绕自身矢状轴侧向运动，骨盆对下肢绕单侧髋关节的矢状轴向上运动为"体侧屈"。根据体育动作环节运动的情况，常见的动作有"侧弯腰"和哑铃操里的"体侧屈"等。

下面以哑铃操"体侧屈"为例进行躯干动作的解剖学分析（图1-4-22）。

哑铃操体侧屈

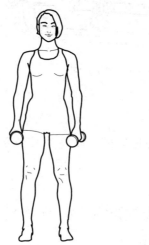
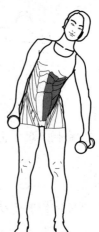

图 1-4-22　哑铃操体侧屈

（1）准备阶段。

身体直立，两脚开立与肩同宽，手持哑铃，置于大腿外侧，拳眼向前。

（2）动作阶段。

哑铃操"体侧屈"躯干动作的解剖学分析见表1-4-9。

▶ **表1-4-9 "体侧屈"躯干动作的解剖学分析**

关节名称	关节运动	原动肌名称	工作条件	工作性质
脊柱	侧屈	同侧腹直肌、腹内斜肌、腹外斜肌、竖脊肌、斜方肌	下固定	向心工作
骨盆	侧倾	同侧臀大肌、臀中肌、臀小肌	远固定	向心工作

（3）小结和建议。

在完成哑铃操"体侧屈"动作时，主要集中训练同侧腹侧面的腹部斜肌，对腹直肌和腰方肌（附着于12肋、腰椎横突）也有一定的训练作用。同时对对侧的腹部斜肌、韧带等软组织具有拉伸作用，因此能发展其伸展性。

4. 回旋

脊柱绕自身垂直轴来回运动，骨盆对下肢绕单侧髋关节的矢状轴侧向转动为"回旋"。根据体育动作环节运动的情况，常见的"转体"动作有"仰卧起坐带转体""左（右）转体"等。

下面以"右转体"为例进行躯干动作的解剖学分析（图1-4-23）。

（1）准备阶段。

身体直立，两脚开立与肩同宽，双手叉腰。

（2）动作阶段。

"右转体"躯干动作的解剖学分析见表1-4-10。

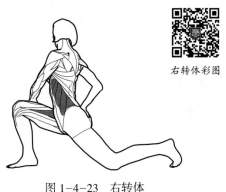

右转体彩图

图1-4-23 右转体

▶　表 1-4-10　"右转体"躯干动作的解剖学分析

关节名称	关节运动	原动肌名称	工作条件	工作性质
脊柱	右回旋	右腹内斜肌、左腹外斜肌	下固定	向心工作
骨盆	右回旋	左臀大肌、左髂腰肌	远固定	向心工作

（3）小结和建议。

在完成"右转体"动作时，主要集中训练腹内外斜肌、臀大肌和髂腰肌。同时骨盆在左右"回旋"动作中也会伴随着轻微运动。

四、体育项目中常见动作的解剖学分析实例

（一）田径运动中常见动作的解剖学分析

1. 途中跑

（1）动作简介。

"途中跑"为径赛技术之一。是指经起跑、起跑后加速跑转入高速度跑的一段跑程。属于全程跑中距离最长的阶段。在 100 m 跑中，其距离为 55~60 m；在 400 m 跑中为 300~320 m；1 500 m 跑中为 1 200 m 左右（图 1-4-24）。

途中跑彩图

图 1-4-24　途中跑

（2）技术要领。

途中跑由支撑阶段和腾空阶段两个阶段组成。支撑腿有力的后蹬，

能够为身体重心快速腾起和摆动腿充分摆动创造有利条件。同时摆动腿快速摆动又对后蹬动作产生积极影响。途中跑时，上体稍前倾，两臂做前后摆动，配合腿部动作，保持跑动中平衡。短跑途中跑呈现出明显的快速有力感；中长跑则表现为自然、协调及节奏感。

（3）动作阶段划分与解剖学分析。

"途中跑"属于对称性运动，左右侧上下肢运动相同，只需分析单侧上肢、下肢及躯干动作即可。途中跑也属于周期性运动，故进行一个动作周期的分析即可。

① 上肢动作分析：

在途中跑时，左右臂的摆动均分为前摆与后摆两个阶段，以右臂为例进行解剖学分析，见表 1-4-11 和表 1-4-12。

▶ 表 1-4-11 "途中跑"上肢前摆动作解剖学分析

关节名称	关节运动	原动肌名称	工作条件	工作性质
肩胛骨	前伸	前锯肌、胸小肌	近固定	向心工作
肩关节	屈	胸大肌、三角肌前部、肱二头肌	近固定	向心工作
肘关节	屈	肱二头肌、肱肌	近固定	静力性工作
腕关节	解剖位	前臂屈、伸肌群	近固定	静力性工作

▶ 表 1-4-12 "途中跑"上肢后摆动作解剖学分析

关节名称	关节运动	原动肌名称	工作条件	工作性质
肩胛骨	后缩	斜方肌、菱形肌	近固定	向心工作
肩关节	伸	背阔肌、三角肌后部、肱三头肌	近固定	向心工作
肘关节	屈	肱二头肌、肱肌	近固定	静力性工作
腕关节	解剖位	前臂屈、伸肌群	近固定	静力性工作

② 躯干动作分析：

在途中跑时，脊柱与骨盆两个环节同时完成左右回旋运动，下面以左回旋为例进行解剖学分析，见表 1-4-13。

► 表 1-4-13 "途中跑"躯干左回旋动作解剖学分析

关节名称	关节运动	原动肌名称	工作条件	工作性质
脊柱	左回旋	左侧腹内斜肌、右侧腹外斜肌	下固定	向心工作
骨盆	左回旋	右侧臀大肌、右侧髂腰肌	远固定	向心工作

③下肢动作分析：

在途中跑时，左右下肢运动形式相同，均分为支撑、后蹬、前摆、下压与落地缓冲5个阶段，以右腿运动为例进行解剖学分析，见表1-4-14至表1-4-17。

► 表 1-4-14 "途中跑"下肢蹬地动作的解剖学分析

关节名称	关节运动	原动肌名称	工作条件	工作性质
髋关节	伸	臀大肌、股二头肌、半腱肌和半膜肌	远固定	向心工作
膝关节	伸	股四头肌	远固定	向心工作
踝关节	跖屈（屈）	小腿三头肌	远固定	向心工作

► 表 1-4-15 "途中跑"下肢前摆动作的解剖学分析

关节名称	关节运动	原动肌名称	工作条件	工作性质
髋关节	屈	髂腰肌、股直肌	近固定	向心工作
膝关节	屈	腓肠肌、股二头肌、半腱肌和半膜肌	近固定	向心工作
踝关节	背屈（伸）	胫骨前肌	近固定	向心工作

► 表 1-4-16 "途中跑"下肢下压动作的解剖学分析

关节名称	关节运动	原动肌名称	工作条件	工作性质
髋关节	伸	臀大肌、股后肌群	近固定	向心工作
膝关节	伸	股四头肌	近固定	向心工作
踝关节	跖屈（屈）	小腿三头肌	近固定	向心工作

▶ 表 1-4-17 "途中跑"下肢落地缓冲动作的解剖学分析

关节名称	关节运动	原动肌名称	工作条件	工作性质
髋关节	屈	臀大肌、股后肌群	远固定	离心工作
膝关节	屈	股四头肌	远固定	离心工作
踝关节	背屈（伸）	小腿三头肌	远固定	离心工作

（4）小结与建议。

无论是短跑运动，还是中长跑运动都有"途中跑"动作，其运动方式基本相同，只是动作频率节奏有所差异，这对参加工作的肌群来说前者要求具有很强的无氧代谢能力，后者要求具有很强的有氧代谢能力。在"途中跑"的过程中应注意上、下肢运动的协调配合，躯干转体幅度适度。

2. 原地跳远

（1）动作简介。

"原地跳远"是指不用助跑从立定姿势开始的跳远，能够较好地反映人体下肢爆发力水平。"原地跳远"是发展下肢爆发力与弹跳力的运动项目。它要求下肢与髋部肌肉协调快速用力，并与上肢的摆动相配合，所以它也需要一定的灵巧性（图 1-4-25）。

图 1-4-25　原地跳远

（2）技术要领。

跳时两腿稍分，膝微屈，身体前倾，然后两臂自然前后预摆两次，两腿随着屈伸，当两臂从后向前上方做有力摆动时，两脚用前脚掌迅速蹬地，膝关节充分蹬直同时展髋向前跳起，身体尽量前送，身体在空间成一斜线，过最高点后屈膝、收腹、小腿前伸，两臂自上向下向后摆，落地时脚跟先着地，落地后屈膝缓冲，上体前倾。

（3）动作阶段划分与解剖学分析。

"原地跳远"包括了上肢动作、躯干动作和下肢动作，而动作的阶段可以分为预蹲、起跳、腾空和落地缓冲 4 个阶段。以向上起跳阶段（表 1-4-18）及落地缓冲阶段（表 1-4-19）下肢为例，进行分析。

► **表 1-4-18　向上起跳阶段下肢动作的解剖学分析**

关节名称	关节运动	原动肌名称	工作条件	工作性质
髋关节	伸	臀大肌、股后肌群	远固定	向心工作
膝关节	伸	股四头肌	远固定	向心工作
踝关节	跖屈（屈）	小腿三头肌	远固定	向心工作

► **表 1-4-19　落地缓冲阶段下肢动作的解剖学分析**

关节名称	关节运动	原动肌名称	工作条件	工作性质
髋关节	屈	臀大肌、股后肌群	远固定	离心工作
膝关节	屈	股四头肌	远固定	离心工作
踝关节	背屈（伸）	小腿三头肌	远固定	离心工作

（4）小结与建议。

"原地跳远"的运动表现主要取决于下肢肌群的爆发用力能力，而且对踝关节的力量提出了较高的要求。但是也需要注意骨盆肌群与下肢肌群协调用力的能力及跳远时臂的摆动作用。

3. 原地侧向推铅球

（1）动作简介。

"原地侧向推铅球"是非对称性、非周期性运动，运动持续时间短、技术性强、以速度为核心、以绝对力量为基础，对爆发力要求极高。该动作不仅需要投掷臂具有快速用力的能力，也要求有较强的全身继发性的爆发式用力能力（图1-4-26）。

原地侧向推铅球
彩图

图1-4-26　原地侧向推铅球

（2）技术要领。

"原地侧向推铅球"包括持球、预摆、蹬地、转髋、挺胸、抬头、推臂、拨球和缓冲等技术动作。"蹬、转、挺、推、拨"五字简练又突出重点：后腿略屈，后腿的足前掌内侧蹬地，使重心前移和转髋，重心接近前腿，转髋带动转体，挺胸，顶肩，推臂，拨球出手。最后用力首先以髋部肌肉群发力右腿蹬地使右髋向上移，左肩、左臂及时制动做好左侧支撑，随后抬头挺胸，右臂向前上方做推球动作，将铅球以40°～42°角方向迅速推出。

（3）动作阶段划分与解剖学分析。

"原地侧向推铅球"分为上肢动作、躯干动作和下肢动作。以右手投掷为例，进行该动作出手阶段的上肢、躯干和下肢部分动作的解剖学分析，见表1-4-20至表1-4-24。

① 上肢动作：

上肢分为持球手与协助手，两者运动不同，重点分析持球手的动作。

▶ 表1-4-20　"原地侧向推铅球"持球阶段上肢动作的解剖学分析

关节名称	关节运动	原动肌名称	工作条件	工作性质
肩胛骨	后缩	斜方肌、菱形肌	近固定	静力性工作
肩关节	水平伸	背阔肌、三角肌后部	近固定	静力性工作
肘关节	屈	肱二头肌、肱肌	近固定	静力性工作
腕关节	伸	前臂伸肌群	近固定	静力性工作

▶ 表1-4-21　"原地侧向推铅球"铅球出手阶段上肢动作的解剖学分析

关节名称	关节运动	原动肌名称	工作条件	工作性质
肩胛骨	前伸	前锯肌、胸小肌	近固定	向心工作
肩关节	水平屈	胸大肌、三角肌前部	近固定	向心工作
肘关节	伸	肱三头肌、肘肌	近固定	向心工作
腕关节	屈	前臂屈肌群	近固定	向心工作

② 躯干动作：

出手阶段躯干为向左转体运动。

▶ 表1-4-22　"原地侧向推铅球"铅球出手阶段躯干动作的解剖学分析

关节名称	关节运动	原动肌名称	工作条件	工作性质
脊柱	左回旋	左侧腹内斜肌、右侧腹外斜肌	下固定	向心工作
骨盆	左回旋	右侧臀大肌、右侧髂腰肌	远固定	向心工作

③ 下肢动作：

铅球出手阶段双侧下肢虽然都是蹬地动作，但关节运动仍有一定差异。

▶ 表1-4-23 "原地侧向推铅球"蹬地阶段右下肢动作的解剖学分析

关节名称	关节运动	原动肌名称	工作条件	工作性质
髋关节	伸、内旋	臀大肌、半腱肌、半膜肌	远固定	向心工作
膝关节	伸、内旋	股四头肌、腓肠肌内侧头	远固定	向心工作
踝关节	跖屈（屈）	小腿三头肌	远固定	向心工作

▶ 表1-4-24 "原地侧向推铅球"蹬地阶段左下肢动作的解剖学分析

关节名称	关节运动	原动肌名称	工作条件	工作性质
髋关节	伸、外旋	臀大肌、股二头肌	远固定	向心工作
膝关节	伸、内旋	股四头肌、腓肠肌内侧头	远固定	向心工作
踝关节	跖屈（屈）	小腿三头肌	远固定	向心工作

（4）小结与建议。

"原地侧向推铅球"动作表面上看主要是投掷臂在用力，实则是需要全身均参与的工作，下肢蹬地发力，通过躯干传递此力量给上肢，需要肌肉有较强的爆发力和全身的协调性。在完成该动作前应进行全身性的热身运动，减小肌肉的黏滞性，这既有利于动员全身肌肉参与工作，也能起到防止肌肉损伤的作用。

（二）大球类运动中常见动作的解剖学分析

1. 篮球单手肩上投篮

（1）动作简介。

"单手肩上投篮"是篮球运动中最基本的一种动作，是投篮的基础，它具有出手点高、不易被防守、便于结合其他动作等优点，并能在不同距离和位置上应用。该动作属于非周期性、非对称性运动（图1-4-27）。

（2）技术要领。

右手指自然分开，掌心空出，指根以上部位触球，伸腕，屈肘持球于肩上方耳部附近，肩关节微内收，前臂与地面垂直，左手扶球的左侧，

单手肩上投篮彩
图

图 1-4-27　单手肩上投篮

右脚稍前，左脚稍后，重心放在两脚之间，两膝微屈，目视投篮目标。投篮时，两脚前脚掌用力蹬地，伸展腰腹，抬肘，手臂上伸，在即将伸直时，手腕用力前屈，手指拨球，球最后经中指和食指指端投出。球出手后，腿、腰、臂自然伸直。

（3）动作阶段划分与解剖学分析。

该动作是以投篮手的动作为主要运动，配合下肢的蹬地，力量通过躯干传递至上肢完成。以篮球出手阶段上肢动作和蹬地阶段下肢动作为例进行解剖学分析，见表 1-4-25 和表 1-4-26。

▶ 表 1-4-25　"单手肩上投篮"出手阶段上肢动作的解剖学分析

关节名称	关节运动	原动肌名称	工作条件	工作性质
肩胛骨	上回旋、前伸	斜方肌上部和下部肌束、前锯肌	近固定	向心工作
肩关节	屈	肱二头肌长头、胸大肌、三角肌前部	近固定	向心工作
肘关节	伸	肱三头肌、肘肌	近固定	向心工作
腕关节	屈	前臂屈肌群	近固定	向心工作

▶ 表 1-4-26 "单手肩上投篮"蹬地阶段下肢动作的解剖学分析

关节名称	关节运动	原动肌名称	工作条件	工作性质
髋关节	伸	股后肌群、臀大肌	远固定	向心工作
膝关节	伸	股四头肌	远固定	向心工作
踝关节	跖屈（屈）	小腿三头肌	远固定	向心工作

（4）小结与建议。

"单手肩上投篮"动作虽然主要为上肢运动，但下肢蹬地动作的力量通过躯干传递到上肢，有助于增加投篮远度和高度，故在运动训练中应注意下肢肌与躯干肌在力量传递过程中的协调配合训练。

2. 足球正脚背踢球

（1）动作简介。

"正脚背踢球"指的是当踝关节跖屈并稍外翻时，用脚背正面去击球。"正脚背踢球"的特点主要为踢球力量大，准确性较强。在比赛中经常使用脚背正面踢地滚球、空中球、定位球及反弹球等（图 1-4-28）。

正脚背踢球彩图

图 1-4-28 正脚背踢球

（2）技术要领。

正脚背踢球前助跑的最后一步稍大些，支撑腿积极的着地支撑，在球的侧面 10~12 cm 处，支撑腿脚尖正对出球方向，膝关节微屈；踢球腿随跑动先向后摆动，小腿屈曲，然后以髋关节为轴，大腿带动小腿由后向前摆动。当膝关节摆至接近球的正上方时，小腿做爆发式的摆动，脚趾屈，以脚背正面部位击球的后中部，击球后身体及踢球腿随球后移。

（3）动作阶段划分与解剖学分析。

"正脚背踢球"动作的踢球腿分为后摆阶段与踢球阶段，以右脚踢球为例进行解剖学分析，见表 1-4-27 和表 1-4-28。

▶　**表 1-4-27　"正脚背踢球"后摆阶段下肢动作的解剖学分析**

关节名称	关节运动	原动肌名称	工作条件	工作性质
髋关节	伸	臀大肌、股后肌群	近固定	向心工作
膝关节	屈	股后肌群、腓肠肌	近固定	向心工作
踝关节	背屈（伸）	小腿前群肌	近固定	向心工作

▶　**表 1-4-28　"正脚背踢球"前摆阶段下肢动作的解剖学分析**

关节名称	关节运动	原动肌名称	工作条件	工作性质
髋关节	屈	髂腰肌、股直肌	近固定	向心工作
膝关节	伸	股四头肌	近固定	向心工作
踝关节	跖屈（屈）	小腿三头肌	近固定	向心工作

（4）小结与建议。

在后摆阶段，应注意摆动幅度要适度，寻找原动肌的最适初长度，以保障屈髋关节肌群与伸膝关节肌群的收缩力量。在前摆击球时，要以大关节运动带动小关节运动，使原动肌产生爆发式收缩，下肢完成鞭打式踢球动作。

3. 排球正面扣球

（1）动作简介。

"扣球"技术在排球基本技术中攻击性最强，在比赛过程中占据重要地位。强有力又富有战术目的的扣球，可使对方难以防守和组织反击，从而掌握比赛的主动权。扣球技术一般分为正面扣球、调整扣球、扣快球等（图1-4-29）。

图1-4-29　排球正面扣球

（2）技术要领。

起跳后，身体呈反弓形，便于击球时与上肢做相向运动，加大挥臂距离和速度，使扣球更为有力。击球点保持在跳起最高点手臂伸直的前上方，能充分利用空间，扩大进攻范围，增加扣球线路和角度变化的可能性。击球时由腰腹发力，上肢各关节做鞭打动作，有利于全身用力最后集中到手上，以增加击球力量。

（3）动作阶段划分与解剖学分析。

"排球正面扣球"分为准备姿势、判断助跑、起跳、空中击球和落地5个动作阶段，以"起跳""臂上举""空中击球"动作为例进行解剖学分析，见表1-4-29至表1-4-31。

▶　表1-4-29　"排球正面扣球"起跳阶段下肢动作的解剖学分析

关节名称	关节运动	原动肌名称	工作条件	工作性质
髋关节	伸	臀大肌、股二头肌、半腱肌和半膜肌	远固定	向心工作
膝关节	伸	股四头肌	远固定	向心工作
踝关节	跖屈（屈）	小腿三头肌	远固定	向心工作

▶ 表1-4-30 "排球正面扣球"起跳阶段臂上举动作的解剖学分析

关节名称	关节运动	原动肌名称	工作条件	工作性质
肩胛骨	后缩、上回旋	斜方肌、菱形肌	近固定	向心工作
肩关节	屈	肱二头肌、胸大肌	近固定	向心工作
肘关节	伸	肱三头肌、肘肌	近固定	向心工作
腕关节	伸	前臂伸肌群	近固定	向心工作

▶ 表1-4-31 "排球正面扣球"空中击球动作的解剖学分析

关节名称	关节运动	原动肌名称	工作条件	工作性质
肩胛骨	前伸、下回旋	前锯肌、胸小肌	近固定	向心工作
肩关节	伸	三角肌后部、背阔肌	近固定	向心工作
肘关节	屈	肱二头肌、肱肌	近固定	向心工作
腕关节	屈	前臂屈肌群	近固定	向心工作

（4）小结与建议。

"排球正面扣球"动作要求运动肩关节、肘关节等大关节的原动肌具有较强的爆发力，尤其是要加强胸大肌、前锯肌、背阔肌和肱三头肌快速发力的能力，这有助于提高扣球的力量与速度。此外，在扣球结束后落地时，应以前脚掌先着地再过渡到全脚掌着地，同时顺势收腹、屈膝，以缓冲下落的力量，减少出现运动损伤。

（三）体操运动中常见体育动作的解剖学分析

1. 侧空翻

（1）动作简介。

"侧空翻"是体操中较为简单的翻腾动作，其危险性小，适合初学者练习。该动作通过下肢蹬地获得力量，身体侧倾，头朝下，双腿空中在冠状面以扇形展开依次摆动，最后落地，动作完成。侧空翻不仅要求全身协调性好，而且对腰腹部、腿部的肌肉力量、传递能力及柔韧性都有较高的要求（图1-4-30）。

（2）动作要领。

空中摆腿速度和头部离地高度是影响侧空翻是否成功和观赏性的重要因素。以左侧空翻为例，在快速助跑几步后，左腿爆发式发力蹬地，右腿先在空中摆动，左腿跟随其后，以头部为旋转点。完成该动作时应做到助跑快、腾空高、摆动快、腿伸直、落地轻。

（3）动作阶段划分与解剖学分析。

"侧空翻"动作以下肢蹬地、空中翻腾、落地缓冲三个动作阶段为主，上肢协调配合，以躯干侧屈、空中控制为辅，以下肢空中摆动动作为例进行解剖学分析，见表1-4-32和表1-4-33。

侧空翻彩图

图1-4-30　侧空翻

▶　表1-4-32　"侧空翻"空中摆动右下肢动作的解剖学分析

关节名称	关节运动	原动肌名称	工作条件	工作性质
髋关节	外展	臀中肌、臀小肌	近固定	向心工作
膝关节	伸	股四头肌	近固定	向心工作
踝关节	跖屈（屈）	小腿三头肌	近固定	向心工作

▶　表1-4-33　"侧空翻"空中摆动左下肢动作的解剖学分析

关节名称	关节运动	原动肌名称	工作条件	工作性质
髋关节	内收	大腿内收肌群	近固定	向心工作
膝关节	伸	股四头肌	近固定	向心工作
踝关节	跖屈（屈）	小腿三头肌	近固定	向心工作

（4）小结与建议。

"侧空翻"需要通过蹬地获得腾空力量，同时身体侧倾，上肢摆动以增加腾空时间与固定空中姿势。要顺利完成该动作，需要练习者动作连贯性好，身体各部分协调配合。此外，增加大腿内收肌群与外展肌群的力量，有助于提高下肢的摆腿速度，为落地创造较好的条件。

2. 团身前空翻

（1）动作简介。

"团身前空翻"
彩图

"团身前空翻"是体操、跳水等运动的空翻类动作之一。团身空翻技术可根据不同特征划分为一周、两周、三周团身空翻，也可分为向前的团身空翻和向后的团身空翻，又可分为有转体的团身空翻和无转体的团身空翻等（图1-4-31）。

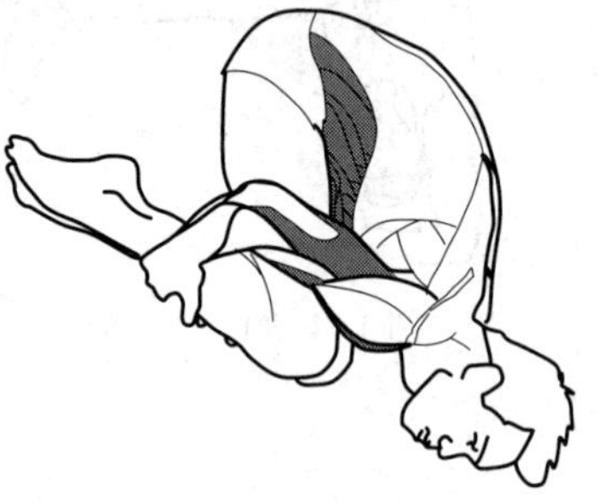

（2）动作要领。

该动作起跳时提气上顶，空中低头、含胸、收腹、屈膝等动作必须顺次快速完成，使身体成球状向前翻转，随即两臂上举，两腿前伸，并保

图 1-4-31 "团身前空翻"

持含胸、夹臀直至落地。在双脚落地时，脚掌落地部位应尽量在肩部垂直投影点的前面。

（3）动作阶段划分与解剖学分析。

"团身前空翻"主要包括助跑、摆臂起跳、团身翻转与落地缓冲四个阶段。起跳是该动作完成最为重要的环节，起跳后紧跟着需要完成上肢抱膝，躯干团身动作，分别对其进行解剖学分析，见表1-4-34至表1-4-36。

▶ 表 1-4-34 "团身前空翻"下肢蹬地动作的解剖学分析

关节名称	关节运动	原动肌名称	工作条件	工作性质
髋关节	伸	臀大肌、股后肌群	远固定	向心工作
膝关节	伸	股四头肌	远固定	向心工作
踝关节	跖屈（屈）	小腿三头肌	远固定	向心工作

▶ 表 1-4-35 "前空翻"上肢抱膝动作的解剖学分析

关节名称	关节运动	原动肌名称	工作条件	工作性质
肩胛骨	前伸	前锯肌、胸小肌	近固定	向心工作
肩关节	屈	胸大肌、肱二头肌、三角肌前部	近固定	向心工作
肘关节	屈	肱二头肌、肱肌	近固定	向心工作
腕关节	屈	前臂屈肌群	近固定	向心工作

▶ 表 1-4-36 "团身前空翻"躯干团身动作的解剖学分析

关节名称	关节运动	原动肌名称	工作条件	工作性质
脊柱	屈	腹直肌、腹外斜肌、腹内斜肌	无固定	向心工作
骨盆	前倾	股直肌、髂腰肌	远固定	向心工作

（4）小结与建议。

"团身前空翻"是利用蹬地获得的动力让人体腾空，然后身体抱团翻转完成。该动作的顺利完成利用了运动时人体的惯性，肌肉工作、关节运动呈现出连续、有序的特征。该动作起跳的高度决定了整个动作的质量，多做一些辅助练习提高下肢肌的爆发力，对保证动作质量有益。此外，由于人体处于腾空状态，滞空能力的练习也十分必要。

（四）游泳运动中常见动作的解剖学分析

1. 蛙泳

（1）动作简介。

蛙泳是竞技游泳姿势之一。人体俯卧水面，两臂在胸前对称直臂侧下屈划水，两腿对称屈伸蹬夹水，似青蛙游水。蛙泳较省力，易持久，实用价值大，常用于渔猎、泅渡、救护、水上搬运等，同时，也是游泳初学者的学习项目（图 1-4-32）。

（2）动作要领。

运动员在滑翔姿势时，身体接近水平，头部约 80% 沉于水中，脸微

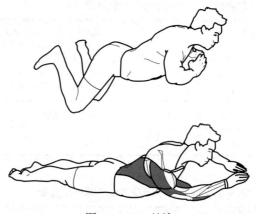

图 1-4-32 蛙泳

微向前，双臂伸展，掌心向着斜外侧。抓水动作在水下约 23~30 厘米处开始，双手做侧面的划动，在这时开始呼气动作。双臂没有明显的屈曲，继续的划向外侧，呼气继续增加。

当运动员头部开始微微向上时，肘关节开始屈曲，上臂开始旋转。双臂到达最大的宽度时，肘屈约 110°，这时高肘姿势是明显的。头部继续上抬，直到嘴部露出水面，完成呼气。此时双手开始向内，以完成最后的推进动作。当双臂准备向后时，吸气开始，肘部不要拉到肋骨下，膝关节开始屈曲，回腿动作开始。嘴部闭上，吸气完成，双足被带向臀部，肘关节继续伸展，双臂继续向前移动。回腿动作继续进行。颈部屈曲，头部继续向下倾斜。双足背屈，双腿开始向后做推水动作和双臂回手动作。双足推向后并开始并拢。泳员这时闭气，直至另一划臂动作开始。双臂完全伸展，双手稍低于肩膀水平，双腿蹬水接近完成。运动员完成蹬水，使身体成为一条直线并保持滑翔姿势一段时间，当感觉到速度减慢时，另一划臂循环开始。

（3）动作阶段划分与解剖学分析。

"蛙泳"属于对称性、周期性运动，涉及上肢、下肢与躯干多环节运动，以下肢动作"收""翻""蹬""夹"4 个阶段为例进行解剖学分析，见表 1-4-37 至表 1-4-40。

▶ 表 1-4-37　"蛙泳"下肢"收"动作的解剖学分析

关节名称	关节运动	原动肌名称	工作条件	工作性质
髋关节	屈	髂腰肌、股直肌	近固定	向心工作
	外展	臀中肌、臀小肌、臀大肌上部	近固定	向心工作
膝关节	屈	股二头肌、半腱肌、半膜肌	近固定	向心工作
踝关节	背屈（伸）	胫骨前肌	近固定	向心工作

▶ 表 1-4-38　"蛙泳"下肢"翻"动作的解剖学分析

关节名称	关节运动	原动肌名称	工作条件	工作性质
髋关节	内旋	臀中、小肌前部肌束	近固定	向心工作
膝关节	外旋	股二头肌、腓肠肌内侧头	近固定	向心工作
踝关节	外翻	腓骨长肌、腓骨短肌	近固定	向心工作

▶ 表 1-4-39　"蛙泳"下肢"蹬"动作的解剖学分析

关节名称	关节运动	原动肌名称	工作条件	工作性质
髋关节	伸	臀大肌、股后肌群	近固定	向心工作
膝关节	伸	股四头肌	近固定	向心工作
踝关节	背屈（伸）	胫骨前肌	近固定	向心工作

▶ 表 1-4-40　"蛙泳"下肢"夹"动作的解剖学分析

关节名称	关节运动	原动肌名称	工作条件	工作性质
髋关节	内收	大收肌、长收肌、短收肌	近固定	向心工作
膝关节	内旋	半腱肌、半膜肌	近固定	向心工作
踝关节	跖屈（屈）	踇小腿三头肌	近固定	向心工作

（4）小结与建议。

"蛙泳"的游进速度较慢，是因为蛙泳的臂前伸和收腿都在水下进行。伸臂和收腿不但不产生推进力，还产生阻力。而蛙泳的划臂距离较短，作用于水的距离短，产生的推进力小。如果我们要想提高蛙泳速度，应尽量减小前进阻力，提高推进效率以及掌握臂腿配合时机。

2. 自由泳

（1）动作简介。

自由泳实际上不受姿势限制，但爬泳最为流行，由美国人韦斯摩洛在 1922 年改进形成。爬泳结构合理，阻力小，速度均匀，非常省力。自由泳技术以高体位、高肘加速后划为主，减少换气次数，动作连贯，节奏稳定合理（图 1-4-33）。

自由泳彩图

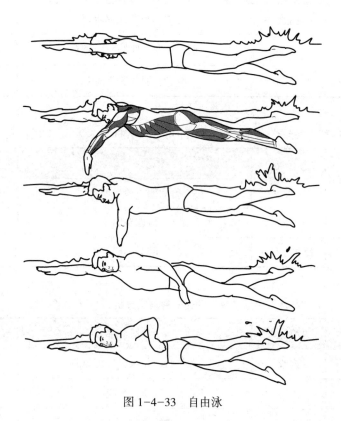

图 1-4-33　自由泳

（2）动作要领。

俯卧水中，头肩稍高于水面，游进时躯干绕身体纵轴适当左右滚动，两臂轮流划水推动身体前进。手入水后划水路线呈"S"形，呼吸与划水动作协调。

（3）动作阶段划分与解剖学分析。

"自由泳"动作虽然涉及上肢、下肢与躯干多环节运动，但属于对称性、周期性运动，以上下肢和躯干的部分动作阶段为例进行解剖学分析，见表1-4-41至表1-4-43。

► **表1-4-41　"自由泳"划水阶段上肢动作的解剖学分析**

关节名称	关节运动	原动肌名称	工作条件	工作性质
肩胛骨	后缩	斜方肌、菱形肌	近固定	向心工作
肩关节	伸	胸大肌、三角肌前部、肱二头肌	近固定	向心工作
肘关节	伸	肱三头肌、肘肌	近固定	向心工作
腕关节	屈	前臂屈肌群	近固定	向心工作

► **表1-4-42　"自由泳"划水阶段躯干动作的解剖学分析**

关节名称	关节运动	原动肌名称	工作条件	工作性质
脊柱	左回旋	左腹内斜肌、右腹外斜肌	下固定	向心工作
骨盆	左回旋	右臀大肌、右髂腰肌	远固定	向心工作

► **表1-4-43　"自由泳"划水阶段下肢动作的解剖学分析**

关节名称	关节运动	原动肌名称	工作条件	工作性质
髋关节	伸	臀大肌、股后肌群	近固定	向心工作
膝关节	伸	股四头肌	近固定	向心工作
踝关节	跖屈（屈）	小腿三头肌	近固定	向心工作

（4）小结与建议。

"自由泳"需全身肌肉用力，要求四肢、躯干各环节的运动协调配合，力量相互传递，故在运动训练中应注意分析各部分肌肉工作特点，进行有目的的训练。

（五）小球类项目中常见动作的解剖学分析

1. 乒乓球反手削球

（1）动作简介。

削球是利用球拍的摩擦力切削击球的一种技术，在乒乓球运动中进攻与防守皆可使用，主要以上肢运动为主，伴以躯干回旋与下肢步伐进退配合。削球时，球拍后仰，由体侧上方向前下方挥拍，挥拍呈圆弧路线，在球的下降期触球的中下部。削球主要有"正手削球"与"反手削球"两种形式（图 1-4-34）。

乒乓球反手削球
彩图

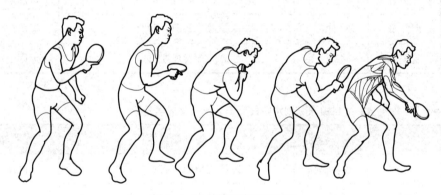

图 1-4-34 乒乓球反手削球

（2）技术要领。

以右手持拍"反手削球"为例简述其动作要领。右脚稍前中台站位，上体左转重心落于左脚，持拍手自然弯曲放松置于胸前。顺来球路线向左上方引拍约与肩高，拍柄向下。当球弹起时持拍手从左上方向右前下方挥动，拍面后仰，用前臂和手腕迅速用力切削，球拍在胸前偏左约 30 cm 处击球中下部，并顺势挥至右下侧。

（3）动作阶段划分与解剖学分析。

"反手削球"主要有"引臂回收"与"削球"两个动作阶段。以挥拍手的"引臂回收"与"削球"动作为例进行解剖学分析，见表 1-4-44 和表 1-4-45。

▶　表 1-4-44　"反手削球"引臂回收阶段挥拍手动作解剖学分析

关节名称	关节运动	原动肌名称	工作条件	工作性质
肩胛骨	前伸	前锯肌、胸小肌	近固定	向心工作
肩关节	内收	胸大肌、背阔肌	近固定	向心工作
肘关节	屈	肱二头肌、肱肌	近固定	向心工作
腕关节	外展	前臂外展肌群	近固定	向心工作

▶　表 1-4-45　"反手削球"削球阶段挥拍手动作解剖学分析

关节名称	关节运动	原动肌名称	工作条件	工作性质
肩胛骨	后缩	斜方肌、菱形肌	近固定	向心工作
肩关节	水平伸	三角肌后部、背阔肌	近固定	向心工作
肘关节	伸	肱三头肌、肘肌	近固定	向心工作
腕关节	内收	前臂内收肌群	近固定	向心工作

（4）小结与建议。

乒乓球常进行单侧肢体活动，运动员受长时间训练的影响，往往会使身体左右侧力量不均衡，从而增加伤病的发生率。所以，教练员应当注意增加队员的力量均衡性、对称性训练。

2. 羽毛球正手杀球

（1）动作简介。

羽毛球杀球是把对方击来的球在尽量高的击球点上斜压下去。这种球力量大，弧线直，落地快，给对方的威胁很大。它是进攻的主要技术。杀球分为正手杀直线（图 1-4-35）和对角线球、头顶杀直线和对角线球、正手腾空突击杀直线球和反手杀直线球。

正手杀直线彩图

图 1-4-35　正手杀直线

（2）技术要领。

以右手击球为例。准备姿势和动作要领与正手击高球大体相同。步子到位后，屈膝下降重心，准备起跳。侧身起跳时，往右上方提肩带动上臂、前臂和球拍上举，以便向上伸展身体。起跳后，身体后仰挺胸成反弓形。接着右上臂往右后上摆起，前臂自然后摆，手腕后伸，前臂带动球拍由上往后下挥动，这时握拍要松。随后凌空转体收腹带动右上臂往右上摆起，肘部领先，前臂全速往前上挥动，带动球拍高速前挥。当击球点在肩的前上方时，前臂内旋，腕前屈微收，闪腕发力杀球。这时手指要突然抓紧拍柄，把手腕的爆发力集中到击球点上。球拍和击球方向水平面的夹角小于 90°，球拍正面击球托的后部，使球直线下行。杀球后，前臂随惯性往体前收。在回位过程中将球拍回收至胸前。

（3）动作阶段划分与解剖学分析。

"羽毛球正手击球"动作需要下肢、躯干及上肢配合完成。而上肢动作可以分为持拍后引、挥拍扣杀、随挥拍跟进三个阶段。现以右手持拍击球的"持拍后引"与"挥拍扣杀"两个阶段的上肢动作为例进行解剖学分析，见表 1-4-46 和表 1-4-47。

▶　表 1-4-46　"羽毛球正手击球"挥拍手持拍后引阶段上肢动作的解剖学分析

关节名称	关节运动	原动肌名称	工作条件	工作性质
肩胛骨	后缩、上回旋	斜方肌、菱形肌	近固定	向心工作
肩关节	水平伸	背阔肌、三角肌后部、肱三头肌	近固定	向心工作
肘关节	伸	肱三头肌、肱肌	近固定	向心工作
腕关节	伸	前臂伸肌群	近固定	向心工作

▶　表 1-4-47　"羽毛球正手击球"挥拍手挥拍扣杀阶段上肢动作的解剖学分析

关节名称	关节运动	原动肌名称	工作条件	工作性质
肩胛骨	前伸、下回旋	前锯肌、胸小肌	近固定	向心工作
肩关节	水平屈	胸大肌、三角肌前束、肱二头肌长头	近固定	向心工作
肘关节	屈	肱二头肌、肱肌	近固定	向心工作
腕关节	屈	前臂屈肌群	近固定	向心工作

（4）小结与建议。

由于"羽毛球正手击球"动作需要下肢、躯干及上肢配合完成。因此除了上肢练习以外，还要加强下肢力量练习及躯干协调能力练习等。

3. 网球正手击球

（1）动作简介。

"网球正手击球"是网球技术中最基本的击球方法，既是初学者的入门技术，又是多数运动员用以得分取胜的主要手段。正手击球由 4 个环节组成，即准备姿势、后摆引臂、击球动作、随挥拍跟进（图 1-4-36）。

（2）技术要领。

以右手击球为例。面对来球方向做好击球准备，右手从后摆状态向前挥动时紧握球拍，手腕后伸、固定。用力蹬地，转动身体完成挥拍。击球点在身体的右侧前方不超过腰的高度，击球时的挥拍速度最快，球打在

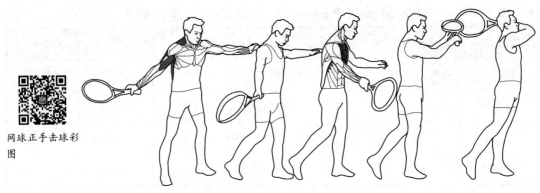

网球正手击球彩图

图 1-4-36 网球正手击球

拍面的中心，击球挥拍时的拍头方向呈自上而下。球触拍后，立即恢复准备姿势，准备下一次击球。

（3）动作阶段划分与解剖学分析。

"网球正手击球"动作分为准备姿势、后摆引臂、击球动作、随挥拍跟进四个阶段。现以右手持拍击球的"后摆引臂"与"击球"两个阶段的上肢动作为例进行解剖学分析，见表 1-4-48 和表 1-4-49。

▶ 表 1-4-48 "网球正手击球"挥拍手后摆引臂阶段上肢动作的解剖学分析

关节名称	关节运动	原动肌名称	工作条件	工作性质
肩胛骨	后缩	斜方肌、菱形肌	近固定	向心工作
肩关节	伸	背阔肌、三角肌后部、肱三头肌	近固定	向心工作
肘关节	伸	肱三头肌、肱肌	近固定	向心工作
腕关节	中立位	前臂伸肌群	近固定	静力性工作

▶ 表 1-4-49 "网球正手击球"挥拍手击球阶段上肢动作的解剖学分析

关节名称	关节运动	原动肌名称	工作条件	工作性质
肩胛骨	前伸	前锯肌、胸小肌	近固定	向心工作
肩关节	屈	胸大肌、三角肌前束、肱二头肌长头	近固定	向心工作

续表

关节名称	关节运动	原动肌名称	工作条件	工作性质
肘关节	屈	肱二头肌、肱肌	近固定	向心工作
腕关节	中立位	前臂屈肌群	近固定	静力性工作

（4）小结与建议。

经常进行"网球正手击球"动作十分容易造成肱骨外上髁（前臂伸肌群的附着部位）劳损，出现局部疼痛，即"网球肘"，应注意运动量的控制，同时肘部使用防护用品以加强对该部位的保护。

（六）武术运动中常见动作的解剖学分析

1. 马步冲拳

（1）动作简介。

"马步"是武术中非常重要的基本步型，也是武术入门时必须习练的桩功之一。由于马步站桩要求人体处于半蹲状态，并保持一定的时间，对下肢造成的负荷相对较大，因此需要下肢肌肉有很强的静力性工作能力。若同时还伴有双侧上肢轮流进行冲拳运动，就会呈现出"上动下不动"的状态，难度将会进一步增加（图1-4-37）。

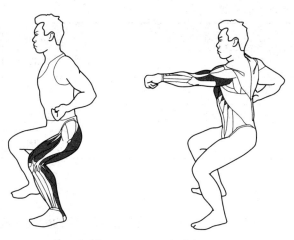

马步冲拳彩图

图1-4-37　马步冲拳

（2）动作要领。

"马步冲拳"准备姿势为两脚开立略宽于肩，屈膝半蹲，大腿与地面成水平位，膝盖不过脚尖，脚尖微微内扣，重心落于两脚之间，两手腰间抱拳放于体侧，拳心朝上，双眼平视前方，挺胸，塌腰，落臀。拳心向上出拳，出拳方向为上前方，全臂放松，待拳至将尽未尽处，骤然拧拳，变为拳心向下送肩，周身一紧发力。该动作的劲在于腰腿而不在手，需拧腰坐胯，力宜松活，拳自腰肋而出。

（3）动作阶段划分与解剖学分析。

"马步冲拳"由下肢站桩与上肢冲拳两个部分组成，由于左右上肢冲拳动作相同，因此仅分析一侧冲拳动作即可。以下肢站桩与右上肢冲拳动作为例进行解剖学分析，见表 1-4-50 和表 1-4-51。

► 表 1-4-50 "马步冲拳"下肢动作的解剖学分析

关节名称	关节运动	原动肌名称	工作条件	工作性质
髋关节	屈	臀大肌、股后肌群	远固定	支持工作
膝关节	屈	股四头肌	远固定	支持工作
踝关节	背屈（伸）	小腿三头肌	远固定	支持工作

► 表 1-4-51 "马步冲拳"上肢动作的解剖学分析

关节名称	关节运动	原动肌名称	工作条件	工作性质
肩胛骨	前伸	前锯肌、胸小肌	近固定	向心工作
肩关节	屈	胸大肌、肱二头肌、三角肌前部	近固定	向心工作
前臂	旋前	旋前圆肌、旋前方肌	近固定	向心工作
肘关节	伸	肱三头肌、肘肌	近固定	向心工作

（4）小结与建议。

"马步冲拳"时躯干与臀部离脚支撑点有一定的距离，将会产生较大的阻力矩，需要伸髋关节、伸膝关节、屈踝关节的肌肉共同收缩，产生与其对抗的动力矩，故应注意加强相关部位肌肉的静力性工作能力的训练。

2. 侧踹腿

（1）动作简介。

"侧踹腿"属于武术散打等运动中重要的实用性腿法，可分为前侧踹腿、后侧踹腿，其特点主要表现为力量大、杀伤力强、速度快、隐蔽性好，可用于狙击对手或进攻（图1-4-38）。

"侧踹腿"彩图

图1-4-38 "侧踹腿"

（2）动作要领。

以"前侧踹"为例，动作过程为右脚向前跨步的同时，左腿屈膝收提，膝盖尽量向右侧收，脚底朝向左侧方，重心落于右腿，目视左前方。接着，支撑腿脚跟向前旋转，同时上体右转微侧倾，左腿伸直，猛力挺膝送胯，以脚掌或脚掌外侧缘为力点朝左侧踹出。根据踹出腿高度不同，可以分为低踹、中踹和高踹。当踹出腿膝部伸直后立即落步踏地，然后收落步还原成实战姿势。

（3）动作阶段划分与解剖学分析。

"侧踹腿"动作一般可以分为踹腿前的运动过程，踹腿动作，踹腿结束三个动作阶段。以侧踹腿运动中踹出腿动作为例进行解剖学分析，见表1-4-52。

▶ 表 1-4-52 "侧踹腿"踹出腿动作解剖学分析

关节名称	关节运动	原动肌名称	工作条件	工作性质
髋关节	外展	臀中肌、臀小肌	近固定	向心工作
膝关节	伸	股四头肌	近固定	向心工作
踝关节	背屈（伸）	胫骨前肌	近固定	向心工作

（4）小结与建议。

"侧踹腿"动作要求快速提膝，大腿尽量靠近胸部，这就意味着不仅需要相关肌肉具有很好的爆发力，也需要其拮抗肌有较好的伸展性。因此，在注意训练相关肌肉的连续快速发力能力同时，也要特别注意训练其拮抗肌的伸展性。

思考题

1. 试述肩关节、肘关节、腕关节、髋关节、膝关节和踝关节的组成、主要结构特点、辅助结构的名称和功能、运动，并分别写出使肩关节、肘关节、腕关节、髋关节、膝关节和踝关节屈和伸运动的肌群。

2. 骨骼肌有哪些物理特性？对体育实践有何意义？

3. 影响肌力大小的解剖学因素有哪些？试详述之。

4. 如何确定原动肌？

5. 试述各躯干肌、上肢肌和下肢肌的位置、起止点、功能和发展其肌力的辅助练习。

6. 试述肩胛骨做各种运动时，各有哪些主要肌肉参加工作？使上臂在肩关节处屈的肌肉有哪些？怎样发展其力量。

7. 结合体育运动实践，思考发展上肢和下肢肌肉力量和伸展性的训练方案。

8. 试述体育运动对骨、关节和骨骼肌形态结构的影响。

9. 试述体育动作解剖学分析的内容、步骤与方法。

10. 结合自身体育专项，试对有关上肢或下肢体育动作进行解剖学分析，思考并试制订训练方案。

第二章

内脏

▶ **本章导读**

　　内脏是指大多数位于胸腔、腹腔内，并借一套完整的管道与外界直接或间接相通的器官，包括消化系统、呼吸系统、泌尿系统和生殖系统。它们的主要功能是进行物质代谢和繁殖后代。消化系统完成食物的消化和吸收；呼吸系统完成人体与外界的气体交换；泌尿系统排泄体内的代谢产物；生殖系统具有繁殖后代的功能。内脏各系统的活动不是孤立的，而是在神经系统的支配下互相配合、密切联系的。此外，内脏各系统中的许多器官还具有内分泌功能，参与对机体机能的调节。消化、呼吸、泌尿及生殖系统的组成及功能是本章的重点内容，结合人体运动实践，把握运动对内脏各系统器官的影响，对科学指导体育运动实践具有非常重要的意义。

▶ **学习目标**

　　使学生对人体内脏系统的组成与功能有更加全面系统的认识，了解胃、肝、胰、肺和肾的结构特点及功能，掌握运动对内脏各系统相关器官的影响；使学生能够运用人体内脏各系统的知识，分析和解决体育运动实践中的问题，以更好地指导体育运动实践。

第一节 总 论

一、内脏的一般构造

内脏各系统包括很多器官，它们的形态多种多样，但按其基本结构可分为中空性器官和实质性器官两大类。

（一）中空性器官

中空性器官呈管状或囊状，器官内部均有空腔。它们的壁一般分为 3~4 层。以消化管为例，由内到外分为 4 层（图 2-1-1）。

肠壁的一般构造
模式图彩图

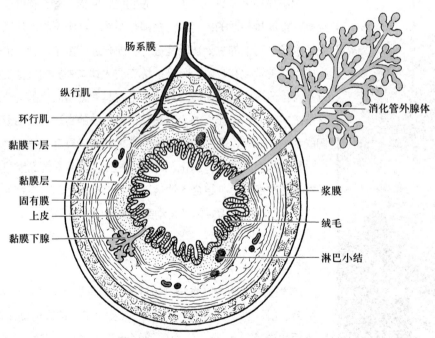

肠系膜
纵行肌
环行肌
黏膜下层
黏膜层
固有膜
上皮
黏膜下腺
消化管外腺体
浆膜
绒毛
淋巴小结

图 2-1-1　肠壁的一般构造模式图

1. 黏膜

黏膜是消化管壁的内层，经常分泌黏液，保持腔面的滑润和黏性。黏膜又分下列三层。

（1）黏膜上皮。是黏膜的最内层，因所在的位置和功能不同而有两种上皮。如口腔、咽、食管和肛门的上皮为复层扁平上皮，以运输物质和进行机械作用为主，所以具有保护作用；胃、小肠和大肠的上皮为单层柱状上皮，具有分泌、消化和吸收等功能。

（2）黏膜固有层。位于黏膜上皮深面，由疏松结缔组织构成，内有神经、血管、淋巴组织和小腺体，具有连结、支持、缓冲和营养等作用。

（3）黏膜肌层。位于黏膜固有层和黏膜下层之间，由平滑肌构成，收缩时能改变黏膜形状，并引起局部运动，因而能促使血液和淋巴流动、腺体分泌及营养物质的吸收。

2. 黏膜下层

黏膜下层是连结黏膜和肌织膜的疏松结缔组织，内含血管、淋巴管、神经、腺体和脂肪等。在管腔扩大或缩小时，它具有缓冲机能。

3. 肌层

肌层位于黏膜下层的外面，主要由平滑肌组成，平滑肌的排列一般分内环和外纵两层，两层之间有肌间神经丛。环行肌和纵行肌交替收缩，可使管腔缩小或管道缩短，将内容物向前推进。

4. 外膜

外膜覆盖在肌织膜的外面，由结缔组织组成，此膜又称纤维膜，具有保护作用。有些器官的纤维膜外表面还覆有一层由间皮构成的膜，称为浆膜，能分泌少量浆液，使器官表面湿润光滑，可减少器官之间的摩擦便于器官蠕动。

（二）实质性器官

实质性器官没有特定的空腔，很多都属于腺体，具有分泌功能。决定该器官功能的组织为主要成分，借结缔组织连结，并伴以血管、淋巴管和神经，表面包以结缔组织形成的被膜。如唾液腺、肝、胰、睾丸和卵巢等。这些实质性器官通常都以导管开口于中空性器官。

二、腹部的分区和主要脏器体表投影

　　为了便于描述内脏各器官的位置和体表投影，通常根据腹部体表标志设两条横线和两条垂线，将腹部分为 9 个区（图 2-1-2）。通过两侧肋弓最低点和两侧髂结节做两条横线，把腹部分为腹上、中、下三部分，再由两侧腹股沟韧带中点做两条垂线，它们与两条横线相交，将腹上部分为中间的腹上区和两侧的左、右季肋区；将腹中部分为中间的脐区和两侧的左、右腹外侧区；将腹下部分为中间的腹下区和两侧的左、右腹股沟区。

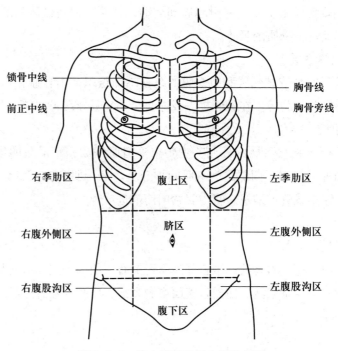

锁骨中线　　　　　　　　　　胸骨线

前正中线　　　　　　　　　　胸骨旁线

右季肋区　　　腹上区　　　左季肋区

右腹外侧区　　脐区　　　　左腹外侧区

右腹股沟区　　　　　　　　左腹股沟区

腹下区

图 2-1-2　胸、腹部的标志线及分区

第二节　消 化 系 统

　　消化系统由消化管和消化腺两部分组成。它们的基本功能是消化食物、吸收营养物质和形成粪便并排出体外。

　　消化是指食物中的营养物质，如蛋白质、脂肪和糖等复杂的大分子，经过机械磨碎和化学分解，成为结构简单的可以吸收的小分子的过程。其他维持生命的必要成分，如水、无机盐和维生素等，可以直接被消化管吸收。不能消化的食物残渣则形成粪便，排出体外。

一、消化管

　　消化管是一套从口腔到肛门的粗细不等的完整管道。由于功能和形态不同，自上而下依次分为口腔、咽、食管、胃、小肠（十二指肠、空肠和回肠）和大肠（盲肠、结肠和直肠）。通常把从口腔到十二指肠的一段叫作上消化道，空肠以下的一段叫作下消化道（图 2-2-1）。

（一）口腔

　　口腔是消化管的起始部，由前壁（上、下唇），侧壁（颊），上壁（腭）和下壁（口腔底）围成；分口腔前庭和固有口腔两个部分。口腔前庭是上、下唇和颊与上、下牙弓之间的狭窄空隙；固有口腔在其后内侧，较宽阔，位于牙弓与咽峡之间。内有牙、舌和唾液腺等器官。

　　1. 口腔壁

　　前壁是唇，唇的外面覆以薄层皮肤，分为上唇和下唇，两唇之间为口裂；侧壁是颊；上壁是腭，腭由前 2/3 的硬腭和后 1/3 的软腭构成，后方是咽峡，软腭的中部延长下垂形成乳头样突起称腭垂（悬雍垂），由腭垂向两侧下方形成前后两对弓状皱襞，前者称为腭舌弓，后者称为腭咽弓，每一侧前后弓之间有腭扁桃体，由腭垂、左右侧腭舌弓和舌根共

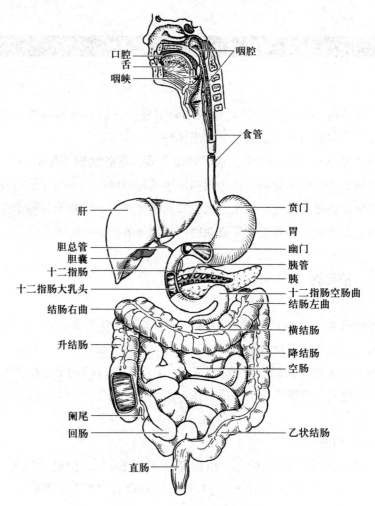

口腔
舌
咽峡
咽腔
食管
肝
胆总管
胆囊
十二指肠
十二指肠大乳头
结肠右曲
升结肠
阑尾
回肠
直肠
贲门
胃
幽门
胰管
胰
十二指肠空肠曲
结肠左曲
横结肠
降结肠
空肠
乙状结肠

图 2-2-1　消化系统模式图

同围成咽峡；下壁是口腔底（图 2-2-2）。口腔内的器官还有牙、舌和唾液腺等。

2. 牙

牙位于上、下颌骨的牙槽内。在人的一生中，先后有两组牙发生（图 2-2-3），第一组称为乳牙，一般在出生后 6 个月开始萌出，至两三岁出齐，共计 20 个，6 岁起开始脱落；第二组称为恒牙，在乳牙开始脱落时长出，至 25 岁左右换齐，共计 32 个。

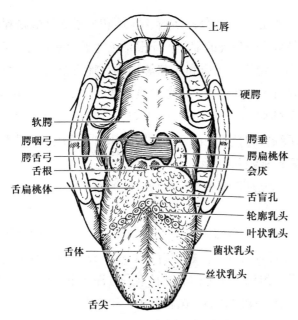

上唇

硬腭

软腭

腭垂

腭咽弓

腭扁桃体

腭舌弓

会厌

舌根

舌扁桃体

舌盲孔

轮廓乳头

叶状乳头

舌体

菌状乳头

丝状乳头

舌尖

图 2-2-2 口腔及咽峡

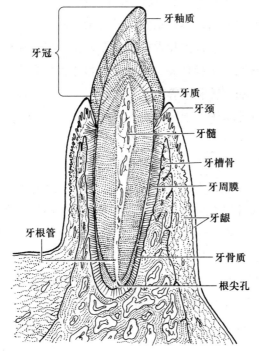

牙釉质

牙冠

牙质

牙颈

牙髓

牙槽骨

牙周膜

牙龈

牙根管

牙骨质

根尖孔

图 2-2-3 下颌切牙矢状切面模式图

牙的外形可分为三部分：牙冠、牙颈和牙根。牙冠是裸露在外面的部分；牙颈是被牙龈包绕的部分；牙根是包埋于牙槽内的部分。

牙由釉质、骨质、牙质和牙髓等构成。釉质覆盖在牙冠的表面，呈乳白色，主要由无机盐组成，是体内最坚硬的物质；骨质覆盖在牙颈和牙根的表面，其性质和结构与骨组织类似，是牙钙化组织中硬度最小的一种；牙质位于釉质和骨质的深面，是构成牙的主要成分；牙髓充满于牙髓腔，含有丰富的神经和血管。

牙的主要功能是切割和磨碎食物，并辅助发音。

3. 舌

舌位于口腔底，后部固定于舌骨上叫舌根，中部叫舌体，前部窄小叫舌尖。舌的上面叫舌背，覆盖有舌黏膜，黏膜内含有丰富的神经、血管、腺体和淋巴组织。在舌体的黏膜上，有许多小的突起叫舌乳头。按其形状可分为四种：丝状乳头、菌状乳头、轮廓乳头和叶状乳头。丝状乳头呈白色，小而密集，数量最多，遍布于舌体，只具有一般感觉的功能；菌状乳头呈红色，形体稍大，数量较少，散布于丝状乳头之间，在舌尖和舌的侧缘较多；轮廓乳头是体积最大、数量最少的一种，一般7~15个，排列成"人"字形，位于舌体和舌根的交界处；叶状乳头是位于舌体侧线后部呈片状的小皱襞。菌状乳头、轮廓乳头和叶状乳头的上皮内含有许多味蕾，能感受酸、甜、苦和咸等味觉刺激。

舌主要由舌肌构成，因此运动十分灵活。它在咀嚼时起搅拌食物的作用，而且还对语言及发音起重要作用（图2-2-2）。

4. 唾液腺

分泌物排入口腔的腺属唾液腺（口腔腺），包括腮腺、下颌下腺和舌下腺三对大的腺体以及分布于口腔黏膜或黏膜下层的许多小腺。口腔腺属复管泡状腺，腺组织包括腺泡和导管。腮腺最大，位于耳的前下方，咬肌后缘的表面，其导管开口于平对上颌第2磨牙的黏膜上；下颌下腺位于下颌骨体下缘内侧，其导管开口于舌下阜；舌下腺最小，位于口腔底黏膜深层，其导管与下颌下腺共同开口于舌下阜（图2-2-4）。口腔腺的分泌物称为唾液，唾液具有湿润黏膜和食物、抗菌灭菌、清洗口腔和便于吞咽等功能。

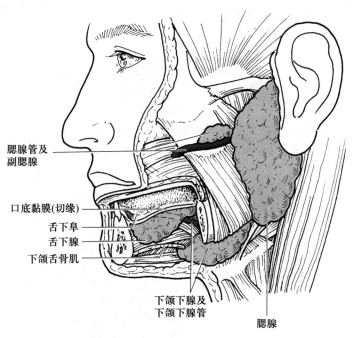

大唾液腺彩图

腮腺管及
副腮腺

口底黏膜(切缘)
舌下阜
舌下腺
下颌舌骨肌

下颌下腺及
下颌下腺管

腮腺

图 2-2-4 大唾液腺

（二）咽

咽是一个上宽下窄、前后略扁的漏斗状肌性管道，位于第 1~6 颈椎前方，上起颅底，下至第 6 颈椎下缘与食管相连，长约 12 cm。咽的前壁不完整，分别与鼻腔、口腔和喉腔相通，故咽自上而下分为三部分：鼻咽、口咽和喉咽。鼻咽向前经鼻后孔与鼻腔相通，其两侧壁有咽鼓管咽口，与中耳相通，以保持鼓膜内外压力平衡；口咽向前经咽峡通口腔；喉咽向前通喉腔，向后下通食管。咽壁的黏膜下有丰富的淋巴组织形成扁桃体，具有重要的防御功能。咽壁的肌层为骨骼肌，收缩时能将食团压入食管，完成吞咽动作。咽是消化和呼吸的共同通道（图 2-2-5）。

（三）食管

食管是一条输送食物的扁圆形肌性管道，位于脊柱的前方。上端于第 6 颈椎下缘高度与咽相接，下端穿过膈肌于第 11 胸椎左侧与胃的贲门

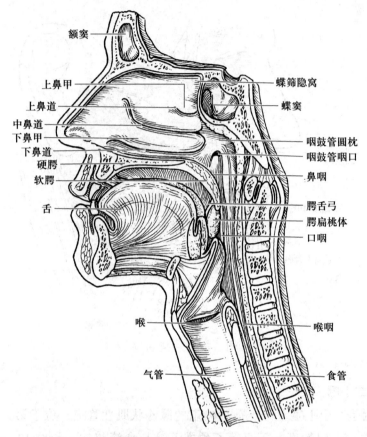

额窦

上鼻甲
上鼻道
中鼻道
下鼻甲
下鼻道
硬腭
软腭
舌

喉

气管

蝶筛隐窝
蝶窦
咽鼓管圆枕
咽鼓管咽口
鼻咽
腭舌弓
腭扁桃体
口咽

喉咽

食管

图 2-2-5　鼻腔、口腔、咽和喉的正中矢状切面

相连，全长约 25 cm。食管全长有三个狭窄：第一狭窄在食管起始处；第二狭窄在食管与左支气管相交处；第三狭窄在膈的食管裂孔处。食管壁的结构特点是：黏膜上皮为复层扁平上皮；黏膜下层内有食管腺；肌层上 1/3 为骨骼肌，下 1/3 为平滑肌，中 1/3 既有骨骼肌又有平滑肌；外膜层由疏松结缔组织构成，富有血管、淋巴管和神经。

（四）胃

胃是消化管中最膨大的一部分。具有受纳食物、分泌胃液和调和食糜的作用。

1. 胃的位置和形态

胃是消化管最膨大的袋状器官，大部分位于腹腔的左季肋区，小部分位于腹上区。胃的入口称贲门，与食管相接；胃的出口称幽门，与小肠相接。胃可分为四部：近贲门的部分称贲门部；自贲门左上方膨出的部分称胃底；胃的中部称胃体；近幽门的部分称幽门部（图2-2-6）。

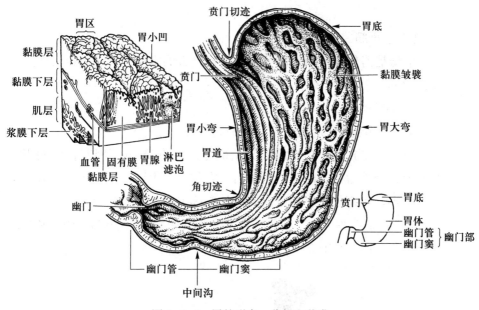

图2-2-6 胃的形态、分部和黏膜

2. 胃壁的结构

（1）黏膜。活体黏膜呈微红的橙色，由单层柱状上皮构成。胃在空虚时，黏膜形成许多皱襞，充盈时则皱襞减少并平展，皱襞在幽门处形成幽门瓣，有延缓胃内容物进入十二指肠的功能。胃黏膜有许多小的突起称胃区，每个胃区有许多凹陷称胃小凹，是胃腺的开口部位。按部位胃腺可分为贲门腺、幽门腺和胃底腺。

（2）黏膜下层。由疏松结缔组织构成，含有丰富的血管、淋巴管和神经丛。

（3）肌层。胃的肌层很发达，由三层平滑肌构成，内层为斜行肌；

中层为环行肌，比较发达，在贲门和幽门处环行肌增厚形成括约肌；外层为纵行肌；平滑肌交替收缩使胃蠕动，对消化起重要作用。

3. 胃的功能

在消化过程中胃为食物的临时储存室，并由其肌层收缩磨碎搅拌食物。胃分泌胃液分解食物中的蛋白质，胃还能吸收水、无机盐、葡萄糖、酒精和某些食物，此外胃还可分泌激素调节胃液分泌等。

（五）小肠

小肠是消化管的最长部分，上端连接胃的幽门，下端连接大肠，全长 5~7 m。

1. 小肠的分段

小肠可分为十二指肠、空肠和回肠三段。

（1）十二指肠。是小肠的起始部分，长约 25 cm，因其长度相当于本人十二个手指并拢的宽度而得名。它位于腹上区，脊柱腰段前方，呈"C"字形，包绕胰头。在后内侧壁的黏膜上有一乳头状突起，称为十二指肠乳头。乳头顶端有一小孔，为胆总管和胰管的共同开口，胆汁和胰液由此注入小肠（图 2-2-7）。

十二指肠和胰彩图

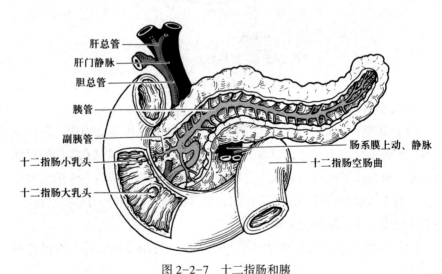

图 2-2-7　十二指肠和胰

（2）空肠。上接十二指肠，占小肠近侧的2/5，一般位于腹腔左上部。空肠管腔较大，黏膜环状皱襞较密、较高，管壁较厚、绒毛较多，血供丰富。

（3）回肠。上接空肠，占小肠远侧的3/5，一般位于腹腔右下部。回肠与空肠相比较，管腔较小，黏膜环状皱襞低而稀疏，管壁较薄，绒毛较少。

2. 小肠壁的结构

小肠壁也分黏膜、黏膜下层、肌层和外膜四层。

（1）黏膜。黏膜和黏膜下层共同突入肠腔形成许多环形或半环形的环状皱襞，以扩大小肠壁与食糜的接触面积。在环状皱襞表面又有许多细小的突起，称为小肠绒毛。小肠绒毛是小肠特有的结构，长约1 mm。小肠绒毛内有乳糜管和丰富的毛细血管。乳糜管属于细淋巴管，有吸收脂肪酸等大分子物质的功能；毛细血管有吸收葡萄糖和氨基酸等物质的功能。黏膜内还有小肠腺的分布，它们开口于小肠绒毛根部之间，能分泌小肠液。小肠液含有多种消化酶。

（2）黏膜下层。由疏松结缔组织构成，含有丰富的血管和淋巴管。内有肠腺开口于黏膜表面，分泌黏稠的碱性液体，保护小肠免受胃酸侵蚀。

（3）肌层。由内环、外纵两层平滑肌构成。两层之间有少量的结缔组织和肌间神经丛。在回肠末端环行肌增厚，形成回盲括约肌，它可控制回肠内容物进入盲肠的速度，同时防止盲肠内容物倒流。

（4）外膜。除十二指肠外，其余均为浆膜覆盖，浆膜在肠的一侧延续为小肠系膜。如在饭后激烈运动，牵扯了肠系膜，会有疼痛感觉。

3. 小肠的功能

小肠是消化食物和吸收营养的重要场所。来自胃的食糜在小肠内与胆汁、胰液混合后，其中的糖可分解为葡萄糖；蛋白质可分解为氨基酸；脂肪可分解为脂肪酸和甘油。最后由小肠绒毛将这些营养物质的小分子、维生素和水分子进行吸收，并把食物残渣推送到大肠。

（六）大肠

大肠位于腹腔内，围绕在空肠和回肠的周围，是消化管末段，全长约1.5 m。

1. 大肠的分段

大肠可分为盲肠、结肠和直肠三段。

（1）盲肠。是大肠与回肠相接处以下的一段盲端部分，位于右髂窝内。长6~8 cm。其与回肠相接处有回盲瓣，回盲瓣是在回肠末端盲肠上形成的上下两小半月形瓣膜。在盲肠的下端，有一细长的蚓状突起叫阑尾。阑尾有免疫功能。

（2）结肠。结肠是大肠中最长的一段。分为升结肠、横结肠、降结肠和乙状结肠四部分。升结肠起自盲肠，沿腹后壁右侧上行至肝的下面，再向左弯成横结肠。在脾的下面，横结肠下弯成降结肠。降结肠在左髂嵴的部位成乙字形弯曲而入小骨盆称乙状结肠。

（3）直肠。直肠长15~20 cm，位于盆腔内。它上接乙状结肠，向外开口为肛门，肛门处有括约肌，排便结束时，它收缩能消除滞留在肛门处的粪便。

2. 大肠壁的结构特点

大肠壁也分为4层。其结构特点是：黏膜无绒毛，肌层外层纵行肌集中形成三条带，叫结肠带，结肠带短于大肠，故大肠管皱起形成结肠袋；在结肠带附近的浆膜内含有大量的脂肪组织，形成肠脂垂（图2-2-8）。大肠壁内含有大肠腺，大肠腺的分泌物不含消化酶，呈黏液状，有润

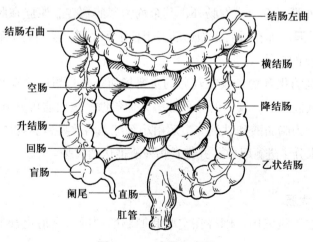

图2-2-8　小肠和大肠

滑肠腔，便于粪便排出的功能。

3. 大肠的功能

大肠能吸收食物残渣中的水分和无机盐，并使食物残渣形成粪便，排出体外。

二、消化腺

消化腺由大、小消化腺组成。大消化腺包括口腔中的唾液腺、肝和胰；小消化腺分布于消化管各段的管壁内，如唇腺、舌腺、食管腺和胃腺等。这里只介绍大消化腺、肝和胰。

(一)肝

1. 肝的位置与外形

肝是人体内最大的消化腺，它大部分位于右季肋区和腹上区，被胸廓掩盖。成人肝重约 1 500 g，呈红褐色，质软而脆。肝分上下两面，上面隆凸，紧贴膈肌；下面朝后下方，有呈 "H" 形的三条沟。其中横沟称肝门，是门静脉、肝动脉、肝管、神经和淋巴管出入肝的门户（图 2-2-9，图 2-2-10）。右前部有一浅窝，容纳胆囊，称胆囊窝。

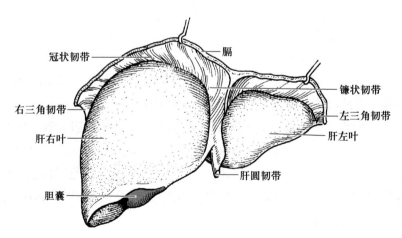

图 2-2-9 肝的膈面

肝的脏面彩图

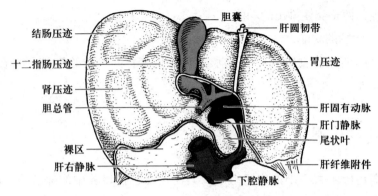

图 2-2-10   肝的脏面

2. 肝的构造

肝属实质性器官，其表面有结缔组织被膜。被膜伸入肝实质，将肝分成许多小叶称肝小叶。肝小叶是肝的基本结构和功能单位，成人约100 万个。每个肝小叶呈多边形棱柱体，长约 2 mm，宽约 1 mm。肝小叶主要由肝细胞组成，在肝小叶中央有一条纵贯全长的中央静脉，肝细胞以中央静脉为中心，单行排列成板状，称为肝板。肝板不规则，大致呈放射状。肝板之间是肝血窦，窦内有枯否氏细胞，这种细胞有吞噬异物的功能。相邻肝细胞之间有微细的小管称胆小管，收纳肝细胞分泌的胆汁。

3. 肝外胆道系统

肝外胆道系统包括胆囊和输胆管道。

（1）胆囊。胆囊位于肝下面的胆囊窝内，呈梨形，容量 40～60 mL，有储存、浓缩和输出胆汁及调节胆道压力的作用。

（2）输胆管道。包括左右肝管、肝总管、胆囊管和胆总管。由肝细胞分泌的胆汁，经胆小管流出逐级汇集，再汇入左右肝管出肝，会合流入肝总管，至肝总管后，与胆囊管汇合入胆囊暂时储存。进餐时由胆囊流经胆囊管至胆总管注入十二指肠。胆汁也可出肝经左右肝管和肝总管直接流入十二指肠（图 2-2-11）。

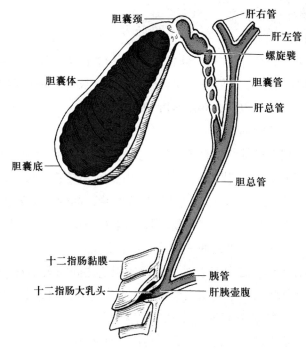

胆囊颈 肝右管 肝左管 螺旋襞 胆囊管 肝总管 胆囊体 胆囊底 胆总管 十二指肠黏膜 十二指肠大乳头 胰管 肝胰壶腹

胆囊及输胆管道
彩图

图 2-2-11 胆囊及输胆管道

4. 肝的功能

（1）分泌胆汁。成人每日胆汁分泌量为 800~1 000 mL，胆汁对脂肪的消化和吸收具有重要作用。

（2）参与物质代谢。肝可参与多种代谢，如糖、脂肪、蛋白质、维生素及激素的代谢等。

（3）解毒作用。代谢产物中或外界进入机体的有毒物质，经肝细胞的氧化、还原、水解和结合等过程，能转化为无毒或毒性较低或溶于水的物质排出体外，对机体起保护作用。

（4）防御作用。肝血窦内的枯否氏细胞有吞噬和吞饮能力，可清除由消化管进入门静脉血内的病毒、细菌和异物，处理抗原，参与免疫。

（5）造血。胚胎期的肝是主要的造血器官。

（二）胰

1. 胰的位置和外形

胰是人体第二大消化腺，呈扁长条形。位于胃的后方，相当于第1、2腰椎的高度，横卧于腹后壁。胰可分为胰头、胰体和胰尾三部分。胰头在右侧，被十二指肠包绕，胰尾与脾相贴。

2. 胰的构造和功能

胰的表面包有结缔组织被膜，实质由外分泌部和内分泌部组成。

（1）外分泌部。占胰的绝大部分，由腺泡和导管组成。腺泡分泌胰液，导管由小到大，逐级汇合，最后合成胰管，胰管贯穿胰实质的全长。胰管与胆总管汇合开口于十二指肠。胰液内含有胰脂肪酶、胰蛋白酶和胰淀粉酶等物质，这些酶可促使三大营养物质分解。

（2）内分泌部。是分布在外分泌部的腺泡之间的大小不一的细胞团，没有导管，又称胰岛。细胞团内细胞常呈索状排列，细胞索之间有丰富的毛细血管。其功能是分泌胰岛素和胰高血糖素等激素，调节体内糖的代谢。胰岛素分泌不足时，血糖过高，会产生糖尿病。

三、运动对消化系统的影响

适宜的体育运动对促进消化系统的发展有良好的影响。反之，会带来不良影响。

经常从事体育运动，可增加人体能量物质的消耗，从而反射性地提高了胃肠道的消化和吸收机能。体育运动时呼吸加深，膈肌运动幅度加大，对胃肠起按摩作用，也能增强胃的消化功能。由于运动有助于睡眠，也就有助于消化系统夜间调整和清晨排便。

运动时间安排不当，会影响胃肠的消化和吸收功能。如饭后激烈运动，由于血液重新分配，对消化腺的分泌活动和胃肠的蠕动产生影响，从而影响到胃肠的消化和吸收功能。如运动负荷过大或运动时间过长，出现过度疲劳，则有可能影响肝的正常功能。运动应激也可致急性胃肠综合征，剧烈运动后可出现恶心呕吐，头痛头昏，面色苍白和胃出血等症状。

第三节　呼 吸 系 统

　　呼吸系统包括呼吸道和肺。呼吸道是传送气体的管道，肺是进行气体交换的器官（图2-3-1）。人体在生命活动中总是不断地消耗氧气并产生二氧化碳。人体摄入氧气并排出二氧化碳的过程称为呼吸。呼吸系统具有呼吸、嗅觉和发音等功能。

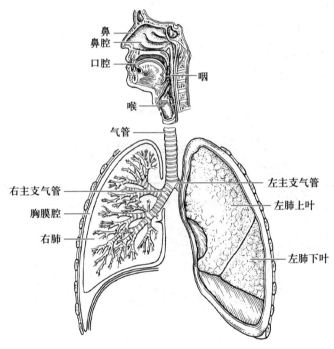

图2-3-1　呼吸系统概观

一、呼吸道

　　呼吸道由鼻、咽、喉、气管和支气管组成。通常将鼻、咽、喉称为上呼吸道，喉以下的导气部分称为下呼吸道。

（一）鼻

鼻是呼吸道的起始部分，是气体出入人体的主要通道。它具有净化空气，调节空气温度、湿度，感受嗅觉以及对发音起共鸣等作用。鼻分外鼻、鼻腔和鼻旁窦三部分。

1. 外鼻

由鼻骨和数块软骨做支架，表面覆以皮肤构成，位于颜面中央，呈锥体形。上端叫鼻根，向下移行为鼻背，下端叫鼻尖，鼻尖两侧膨大称为鼻翼。剧烈运动之后，可见鼻翼翕动。

2. 鼻腔

是由骨和软骨围成的空腔，内面衬以黏膜。它被鼻中隔分为左右两部，各部分别向前经鼻孔和外界相通；向后以鼻后孔和鼻咽相通。鼻腔分前部的鼻前庭和后部的固有鼻腔（图 2-3-2）。

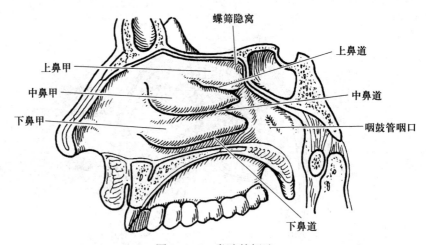

图 2-3-2 鼻腔外侧壁

鼻前庭为鼻翼所包围的空间，上方以隆起的鼻阈与固有鼻腔为分界。鼻前庭内面被覆以皮肤，长有鼻毛，可阻挡尘埃或飞虫。由于该处缺乏皮下组织，皮肤与软骨膜直接相连，故发生疖肿时，疼痛较剧烈。

固有鼻腔是鼻腔的主要部分。其形态与骨性鼻腔大致相同，在外侧壁上有上、中、下鼻甲将鼻腔分隔出上、中、下三个鼻道。在下鼻道前部有鼻泪管的开口。固有鼻腔内面覆以黏膜，黏膜因结构和机能不同，分为嗅部和呼吸部。嗅部位于上鼻甲及与其相对的鼻中隔处，在活体上呈苍白色或淡黄色，内含嗅细胞，感觉嗅觉；呼吸部为嗅部以外的部分，在活体上呈红色，黏膜内含有丰富的血管和黏液腺，黏膜上皮为假复层柱状纤毛上皮，纤毛定向摆动可以使黏液向咽部移动，冲刷黏膜表面。

3. 鼻旁窦

鼻旁窦又称副鼻窦，是位于鼻腔周围颅骨内的含气腔，有孔与鼻腔相通。鼻旁窦包括上颌窦、筛窦、额窦和蝶窦，它们与鼻腔共同温暖和湿润空气，并对发音起共鸣作用（图 2-3-3）。

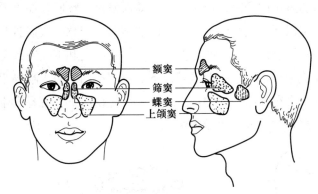

额窦
筛窦
蝶窦
上颌窦

图 2-3-3　鼻旁窦体表投影

（二）咽

见消化系统。

（三）喉

喉不仅是呼吸通道，还是发音器官。

1. 喉的位置

喉位于颈前部，向上开口于咽部，向下与气管相通。喉的两侧有颈部的血管、神经和甲状腺的侧叶，向下与气管相通。喉的位置高低随性别、年龄有所差异，一般女子比男子的位置稍高，小儿比成人的位置高，老年人的位置较低。当吞咽、发音时，喉可上下移动。

2. 喉的构造

喉由软骨、韧带和肌肉构成。喉的软骨主要有甲状软骨、环状软骨、会厌软骨和杓状软骨等（图2-3-4）。甲状软骨最大，其前上部突出称为喉结，成年男子显著。环状软骨呈环状，位于甲状软骨下方。会厌软骨呈叶片状，借韧带连于甲状软骨中间部分上缘的后面，吞咽时可关闭喉口，防止食物误入气管。杓状软骨两块，位于环状软骨后部上方。在各软骨内面和会厌软骨的前后两面被覆有黏膜。

喉的内腔称为喉腔（图2-3-4），内表面覆有黏膜。喉腔的上口称为喉口。喉腔的中部侧壁黏膜形成两对皱襞，上为前庭襞，又叫假声带；下为室襞，又叫声带。声带内有大量弹性纤维。左右声带间的裂隙叫声门裂。当气体通过声门裂时，声带发生振动而发声。喉肌收缩可增高或降低声带的紧张度以便发出高低、强弱不同的声音。当憋气或屏息时，声门裂关闭。上一对皱襞以上的腔叫喉前庭；上一对皱襞和下一对皱襞之间的腔向两侧延伸成为喉室；下一对皱襞以下的腔叫声门下腔。喉黏膜很薄，与深部组织的结合很疏松，故在炎症或过敏反应情况下，容易发生水肿，使声音嘶哑，严重时可发生呼吸困难。

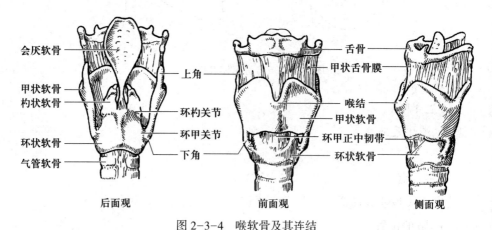

图2-3-4　喉软骨及其连结

（四）气管和支气管

气管和支气管是连结喉与肺之间的管道。气管位于食管前方，上于第6颈椎高度与环状软骨相连，下平胸骨角高度分叉，成左、右支气管。左支气管细长，斜行入左肺；右支气管粗短，向下较直地行入右肺，故异物易落入右支气管（图2-3-5）。

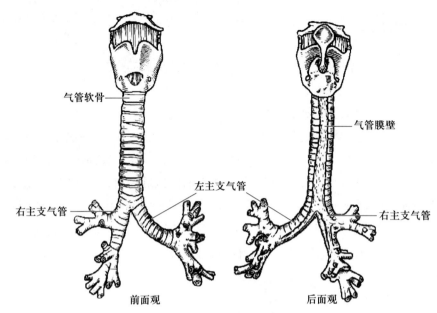

气管软骨

气管膜壁

左主支气管

右主支气管

右主支气管

前面观　　　　　　后面观

图 2-3-5　气管与支气管

　　气管由 15~20 个半环形透明软骨及共同的弹性纤维膜形成的韧带相连结而成，气管长 9~13 cm，直径为 1.5~2.0 cm。气管软骨具有支架作用，使管腔保持开放状态，以维持呼吸机能的正常进行。气管软骨环的缺口朝向后面，被平滑肌纤维和结缔组织构成的膜性壁封闭，此膜性壁较柔软，有一定舒缩性，适合于其后方的食管腔的扩张，有助于食团顺利下行。平滑肌收缩时可使气管口径缩小。气管黏膜为假复层柱状纤毛上皮，黏膜内还有一些杯状细胞，可分泌黏液。由于纤毛的规律性摆动，可将粘有尘埃的黏液推向喉部，以咳出体外。黏膜下组织为疏松结缔组织，内有气管腺，开口于黏膜表面，可分泌黏液。外膜为透明软骨和结缔组织。

　　支气管在形状和构造上是气管的延续。支气管的软骨为连续的软骨片，支气管进入肺后，反复分支，越分越细，软骨结构逐渐减少，平滑肌逐渐增多，至细支气管时，软骨消失，只有平滑肌。

二、肺

肺是呼吸系统的呼吸部，是人体进行气体交换的重要器官。

（一）肺的位置与外形

肺位于胸腔内，左右各一，分居于纵隔两侧。肺呈圆锥形。上称为肺尖，突向胸廓；下称为肺底，与膈肌相贴；外称肋面，邻接肋骨和肋间肌；内称为纵隔面，与纵隔相接；其中部有一区域为血管、支气管、淋巴管和神经的进出处，称肺门。进出肺门的各结构总称肺根。在三个面的交界处有前缘、后缘和下缘。左肺前缘下半有一弧形凹陷叫心切迹（图2-3-1）。左肺分为上、下两叶，右肺分为上、中、下三叶。

（二）肺的构造

肺由肺内支气管及其分支形成的支气管树和无数肺泡及围绕肺泡外的毛细血管网组成（图2-3-6）。支气管分支在直径1 mm以下的称为细支气管。每一细支气管及其分支与所连肺泡等合起来，叫肺小叶。肺小叶是肺的结构和功能单位。每个肺含有50~80个肺小叶，在小叶之间夹有小叶间隔。小叶间隔由结缔组织、血管、淋巴管和神经纤维等构成。

1. 肺的导气部

支气管从肺叶支气管分支为肺段支气管，再分为小支气管、细支气管、终末细支气管，这一段气管只输送气体而无气体交换作用，故称为肺的导气部（图2-3-6）。

2. 肺的呼吸部

终末细支气管末端再分支到呼吸性细支气管、肺泡管、肺泡囊、肺泡是支气管树的终末部分。从呼吸性细支气管到肺泡，均能进行气体交换，称为肺的呼吸部。

在肺的呼吸部中，肺泡是气体交换的主要场所。肺泡是半球形的囊泡，成年人有3亿~4亿个，总面积约为100 m^2。毛细血管中的CO_2与肺泡内的O_2进行交换需要通过的结构称为气血屏障。肺泡和毛细血管之间

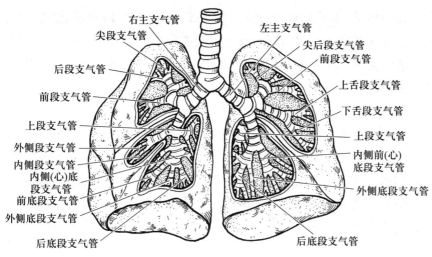

图 2-3-6　肺段支气管

进行气体交换时至少要经过肺泡上皮、上皮基膜、毛细血管内皮基膜和毛细血管内皮细胞这4层结构。

（三）肺的血液循环

肺有两套血管。一套是肺动脉和肺静脉组成的肺循环血管，是肺的机能血管，具有完成气体交换的作用；另一套是由体循环发出的支气管动脉，是肺的营养血管。

肺动脉从右心室出发，经肺门入肺，随支气管反复分支，最后形成毛细血管网。包绕在肺泡壁上，在此进行气体交换，排出二氧化碳，吸入氧气，使静脉血变成动脉血，经肺静脉出肺流入左心房。

支气管动脉发自主动脉胸部或肋间动脉，左右各两条，经肺门入肺，与支气管伴行，沿途形成毛细血管网，营养各级支气管。毛细血管网一部分连通肺静脉，一部分汇集成支气管静脉，出肺门经上腔静脉回右心房。

（四）憋气与屏息

憋气是在较深或深吸气之后，声门紧闭，腹肌和呼气肌用力收缩，使胸廓向内压缩，胸腹腔内压急剧上升，而肺内气体又无法呼出的动作。在许多运动项目中都伴有憋气动作，这有助于动作的顺利完成。有时憋气仅仅是刹那间，而有时则要持续一段时间。例如，举重时提起杠铃和将杠铃举过头顶的动作，在吊环上做十字支撑动作，推铅球时最后用力的动作，爬绳动作，以及排球跳起扣球动作等，都会伴有憋气现象。否则，就不可能圆满地完成动作。

屏息是呼吸时有意识地关闭声门裂，既不吸气，也不呼气的动作。屏息和憋气不同，屏息是声门裂紧闭，只是依靠喉部许多小块肌肉的收缩来完成的。如射击扣扳机的瞬间即是这样。然而，憋气是在用力吸气后关闭声门裂，然后再做用力呼气的动作。这时的胸内压和腹内压都明显升高。运动员要善于运用憋气和屏息，并懂得在什么时间和场合用什么方法，这是非常重要的。

三、运动对呼吸系统的影响

适宜的体育运动可以使胸围增大，肺活量增加，由于呼吸深度的增加肺通气量增加，研究表明参加体育运动者比不参加体育运动者氧利用能力明显提高。同时，参加体育运动者的呼吸与运动能够协调配合，在定量工作时，呼吸机能表现出节省化现象，能够较长时间保持工作能力，并具有很大的机能储备力，能够适应和满足剧烈运动对呼吸系统机能的要求。

憋气是人体从事体育活动、重体力劳动、排便以及分娩等生理活动中不可缺少的反射性动作。适宜地参加这类体育运动，并遵守循序渐进的原则，由轻到重，由易到难，逐渐使身体适应于憋气，可以避免出现憋气头晕现象。随着运动强度的增加，肺泡腔内红细胞和巨噬细胞出现增多现象。

有些运动由于憋气时间过长，会造成血液循环障碍从而引起大脑缺氧或头晕。动物实验显示过度训练会对肺组织造成损伤。随着运动强度的增加，肺泡形态有从正常到肺泡腔扩大再到肺泡壁破裂最后失去完整性的这一变化趋势，这种变化使肺组织失去了气体交换时的屏障作用。呼吸膜厚度有从正常到增厚，再到变薄，最后直到破裂的变化过程，这种变化使呼吸膜失去呼吸作用。

第四节　泌尿系统

泌尿系统由肾、输尿管、膀胱和尿道组成（图2-4-1）。肾是尿液生成的器官；输尿管是输送尿液入膀胱的管道；膀胱是暂时储存尿液的器官；尿道是尿液排出体外的管道。

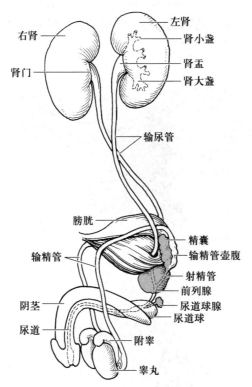

图2-4-1　男性泌尿生殖系统概观

男性泌尿生殖系统概观彩图

泌尿系统的基本功能是生成尿液，以排除人体在新陈代谢过程中产生的废物，如尿素、尿酸、肌酐和肌酸等，同时还能调节水盐平衡、酸碱平衡和电解质平衡，以维持机体内环境的相对稳定，保证新陈代谢的正常进行。

一、肾脏

（一）肾的位置与外形

肾是成对的实质性器官，形似蚕豆，新鲜肾呈红褐色，其表面有薄而光滑的肾纤维膜。每侧肾的重为 120～150 g（图 2-4-2）。肾位于脊柱两侧，第 11 胸椎至第 3 腰椎之间，右肾略低，其前后略扁，外缘隆凸，内缘中部凹陷称肾门。肾门是输尿管、肾动脉、肾静脉、淋巴管和神经分别出入的地方。肾表面由外而内有肾筋膜、脂肪囊及纤维囊包裹，它们具有将肾固定于正常位置的功能，肾门的位置可因呼吸和体位的影响而上下稍有移动。

肾的位置彩图

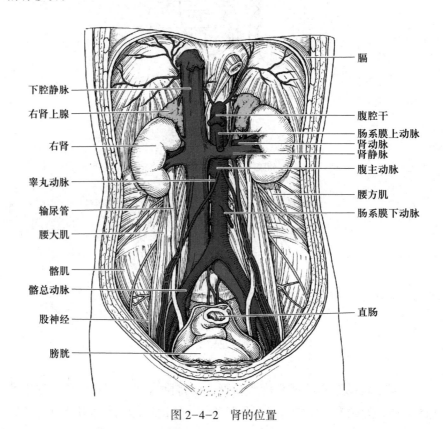

图 2-4-2　肾的位置

（二）肾的构造

通过肾门将肾做额状切（图 2-4-3），可见由肾门进入肾内扩大的腔，称为肾窦。肾窦内有肾小盏、肾大盏、肾盂、肾血管、肾淋巴管和神经等，并有疏松结缔组织和脂肪组织填充。在肾窦的周围是肾实质，可分为肾皮质和肾髓质两部分。肾皮质是肾实质的周围部分，内有许多肉眼可见的小红点状颗粒为肾小体。肾皮质有几处突入肾髓质，构成肾柱。肾髓质是位于皮质深部的 15~20 个分散的肾椎体。肾椎体为圆锥形，切面呈条纹状，其底朝外与皮质相连，尖向肾窦称为肾乳头，上有 10~25 个开口称乳头孔。每 1~2 个肾乳头被一个漏斗形的肾小盏包绕，每肾约有 7~8 个肾小盏。2~3 个肾小盏汇合成一个肾大盏，2~3 个肾大盏汇合成一扁平漏斗状的肾盂。肾盂在肾门处变窄移行为输尿管。

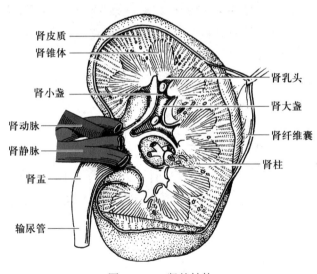

图 2-4-3 肾的结构

肾的结构彩图

（三）肾的血液循环

肾实质内血管丰富，血液循环量很大。粗大的肾动脉直接从主动脉腹部发出，入肾门后为肾段动脉，继续分支穿行于肾柱内，称叶间动脉。至皮质和髓质交界处呈弓形行走，称弓状动脉。由此向皮质发出许多条与肾表面垂直的小叶间动脉，小叶间动脉沿途向周围发出许多侧支，称入球小动脉，进入肾小体形成血管球。再集合成出球小动脉，离开肾小体后再次形成毛细血管网，分布于皮质和髓质的肾小管周围，进行重吸收。由球后毛细血管网合成小叶间静脉汇入弓形静脉。弓形静脉向髓质发出的分支称直小动脉，它再分支形成毛细血管网，围绕髓质的肾小管，然后汇合成直小静脉而入弓形静脉。弓形静脉收集皮质和髓质的血液，汇入叶间静脉，再汇入肾静脉出肾。

二、输尿管道

（一）输尿管

输尿管是一对输送尿液的细长肌性管道，长 25~30 cm。它起于肾盂，沿腰大肌前面下行，止于膀胱。输尿管可分腹段、盆段和壁内段三部分。输尿管全长有三处狭窄（图 2-4-4）。第一处在输尿管起始处；第二处在小骨盆入口处；第三处在穿膀胱壁处。尿路结石常停留在这些部位，引起疼痛和排尿障碍。

输尿管变异彩图

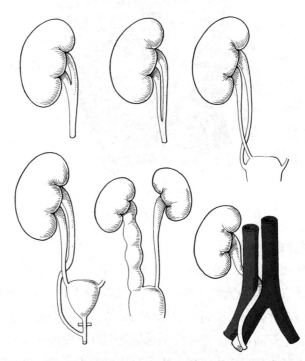

图 2-4-4　输尿管变异

（二）膀胱

膀胱是一个伸缩性很大的肌性囊状器官，成人容量为 350～500 mL，其形状、大小、位置和壁的厚薄均随其所储存的尿量及年龄、性别等的不同而发生变化。

1. 膀胱的形态与位置

成人膀胱空虚时呈锥体形，顶端细小，向前上方，称膀胱尖；底部膨大，向后下方，称为膀胱底；尖底之间为膀胱体。膀胱充满尿液时呈卵圆形。成人膀胱位于小骨盆腔内，居耻骨联合后面。空虚时其顶端不超过耻骨联合上缘（图 2-4-5）。

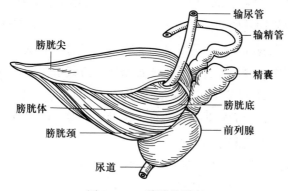

膀胱尖

输尿管

输精管

精囊

膀胱体

膀胱底

膀胱颈

前列腺

尿道

图 2-4-5 膀胱的形态

2. 膀胱的结构

膀胱的壁分为黏膜、黏膜下组织、肌层和外膜 4 层。黏膜为变移上皮，膀胱收缩时，黏膜聚集成许多皱襞；膀胱膨胀时，皱襞消失。肌层伸展性很好，由内纵、中环和外纵三层平滑肌构成，各层相互交错分界不清。外膜多为疏松结缔组织构成的纤维膜。

（三）尿道

尿道是把膀胱内储存的尿液排出体外的通道，男女尿道的形态和机能均不大相同。男性尿道既是排尿通道，又是排精通道，起自膀胱的尿道内口，止于阴茎头的尿道外口，长 16～20 cm。女性尿道起于膀胱的尿道内口，止于阴道前庭的尿道外口，长 3～4 cm。

三、运动对泌尿系统的影响

经常进行科学体育锻炼，可对泌尿系统产生良好影响。在体育运动时，由于泌尿系统的机能活动减弱，且排汗量增加，尿量减少，供血量减少，而减少的这一部分血量供应运动系统，以保证肌肉的血液供应量。运动后泌尿系统的机能活动和供血量逐步恢复到运动前状态，并有加强趋势，以清除体内积蓄的代谢产物，保持内环境稳定。短时间大强度的一次性锻炼后，往往可使肾小管上皮顶浆小泡增多。从而提高了肾小管对低分子蛋白质的重吸收机能。

随着人体运动强度的增大或随负荷时间的增加，肾血管收缩，导致肾脏缺血、缺氧和乳酸增多，使肾小体滤过屏障的通透性加大，造成大分子的蛋白质、乳酸和血细胞等被滤过；而肾小管又不能重吸收这些大分子的物质和血细胞，再加上肾小管上皮细胞的部分线粒体变得凝聚、肿胀和空泡化，部分内质网扩张，次级溶酶体增多从而降低了肾小管重吸收机能，对小分子的蛋白质吸收率也降低，因此它们只有随尿排出，形成运动性蛋白尿、血尿及乳酸尿等。

长时间大强度的一次性锻炼后，肾小球毛细血管出现扩张和充血，内皮细胞吞饮小泡增多呈蜂窝状，内皮小孔间距和孔径大小不等，基膜总厚度减少，足细胞的突起增多，从而导致肾小体滤过膜的通透性提高，在原尿中出现尿蛋白。研究表明，不同时间大强度的运动使小鼠肾发生的变化是一种与运动时间有关的可逆性病理变化，是肾功能增强的一种暂时的适应性反应。然而大强度运动对肾结构带来的不同程度的影响，在短期内不可能完全恢复。这为运动后产生运动性蛋白尿等尿异常提供了一定的理论依据。

第五节　生 殖 系 统

生殖系统的主要功能是产生生殖细胞、繁殖后代和分泌性激素。生

殖系统由内生殖器和外生殖器组成。内生殖器包括产生生殖细胞和激素的
生殖腺、输送生殖细胞的管道和附属腺。外生殖器是裸露于体表，显示性
别差异和实现两性生殖细胞结合的器官。

一、男性生殖系统

男性内生殖器包括睾丸、附睾、输精管、射精管、精囊腺和前列腺
等，外生殖器包括阴囊和阴茎（图 2-5-1）。

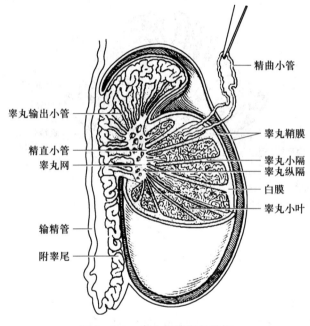

图 2-5-1　睾丸和附睾的结构

（一）男性内生殖器

1. 睾丸

睾丸是男性生殖腺，位于阴囊内，左右各一，呈扁卵圆形。睾丸表
面有一层坚厚的致密结缔组织膜，称为白膜。白膜在睾丸后缘增厚，并凸
入睾丸实质形成睾丸纵隔，从纵隔发出许多结缔组织小隔，呈放射状将睾
丸实质分成 100~200 个睾丸小叶。每个睾丸小叶内有 2~4 条盘曲的精曲

小管。精曲小管上皮由 5~8 层生精细胞构成，可生成精子。睾丸间质细胞可合成和分泌雄激素。雄激素的主要成分是睾酮，属类固醇物质，能促使生殖器官及第二性征的发育，并维持精子生成和性功能及第二性征（图2-5-1）。

2. 附睾

附睾是紧接睾丸的排精管道，位于睾丸的后方，精子经睾丸网入此，并在此继续发育成熟。附睾可分为头、体、尾三部分。尾部向上移行为输精管（图 2-5-2）。

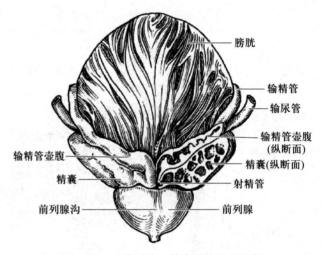

图 2-5-2　前列腺、精囊的位置及毗邻

3. 输精管

输精管是一条管壁很厚的肌性管道，它与血管、神经和提睾肌共同组成精索，上行通过腹股沟管进入腹腔。输精管末端膨大形成壶腹。壶腹末端管径变小，并与精囊腺的导管会合成射精管。

4. 射精管

射精管是输精管的延续，它穿入前列腺底，开口于尿道的前列腺部。

5. 精囊腺

精囊是位于膀胱后方的一对弯曲长囊状器官，可分泌淡黄色黏稠的弱碱性液体，参与组成精液（图 2-5-2）。

6. 前列腺

前列腺是位于膀胱下方，包绕尿道起始段的腺体，形如板栗，有许多导管开口于尿道，分泌物是精液的重要组成部分（图 2-5-2）。

（二）男性外生殖器

1. 阴茎

阴茎是位于阴囊之前，外面有皮肤，内有两个阴茎海绵体和一个尿道海绵体。在阴茎的游离端，阴茎海绵体终止，尿道海绵体变大，称为阴茎头，覆盖在它外面的皮肤叫包皮。海绵体是海绵状组织，这种组织由平滑肌及黏膜间隔以及间隔之间的血窦构成（图 2-5-3）。

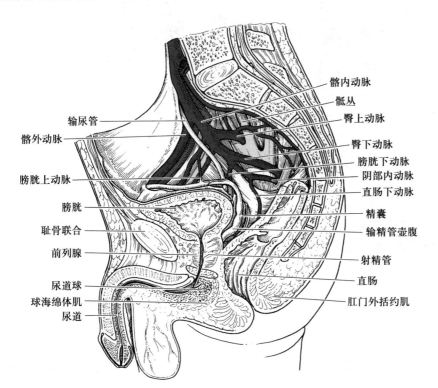

男性盆腔矢状切面彩图

图 2-5-3 男性盆腔矢状切面

2. 阴囊

阴囊位于耻骨联合下方，是位于阴茎后面向下突出的皮肤囊袋。内有睾丸、附睾和精索下部（图 2-5-3）。

二、女性生殖系统

女性内生殖器包括卵巢、输卵管、子宫和阴道（图 2-5-4）；外生殖器又称外阴部，包括阴阜、大阴唇、小阴唇、阴蒂和阴道前庭等。

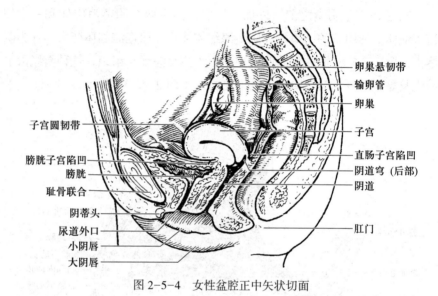

图 2-5-4　女性盆腔正中矢状切面

乳房是制造乳汁和哺乳的器官，在机能上与生殖器有密切关系，所以在此一并叙述。

（一）女性内生殖器

1. 卵巢

卵巢既是生殖腺，又是内分泌腺。它能产生卵细胞和一系列女性激素。卵巢左右各一，呈卵圆形，大小如鸽蛋，位于盆腔侧壁，一端靠近输卵管伞，另一端由卵巢固有韧带系于子宫两侧（图 2-5-5）。卵巢前面有血管、淋巴管和神经出入之处称卵巢门。卵巢表面有生殖上皮，上皮下有致密结缔组织组成的白膜，白膜深部为卵巢实质。实质分为皮质和髓质两部，皮质是四周较宽的部分，内含许多不同发育阶段的卵泡。髓质是卵巢中心部分，内含血管、淋巴管和神经以及结缔组织。

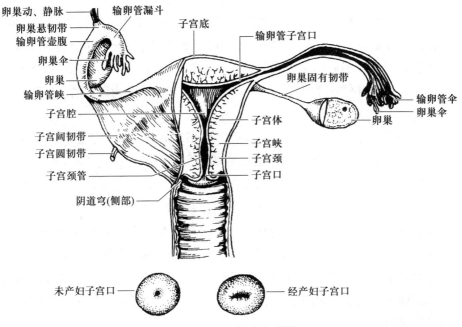

图 2-5-5　女性内生殖器

卵泡是胚胎早期由卵巢生殖上皮形成的细胞团，至出生时每个卵巢有 30 万～100 万个原始卵泡。但是，女子一生仅有 400～500 个原始卵泡经初级卵泡和次级卵泡时期，最后发育为成熟卵泡并排卵，其余原始卵泡均先后退化。每个成熟卵泡内有一个卵细胞，其余为卵泡细胞。成熟卵泡内有卵泡腔，充满卵泡细胞分泌的卵泡液，卵泡液内含雌激素。排卵后的卵泡转变为富有血管并呈黄色的内分泌腺，称为黄体，可分泌孕激素，排出的卵如未受精，黄体逐渐萎缩，退化为结缔组织，称为白体，以后消失。

2. 输卵管

输卵管是输送卵细胞至子宫的肌性管道，左右各一，长 10～14 cm。输卵管的入口靠近卵巢，呈漏斗形，开口于腹腔，口缘有菊花瓣状突起称为输卵管伞（图 2-5-5）。输卵管的另一端在子宫角与子宫相连。输卵管黏膜上皮为单层柱状上皮，上皮的细胞有纤毛。纤毛向着子宫方向摆动，同时管壁平滑肌节律性收缩，这可促使卵细胞向子宫方向输送。

3. 子宫

子宫是孕育胎儿的肌性囊状器官，位于盆腔中央，膀胱与直肠之间。它呈倒置梨形，分为上面肥大的体和向下变细的颈。子宫体内的空腔叫子宫腔，子宫体的底向上，底的两侧与输卵管相通。子宫颈的末端突入阴道，子宫颈内有一管，叫子宫颈管，管的上口叫子宫内口，通子宫腔，下口叫子宫外口，通阴道（图 2-5-5）。

子宫壁厚，伸展性大，由黏膜、肌层和外膜组成。子宫黏膜又称子宫内膜，是受精卵种植和胚胎发育的场所。黏膜上皮为单层柱状上皮，并向固有层凹陷形成许多单管腺称为子宫腺。子宫内膜的结构从青春期开始有周期性变化，其变化的主要特点是每隔 28 天左右发生一次子宫内膜剥脱和出血的现象，称为月经。故将其周期性变化称为月经周期。子宫肌由大量平滑肌和少量结缔组织组成。妊娠期子宫肌层增生，肌纤维长度比平时增长 10 倍，更富有伸展性。子宫外膜在子宫体前后称浆膜，由腹膜脏层形成，此膜在子宫两侧形成皱襞，叫子宫阔韧带，其余部分是纤维膜。

4. 阴道

阴道是一个扁形肌性管道，位于子宫颈的下方，尿道与直肠之间，下部开口于外阴部。

（二）女性外生殖器

女性外生殖器包括阴阜、大阴唇、小阴唇、阴蒂和阴道前庭等（图 2-5-6）。阴阜为耻骨联合前面的皮肤隆起，其皮下富有脂肪，成人此处有阴毛。大阴唇为一对纵行隆起的皮肤皱襞。小阴唇位于大阴唇的内侧，是一对较薄的皮肤皱襞。阴蒂由两个阴蒂海绵体组成，相当于男性的阴茎海绵体。阴道前庭是位于两侧小阴唇之间的裂隙，前部有尿道外口，后部有阴道口。外阴部与肛门之间的部位叫会阴。

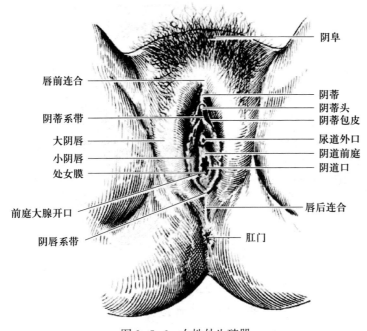

图 2-5-6　女性外生殖器

（三）乳房

乳房为哺乳类动物特有的结构。人的乳房，男性不发达，女性于青春期后开始发育生长，妊娠和哺乳期的乳房有分泌活动。

1. 乳房的位置与形态

乳房位于胸大肌前面，第 3~6 肋之间的皮下组织中。成年未生育女性的乳房呈半球形，紧张而有弹性。中央的突起称乳头，约平第 5 肋间隙，周围色素较深的皮肤环行区称乳晕。乳晕表面有许多小突起为乳晕腺，可分泌脂状物润滑乳头（图 2-5-7）。

2. 乳房的结构

乳房由皮肤、乳腺和脂肪组织构成。脂肪组织向深面分出许多小隔，将乳腺分成 15~20 个乳腺小叶，以乳头为中心呈放射状排列。每叶有一排泄管开口于乳头。女性乳腺在青春期增生，月经开始后，逐渐发育成熟。至 20 岁前后发育到最高程度，40 岁左右开始萎缩。妊娠期乳腺增生，授乳期分泌旺盛。乳腺的年龄和功能变化，是神经和激素调节的结果。

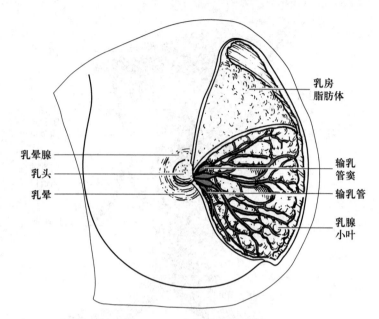

女性乳房模式图
彩图

图 2-5-7　女性乳房模式图

三、运动对生殖系统的影响

运动对女性运动员生殖系统的影响主要表现在对初潮年龄、月经、妊娠和生育的影响。正常女子的月经初潮在 12~14 岁，但在初潮前进行运动项目训练，如跳跃、短跑、长跑、排球、篮球及曲棍球的运动员，其月经初潮可比正常情况推迟 1~2 年，有的甚至可推迟至 17 岁左右。女运动员月经紊乱是由运动负荷安排不当所导致的，经调整可自行恢复。

月经期间参加训练和比赛要根据每个运动员的具体情况区别对待。如果月经正常，无特殊反应，月经期间可参加训练，如果平时就有经期参加训练的习惯，训练水平较高的运动员月经期间也可参加比赛。训练水平差者不宜参加比赛，易引起内分泌机能失调，导致月经紊乱、痛经或闭经。

当锻炼身体过于消耗体力时，对男性生殖能力的影响主要表现为运动后精子浓度、一次射精量及其他精子质量指标下降。训练结束后一定时间内这些指标都会回到正常水平，但是年纪越大恢复越慢。短时间急性运动可引起睾酮水平升高，但长时间急性运动可致睾酮下降；中小强度慢性运动通常对男性生殖系统无明显影响，而大强度慢性运动则可引起生殖系统轻度异常，包括静息睾酮下降、精液质量改变。不同运动强度、不同运动项目对男性运动员生殖系统影响不同，太极拳是保养生殖系统功能的一个最佳运动项目，山地赛车项目则导致精子减少，危害生殖系统健康。动物研究表明，中等强度、持续时间不长的运动可使体内睾酮升高，长时间力竭运动可使血浆睾酮浓度降低。

思考题

1. 试述内脏管壁的一般构造。

2. 试述消化系统、呼吸系统、泌尿系统和生殖系统的组成及功能。

3. 试述胃、肝、肺和肾的构造及功能。

4. 试述体育运动对消化系统器官、呼吸系统器官、泌尿系统器官及生殖系统器官的影响。

第三章

脉管系统

▶ **本章导读**

    脉管系统是分布于人体各部的一套封闭连续管道系统,包括心血管系统和淋巴系统,其主要功能是物质运输,还具有内分泌、机体防御等重要功能。心血管系统的内容涵盖心脏的位置与外形、心脏的结构、心脏的传导与调节、血管的配布、体循环血管、肺循环血管、人体重要器官的血管及运动对心血管系统的影响;淋巴系统的内容涵盖淋巴管道、淋巴组织、淋巴器官及运动对淋巴系统的影响。心脏的形态结构和血管的配布特点是本章的重点内容,结合人体运动实践,把握运动对心血管系统器官的影响,对科学指导体育运动实践具有非常重要的意义。

▶ **学习目标**

    使学生对人体脉管系统的组成与功能有更加全面系统的认识,了解淋巴管道、淋巴组织及淋巴器官的结构特点,掌握心脏的形态结构和血管的配布特点,以及运动对心血管系统和淋巴系统相关器官的影响;使学生能够运用人体脉管系统的知识,分析和解决体育运动中的实践问题,以更好地指导体育运动实践。

第一节 总 论

一、脉管系统组成

脉管系统包括心血管系统和淋巴系统，是分布于人体各部的一套封闭连续管道系统。

（一）心血管系统组成

心血管系统由心脏、动脉、静脉和连于动、静脉之间的毛细血管组成。

心脏是中空的肌性器官，有左心房、左心室、右心房和右心室四个腔。心脏与血管相连，心室发出动脉，心房接受静脉。血液在心脏中的流动是从右心流向左心、由心房流向心室。在房室口和动脉口处均有瓣膜，可顺流开启，逆流关闭，保证血液单向流动。此外，心脏还具有重要的内分泌功能。

动脉是运送血液离心的管道，动脉离开心脏后，行程中不断分支变细，最后移行为毛细血管。动脉管壁较厚，由内膜、中膜和外膜组成。内膜较薄，腔面为一层内皮细胞，能减少血流阻力；中膜较厚，含弹性纤维和平滑肌，大动脉以弹性纤维为主，中动脉和小动脉以平滑肌为主；外膜主要由疏松结缔组织构成，可防止血管过度扩张。动脉壁的结构与其功能密切相关。大动脉的中膜弹性纤维丰富，心室射血时，管壁被动扩张；心室舒张时，管壁弹性回缩，推动血液继续向前单向、不间断流动。中动脉和小动脉的中膜平滑肌可在神经体液调节下收缩或舒张，进而改变管腔大小，影响局部血流量和血流阻力。

静脉是引导血液回心的血管，由毛细血管汇合而成。静脉管壁也分为内膜、中膜和外膜三层，但与动脉相比，静脉壁三层结构界线多不明显，平滑肌和弹性组织不如动脉丰富，结缔组织成分较多，故静脉管壁薄、管腔大、弹性小、容血量大。另外，静脉内皮突出形成静脉瓣，可防止血液倒流。

毛细血管是连接动脉和静脉末梢间的管道，管径 6~9 μm，管壁主要由一层内皮细胞构成。毛细血管彼此吻合成网，除软骨、角膜、晶状体、毛发、牙釉质和被覆上皮外，遍布全身各处。毛细血管管壁薄、通透性大、管内血流缓慢，是血液与血管外组织液进行物质交换的场所。

（二）淋巴系统组成

淋巴系统由淋巴管道、淋巴组织和淋巴器官组成。

淋巴液沿淋巴管道流动，最后汇入静脉。淋巴组织以网状组织为基础，网孔中充满大量的淋巴细胞、巨噬细胞和浆细胞等。淋巴器官包括淋巴结、扁桃体、脾和胸腺等。

二、脉管系统功能

脉管系统的主要功能是物质运输。通过血液和淋巴液不断地把消化道吸收的营养物质、肺吸收的氧气和内分泌系统分泌的激素等输送到身体各器官、组织和细胞，供其进行新陈代谢；同时，又将各器官、组织和细胞的代谢产物如二氧化碳、尿素等运送到肺、肾、皮肤等器官排出体外，使人体内环境保持相对稳定，进而保证人体生理活动的正常进行。

此外，脉管系统还具有内分泌、机体防御等重要功能。

第二节　心血管系统

一、心脏

（一）心脏的位置与外形

1. 心脏的位置

心脏位于胸腔纵隔内，左、右两肺之间，约 1/3 在身体正中面的右侧，2/3 在身体正中面的左侧。前方朝向胸骨体和第 2~6 肋软骨；后方平对第 5~8 胸椎，与食管和胸主动脉相邻；两侧与胸膜腔和肺相邻；上方连出入心脏的上腔静脉、主动脉和肺动脉；下方紧贴膈肌（图 3-2-1）。

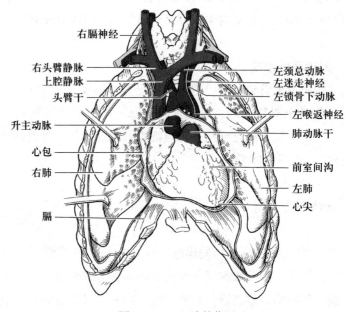

心脏的位置彩图

图 3-2-1　心脏的位置

2. 心脏的外形

从外形上看，心脏近似于一个倒置的、前后略扁的圆锥体，可分为一尖、一底、两面、三缘和四沟（图 3-2-2，图 3-2-3）。

一尖：即心尖，朝向左前下方，由左心室构成。其外观圆钝，在左侧第五肋间隙锁骨中线内侧 1~2 cm 处可扪及心尖搏动。

一底：即心底，朝向右后上方，大部分由左心房、小部分由右心房组成。上腔静脉、下腔静脉分别从上、下注入右心房；左、右肺静脉分别从两侧注入左心房。

两面：即胸肋面和膈面。胸肋面朝向前上方，大部分由右心房和右心室构成，左侧一小部分由左心耳和左心室构成。膈面在下面几乎呈水平位，朝向下方并略斜向后。

三缘：即下缘、右缘和左缘。下缘由右心室和心尖构成，边缘锐利，

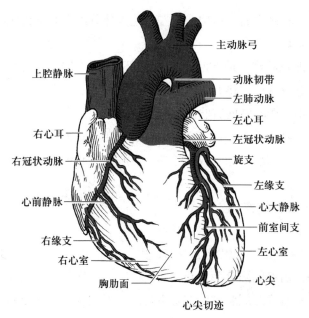

主动脉弓

上腔静脉

动脉韧带

左肺动脉

左心耳

右心耳

左冠状动脉

右冠状动脉

旋支

左缘支

心前静脉

心大静脉

前室间支

右缘支

左心室

右心室

心尖

胸肋面

心尖切迹

图 3-2-2 心脏的外形（前面）

心脏的外形（前面）彩图

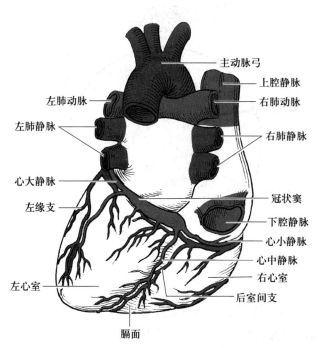

主动脉弓

左肺动脉

上腔静脉

右肺动脉

左肺静脉

右肺静脉

心大静脉

左缘支

冠状窦

下腔静脉

心小静脉

心中静脉

左心室

右心室

后室间支

膈面

图 3-2-3 心脏的外形（后面）

心脏的外形（后面）彩图

接近水平位。右缘由右心房构成。左缘绝大部分由左心室构成，仅上方一小部分由左心耳参与。

四沟：即冠状沟、前室间沟、后室间沟和房间沟。冠状沟即房室沟，形似环形，近额状位，将右上方的心房与左下方的心室分开。前室间沟和后室间沟分别位于心室的胸肋面和膈面，从冠状沟走向心尖的右侧，分别与室间隔的前缘和下缘一致，是左、右心室在心脏表面的分界。房间沟位于心底部，与房间隔后缘一致，是左、右心房在心脏表面的分界。

（二）心脏的结构

1. 心腔的结构

心脏有四个腔，心房位于上部，由房间隔分为左心房和右心房；心室位于下部，由室间隔分为左心室和右心室。心房与心室之间有房室口相通，但左、右心房之间和左、右心室之间互不相通（图 3-2-4）。

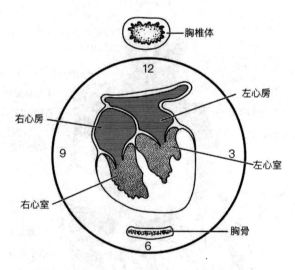

图 3-2-4 心脏的方位示意图

（1）右心房。位于心脏的右上部，壁比较薄，其前壁向前内侧呈锥形突出的盲囊部分，称为右心耳（图 3-2-5）。右心房内面有许多平行的肌隆起，称为梳状肌。右心房上方有上腔静脉口，后下方有下腔静脉口，是体循环静脉血注入右心房的两个主要入口。在下腔静脉口与右房室口之间有一小的圆形开口，称为冠状窦口，心壁的静脉血主要由此注入右心房。右心房和右心室通过右房室口相通，右心房的血液由右房室口流入右心室。

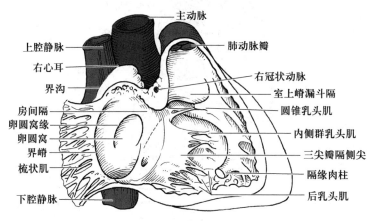

右心房彩图

图 3-2-5 右心房

（2）右心室。位于右心房的左前下方，其室腔以室上嵴为界分为流入道和流出道两部分（图 3-2-6）。流入道是右心室的主要部分，其入口为卵圆形的右房室口，口周缘有纤维环，环上附有三片略呈三角形的瓣膜，称为三尖瓣。当心室收缩时，由于瓣环的缩小和血液推动使三尖瓣紧闭，封闭右房室口，阻止血液流向右心房，保证血液不逆流。流出道是流入道向左上方延伸的部分，形似倒置的漏斗，故称为动脉圆锥。动脉圆锥的上端是通向肺动脉干的开口，称为肺动脉口，其口周围有肺动脉瓣环，环上附有三片半月形的瓣膜，称为肺动脉瓣。当右心室收缩时，血流冲开肺动脉瓣流入肺动脉；而右心室舒张时，肺动脉瓣关闭，可阻止血液逆流入右心室。

（3）左心房。位于右心房的左后方。在肺动脉干的左侧，左心房有一向左前方的锥形突起，称为左心耳（图 3-2-7）。左心房内壁较光滑，后壁上有四个肺静脉的入口，左、右各两个。肺毛细血管进行气体交换后的含氧血液，经肺静脉流入左心房。左心房的出口为左房室口，左心房的血液由左房室口流入左心室。

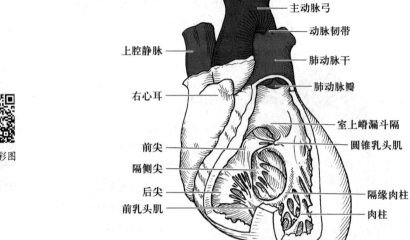

右心室彩图

图 3-2-6　右心室

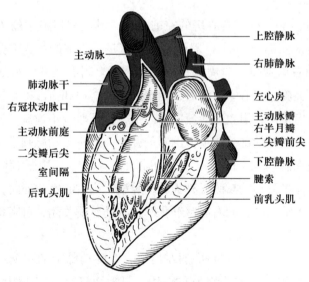

左心房和左心室
彩图

图 3-2-7　左心房和左心室

　　（4）左心室。位于右心室的左后方，其室腔近似圆锥形，室壁较右心室壁厚。左心室室腔以二尖瓣的前尖为界分为流入道和流出道两部分

（图 3-2-7）。流入道是左心室的主要部分，入口为卵圆形的左房室口，口周缘有纤维环，环上附有两片近似三角形的瓣膜，称为二尖瓣，其作用和三尖瓣一样。流出道是左心室的前内侧部分，内壁光滑，其出口是向右上方通向主动脉的开口，称为主动脉口。主动脉口周缘有主动脉瓣环，环上附有三片半月形的瓣膜，称为主动脉瓣，其作用和肺动脉瓣一样。

　　血液在心脏中的流动是由右心流向左心、由心房流向心室，二尖瓣、三尖瓣和主动脉瓣、肺动脉瓣保证血液在心腔内单向流动。当心室收缩时，二尖瓣和三尖瓣关闭，主动脉瓣和肺动脉瓣开放，血液射入动脉；随后，心室舒张，二尖瓣和三尖瓣开放，主动脉瓣和肺动脉瓣关闭，血液由心房射入心室。二尖瓣、三尖瓣的关闭与开启和主动脉瓣、肺动脉瓣的开启与关闭交替规律进行。

　　2. 心壁的结构

　　心壁由心内膜、心肌层和心外膜组成（图 3-2-8）。

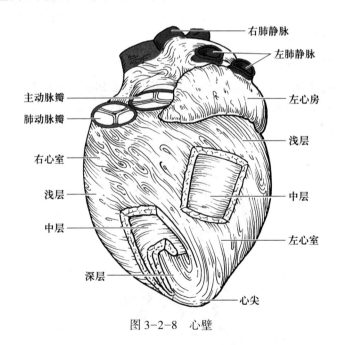

心壁彩图

图 3-2-8　心壁

　　心内膜是被覆在心腔内面的一层光滑的薄膜，与血管的内膜相延续，内含血管、神经和心传导系统的分支。

心肌层由心肌纤维构成。心肌纤维呈内纵、中环和外斜排列。心肌纤维即心肌细胞，包括普通的心肌细胞和特殊分化的心肌细胞两种。普通心肌细胞构成心房肌和心室肌，两肌彼此不连续，收缩与舒张交替进行。特殊分化的心肌细胞构成心的传导系统，在心脏的兴奋和传导过程中发挥重要作用。

心外膜被覆在心肌的表面，是一层光滑的薄膜，也是浆膜心包的脏层。

（三）心脏的血管

1. 心脏的动脉

营养心脏的动脉是左、右冠状动脉（图3-2-2，图3-2-3）。

左冠状动脉起于主动脉左窦，经左心耳与肺动脉之间走向左前方，并分为前室间支和旋支。

右冠状动脉起于主动脉右窦，经右心耳与肺动脉干之间入冠状沟，向右下方走行，绕过心右缘至膈面，继续沿冠状沟向左行，在房室交点处分为后室间支和左室后支。

2. 心脏的静脉

心壁的静脉血绝大部分经冠状窦流入右心房，心脏的静脉属支有心大静脉、心中静脉和心小静脉（图3-2-9）。心大静脉起于心尖，沿前室

心脏的静脉彩图

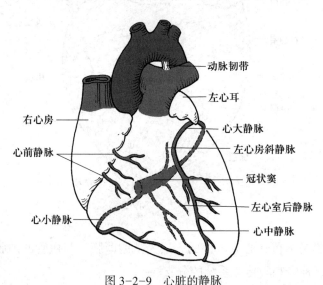

图 3-2-9 心脏的静脉

间沟上行至冠状沟，再沿冠状沟向左行，绕过心左缘至膈面转向右行，续为冠状窦。心中静脉起于心尖，沿后室间沟上行注入冠状窦。心小静脉在冠状沟内与右冠状动脉伴行，向左注入冠状窦。另有一些小静脉，或直接注入冠状窦，或注入右心房。

（四）心脏的传导与调节

1. 心脏的传导

心脏的传导系统由特殊分化的心肌细胞构成，包括窦房结、房室结、房室束及其分支等，能够产生并传导冲动、维持心脏的节律性舒缩（图3-2-10）。

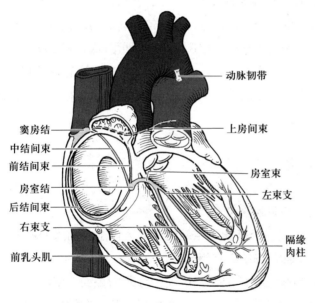

图3-2-10 心脏的传导系统

心脏的传导系统彩图

（1）窦房结。位于上腔静脉口附近右心房壁的心外膜下，呈长椭圆形，是心脏节律性活动的正常起搏点。窦房结能进行自律性的兴奋，发出冲动传至心房肌，使心房肌收缩，并向下传至房室结。

（2）房室结。位于房间隔下部右侧心内膜下，冠状窦口的前上方，呈扁椭圆形。窦房结传来的冲动在房室结内做短暂的延搁，再传至心室，使心房肌和心室肌不在同一时间内收缩。窦房结与房室结之间可能存在三条特殊的结间通路，即前结间束、中结间束和后结间束，但目前尚未有充分的形态学证据。

（3）房室束。又称 His 束，起自房室结，沿室间隔膜部下缘前行，在室间隔肌部上缘处分为左束支和右束支。左、右束支的分支在心内膜深面交织成心内膜下浦肯野纤维网（Purkinje 纤维）。房室束和左、右束支及 Purkinje 纤维网的功能是将心房传来的兴奋迅速传到整个心室的心肌。

由窦房结发出的节律性冲动，经上述传导系统，分别兴奋心房肌和心室肌，从而引起心脏的节律性搏动。

2. 心脏的调节

支配心脏的神经有交感神经、副交感神经和感觉神经。交感神经可提高心脏细胞的兴奋性，加速起搏点的冲动活动，进而加快心率，使心脏收缩力加强；副交感神经又称迷走神经，可降低心脏细胞的兴奋性，减慢窦房结的冲动，使心率变慢，心脏收缩力减弱。交感神经和副交感神经受中枢神经调节，互相制约，使心脏处于适应的活动状态，并保持心率相对恒定。

（五）心包

心包为包裹心脏和大血管根部的纤维浆膜囊，对心脏具有保护作用，分为纤维心包和浆膜心包。

纤维心包是一个坚韧的结缔组织囊，向上与出入心脏的大血管的外膜相移行，下面与膈中心腱相连接。

浆膜心包分脏壁两层，脏层覆于心肌的外面，壁层贴于纤维心包的内面，脏壁两层在出入心脏的大血管根部相移行围成的腔隙，称为心包腔，内含少量浆液，起润滑作用，可减少心脏在搏动时的摩擦。

二、血管

血管包括动脉、静脉和连于动、静脉之间的毛细血管。

以心脏为中心通过血管与全身各器官组织相连、血液在其中单向不间断的循环流动过程，称为血液循环，包括体循环和肺循环（图 3-2-11）。

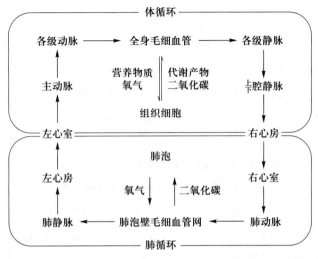

图 3-2-11 血液循环

血液由左心室搏出，经主动脉及其各级分支到达全身毛细血管，在毛细血管处与周围的组织、细胞进行物质和气体交换，再通过各级静脉属支，最后经上腔静脉、下腔静脉等返回右心房。这一循环路程较长、范围较广，故称为体循环，又称大循环，以动脉血滋养全身各部，并将代谢产物和二氧化碳运回心脏。

血液由右心室搏出，经肺动脉及其各级分支到达肺泡毛细血管，在毛细血管处进行气体交换，再经肺静脉进入左心房。这一循环路程较短，仅仅通过肺，故称为肺循环，又称小循环，主要使静脉血转变成氧饱和的动脉血。

在血液循环中，肺循环静脉、左心房、左心室和体循环动脉里面的血液是动脉血，富含氧气和营养物质；而体循环静脉、右心房、右心室和肺循环动脉里面的血液是静脉血，富含二氧化碳和代谢产物。

（一）血管的配布

1. 动脉的配布

动脉离开心脏后，行程中不断分支变细，最后移行为毛细血管。

　　由于人体左、右对称，故动脉及其分支的配布也具有对称性。在身体的每一大局部，都有1~2条动脉干。因躯干部在结构上有体壁和内脏之分，故动脉亦有壁支和脏支之分，其中壁支仍保留着原始分节状态。动脉常与静脉、神经伴行，构成血管神经束，有的还包有结缔组织鞘，在四肢的血管神经束行程多与长骨平行。动脉在行程中多居于身体的屈侧、深部或安全隐蔽的部位；常以最短距离到达它所分布的器官；配布的形式与器官的形态有关；动脉的管径与所供给的器官功能有关。

　　2. 静脉的配布

　　静脉由毛细血管汇合而成，引导血液回到心脏。

　　静脉有深静脉和浅静脉两种。深静脉与动脉伴行，其名称、行程和引流范围与其伴行的动脉相同，中等动脉一般都有两条静脉伴行。浅静脉又称皮下静脉，数目较多，不与动脉伴行，最终通过注入深静脉进入循环。静脉之间有丰富的吻合交通，浅静脉之间、深静脉之间、深浅静脉之间均存在广泛的交通。某些部位静脉结构特殊，如硬脑膜窦，壁内无平滑肌，腔内无瓣膜，对颅脑静脉血的回流起重要作用。

（二）体循环血管

1. 体循环动脉

　　体循环的动脉主干是主动脉，其全程可分为升主动脉、主动脉弓和降主动脉三段。降主动脉又分为胸主动脉和腹主动脉（图3-2-12）。

　　升主动脉起自左心室，在其起始部发出左、右冠状动脉营养心脏（图3-2-2）。

　　主动脉弓是升主动脉的直接延续，在右侧第2胸肋关节后方，呈弓形向左后方弯曲，到第4胸椎椎体的左侧移行为胸主动脉。在主动脉弓的凸侧，自右向左发出头臂干、左颈总动脉和左锁骨下动脉（图3-2-12）。

　　胸主动脉是主动脉弓的直接延续，沿脊柱前方下降，穿过膈肌主动脉裂孔移行为腹主动脉（图3-2-13）。

　　腹主动脉是胸主动脉的延续，沿脊柱前方下降，至第四腰椎平面分为左、右髂总动脉（图3-2-14）。

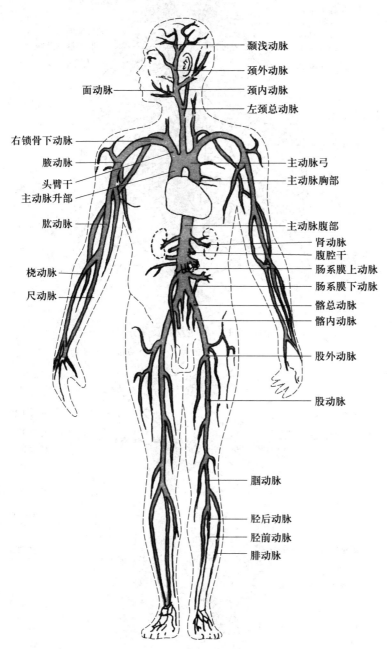

颞浅动脉
颈外动脉
颈内动脉
面动脉
左颈总动脉

右锁骨下动脉
腋动脉
头臂干
主动脉升部
肱动脉

主动脉弓
主动脉胸部

主动脉腹部
肾动脉
腹腔干
肠系膜上动脉
肠系膜下动脉
髂总动脉
髂内动脉

桡动脉
尺动脉

股外动脉

股动脉

腘动脉

胫后动脉
胫前动脉
腓动脉

图 3-2-12 全身动脉分布

胸主动脉及其分
支彩图

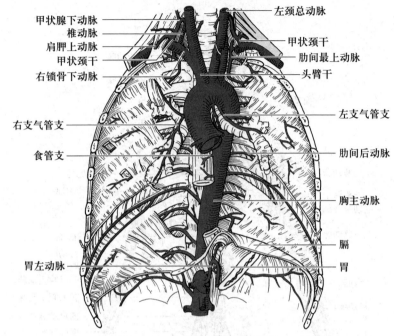

甲状腺下动脉　　　　　　　　　　　　　　左颈总动脉
椎动脉
肩胛上动脉　　　　　　　　　　　　　　　甲状颈干
甲状颈干　　　　　　　　　　　　　　　　肋间最上动脉
右锁骨下动脉　　　　　　　　　　　　　　头臂干

右支气管支　　　　　　　　　　　　　　　左支气管支

食管支　　　　　　　　　　　　　　　　　肋间后动脉

　　　　　　　　　　　　　　　　　　　　胸主动脉

　　　　　　　　　　　　　　　　　　　　膈

胃左动脉　　　　　　　　　　　　　　　　胃

图 3-2-13　胸主动脉及其分支

腹主动脉及其分
支彩图

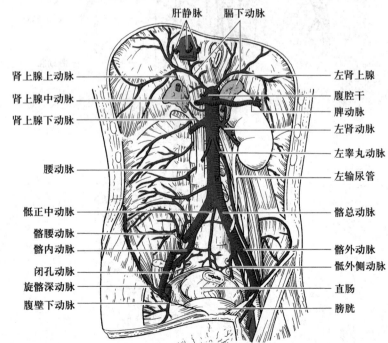

　　　　　　　　　　肝静脉　　膈下动脉

肾上腺上动脉　　　　　　　　　　　　　　左肾上腺
肾上腺中动脉　　　　　　　　　　　　　　腹腔干
　　　　　　　　　　　　　　　　　　　　脾动脉
肾上腺下动脉　　　　　　　　　　　　　　左肾动脉
　　　　　　　　　　　　　　　　　　　　左睾丸动脉
　　　　　　　　　　　　　　　　　　　　左输尿管
腰动脉

骶正中动脉　　　　　　　　　　　　　　　髂总动脉
髂腰动脉
髂内动脉　　　　　　　　　　　　　　　　髂外动脉
　　　　　　　　　　　　　　　　　　　　骶外侧动脉
闭孔动脉
旋髂深动脉　　　　　　　　　　　　　　　直肠
腹壁下动脉　　　　　　　　　　　　　　　膀胱

图 3-2-14　腹主动脉及其分支

（1）头颈部的动脉。头颈部的动脉主要来源于颈总动脉。左颈总动脉直接发自主动脉弓，右颈总动脉起于头臂干。颈总动脉沿气管和食管的外侧上升，至甲状软骨上缘平面分为颈内动脉和颈外动脉（图3-2-15）。

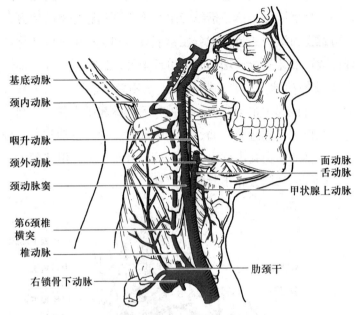

基底动脉
颈内动脉
咽升动脉
颈外动脉
颈动脉窦
第6颈椎横突
椎动脉
右锁骨下动脉

面动脉
舌动脉
甲状腺上动脉

肋颈干

图 3-2-15 颈外动脉及其分支

颈外动脉及其分支彩图

　　颈外动脉起始后，先在颈内动脉前内侧，后经其前方转至外侧，上行穿腮腺至下颌颈处分为颞浅动脉和上颌动脉两个终支。颈外动脉主要分支有面动脉、颞浅动脉和上颌动脉等。面动脉约平下颌角高度发起，向前经下颌下腺深面，于咬肌前缘绕过下颌骨下缘至面部，后沿口角及鼻翼外侧，迂曲上行到内眦，易名为内眦动脉。面动脉在咬肌前缘绕下颌骨下缘处位置表浅，在活体可摸到其动脉搏动。当面部出血时，可在该处压迫止血。颞浅动脉在外耳门前方上行，越颧弓根至颞部皮下，分支分布于腮腺和额、颞、顶部的软组织。在活体上，在外耳门前上方颧弓根部可摸到颞浅动脉搏动，当头前外侧部出血时，可在此处进行压迫止血。

　　颈内动脉由颈总动脉发出后，垂直上升至颅底，经颈动脉管入颅腔，分支分布于视器和脑。

　　在颈动脉分叉处有两个重要结构，即颈动脉窦和颈动脉小球。颈动脉窦是颈总动脉末端和颈内动脉起始部的膨大部分。窦壁外膜较厚，其中有丰富的游离神经末梢，为压力感受器。当血压增高时，窦壁扩张，刺激压力感受器，可反射性地引起心跳减慢，末梢血管扩张，血压下降。颈动脉小球是一个扁椭圆形小体，借结缔组织连于颈动脉分叉的后方，为化学感受器，可感受血液中二氧化碳分压、氧分压和氢离子浓度变化。当血中氧分压降低或二氧化碳分压增高时，可反射性地促使呼吸加深加快。

　　（2）上肢的动脉。上肢动脉的主干是锁骨下动脉（图 3-2-16）。左锁骨下动脉，直接起于主动脉弓，右锁骨下动脉起于头臂干，起始后经胸廓上口进入颈根部，越过第一肋，续于腋动脉。锁骨下动脉主要分支有椎动脉，穿经颈椎的横突孔由枕骨大孔入颅，分布于脑；甲状颈干，分布于甲状腺等；胸廓内动脉分布于胸腹腔前壁。

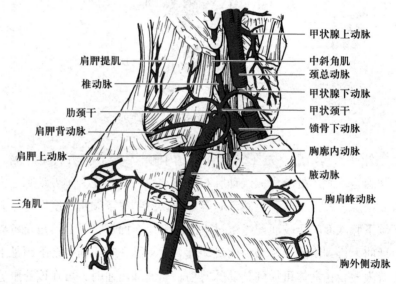

图 3-2-16　锁骨下动脉及其分支

　　腋动脉是锁骨下动脉的延续，穿行于腋窝，至背阔肌下缘，移行于肱动脉。腋动脉的主要分支有胸肩峰动脉、胸外侧动脉、肩胛下动脉、旋肱后动脉、胸上动脉和旋肱前动脉等，分布于肩部和胸壁（图 3-2-17）。

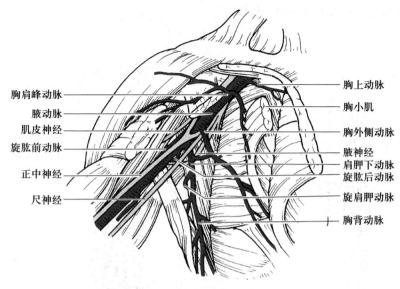

胸肩峰动脉
腋动脉
肌皮神经
旋肱前动脉
正中神经
尺神经

胸上动脉
胸小肌
胸外侧动脉
腋神经
肩胛下动脉
旋肱后动脉
旋肩胛动脉
胸背动脉

腋动脉及其分支
彩图

图 3-2-17 腋动脉及其分支

肱动脉沿肱二头肌内侧下行至肘窝，平桡骨颈高度分为桡动脉和尺动脉（图 3-2-18）。肱动脉位置表浅，能触到其搏动，当前臂和手部出血时，可在臂中部将该动脉压向肱骨可以暂时止血。肱动脉最主要的分支是肱深动脉，此外还发出尺侧上副动脉、尺侧下副动脉、肱骨滋养动脉和肌支，营养臂肌和肱骨。

桡动脉先经肱桡肌与旋前圆肌之间，继而在肱桡肌腱与桡侧腕屈肌腱之间下行，绕桡骨茎突至手背，穿第一掌骨间隙到手掌，与尺动脉掌深支吻合构成掌深弓（图 3-2-19）。桡动脉下段仅被皮肤和筋膜遮盖，是临床触摸脉搏的部位。桡动脉的主要分支是掌浅支和拇主要动脉。

尺动脉在尺侧腕屈肌与指浅屈肌之间下行，经豌豆骨桡侧至手掌，与桡动脉掌浅支吻合成掌浅弓（图 3-2-19）。尺动脉

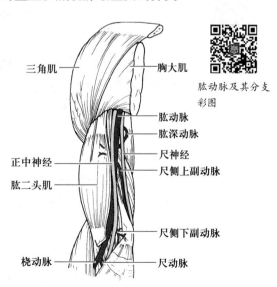

三角肌
正中神经
肱二头肌
桡动脉

胸大肌
肱动脉
肱深动脉
尺神经
尺侧上副动脉
尺侧下副动脉
尺动脉

肱动脉及其分支
彩图

图 3-2-18 肱动脉及其分支

的主要分支是掌深支和骨间总动脉。

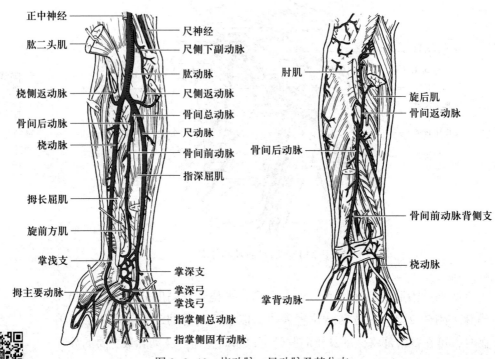

图 3-2-19　桡动脉、尺动脉及其分支

桡、尺动脉及其
分支彩图

掌浅弓由尺动脉末端与桡动脉掌浅支吻合而成，掌深弓由桡动脉末端和尺动脉的掌深支吻合而成，两个弓的分支主要分布于手掌及手指，保证手指有充分的血液供应。

（3）胸部的动脉。胸部的动脉主要起源于胸主动脉（图3-2-13）。胸主动脉为主动脉弓的延续，开始在脊柱左侧，向下逐渐转至脊柱前方。胸主动脉的分支有壁支和脏支，壁支有肋间后动脉、肋下动脉和膈上动脉，分布于胸壁、腹壁上部、背部和脊髓等处；脏支有支气管支、食管支和心包支，分布于气管、支气管、食管和心包等处。

（4）腹部的动脉。腹部的动脉主要发自腹主动脉，也分壁支和脏支（图3-2-14）。壁支分布于腹后壁和膈肌。脏支有成对脏支和不成对脏支，成对的脏支有肾上腺中动脉、肾动脉和睾丸动脉、卵巢动脉；不成对的脏支有腹腔干、肠系膜上动脉和肠系膜下动脉（图3-2-20至图3-2-23）。腹腔干分布于胃、肝、脾和胰等，肠系膜上动脉分布于小肠、盲肠、升结肠和横结肠，肠系膜下动脉分布于降结肠、乙状结肠和直肠上部。

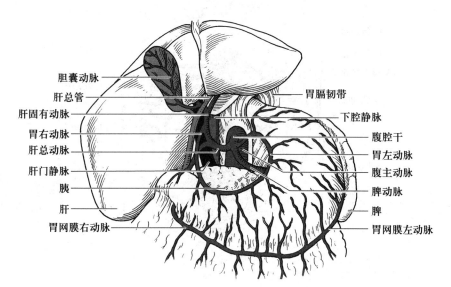

胆囊动脉
肝总管
肝固有动脉
胃右动脉
肝总动脉
肝门静脉
胰
肝
胃网膜右动脉

胃膈韧带
下腔静脉
腹腔干
胃左动脉
腹主动脉
脾动脉
脾
胃网膜左动脉

腹腔干及其分支
（胃前面）彩图

图3-2-20　腹腔干及其分支（胃前面）

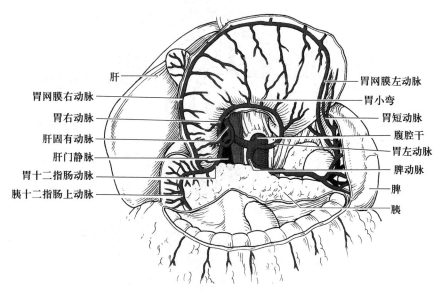

肝
胃网膜右动脉
胃右动脉
肝固有动脉
肝门静脉
胃十二指肠动脉
胰十二指肠上动脉

胃网膜左动脉
胃小弯
胃短动脉
腹腔干
胃左动脉
脾动脉
脾
胰

腹腔干及其分支
（胃后面）彩图

图3-2-21　腹腔干及其分支（胃后面）

肠系膜上动脉及
其分支彩图

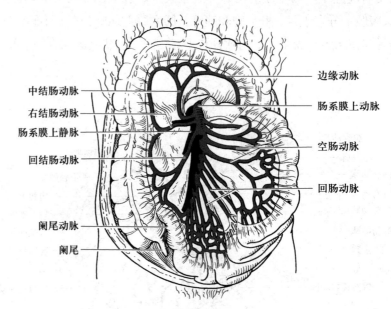

中结肠动脉

右结肠动脉

肠系膜上静脉

回结肠动脉

阑尾动脉

阑尾

边缘动脉

肠系膜上动脉

空肠动脉

回肠动脉

图 3-2-22　肠系膜上动脉及其分支

肠系膜下动脉及
其分支彩图

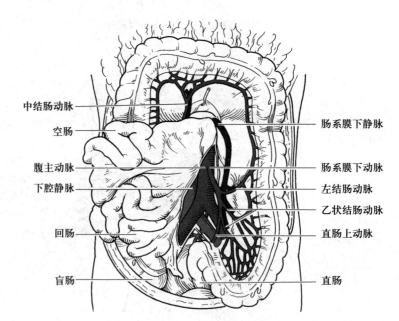

中结肠动脉

空肠

腹主动脉

下腔静脉

回肠

盲肠

肠系膜下静脉

肠系膜下动脉

左结肠动脉

乙状结肠动脉

直肠上动脉

直肠

图 3-2-23　肠系膜下动脉及其分支

（5）盆部的动脉。腹主动脉在第四腰椎体的左前方，分为左、右髂总动脉（图3-2-24，图3-2-25）。髂总动脉行至骶髂关节处又分为髂内动脉和髂外动脉。髂内动脉是盆部动脉的主干，沿小骨盆后外侧壁走行，分支有壁支和脏支。壁支分布于盆壁、臀部及股内侧部；脏支分布于膀胱、直肠下段和子宫等盆腔脏器。

（6）下肢的动脉。动脉主干源于髂外动脉（图3-2-26）。髂外动脉沿腰大肌内侧缘下行，穿血管腔隙至股部，分支有腹壁下动脉、旋髂深动脉，供养腹前壁下部。

股动脉是髂外动脉的直接延续，为下肢的动脉主干，经股前部下行，在股下部穿向后行至腘窝，移行为腘动脉。股动脉的主要分支为股深动脉，分布于股部肌肉和股骨（图3-2-26）。

腘动脉在腘窝深部下行，至腘肌下缘，分为胫前动脉和胫后动脉（图3-2-27）。腘动脉在腘窝内发出数条关节支和肌支，分布于膝关节及

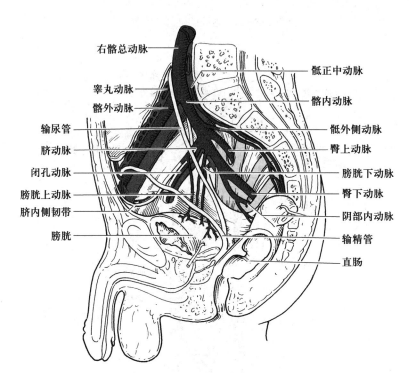

盆腔的动脉（男性）彩图

图3-2-24 盆腔的动脉（男性）

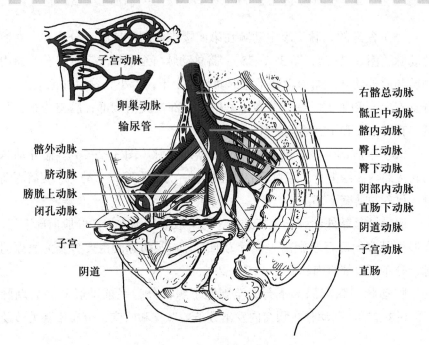

子宫动脉

卵巢动脉

输尿管

髂外动脉

脐动脉

膀胱上动脉

闭孔动脉

子宫

阴道

右髂总动脉

骶正中动脉

髂内动脉

臀上动脉

臀下动脉

阴部内动脉

直肠下动脉

阴道动脉

子宫动脉

直肠

图 3-2-25　盆腔的动脉（女性）

盆腔的动脉（女
性）彩图

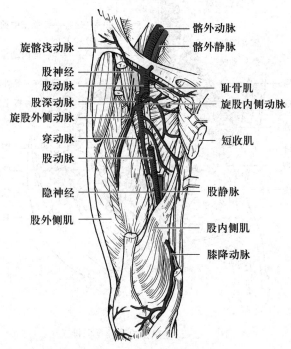

旋髂浅动脉

股神经

股动脉

股深动脉

旋股外侧动脉

穿动脉

股动脉

隐神经

股外侧肌

髂外动脉

髂外静脉

耻骨肌

旋股内侧动脉

短收肌

股静脉

股内侧肌

膝降动脉

股动脉及其分支
彩图

图 3-2-26　股动脉及其分支

邻近肌，并参与膝关节网的组成。

胫后动脉沿小腿后面浅深屈肌之间下行，经内踝后方转至足底，分为足底内侧动脉和足底外侧动脉两个终支（图3-2-27）。胫后动脉主要分支为腓动脉，分布于小腿后面、外侧面和足底有关结构。

胫前动脉由腘动脉发出后，穿小腿骨间膜至小腿前面，在小腿前群肌之间下行，至踝关节前方移行为足背动脉（图3-2-28）。胫前动脉沿途分支至小腿前群肌，并参与形成膝关节网。

足背动脉是胫前动脉的直接延续，经拇长伸肌腱和趾长伸肌腱之间前行，至第1跖骨间隙近侧，分为第1跖背动脉和足底深支两个终支。足背动脉的位置表浅，在踝关节前方内外踝连线中点拇长伸肌腱的外侧可触及其搏动，足部出血时按压此处足背动脉可进行止血。

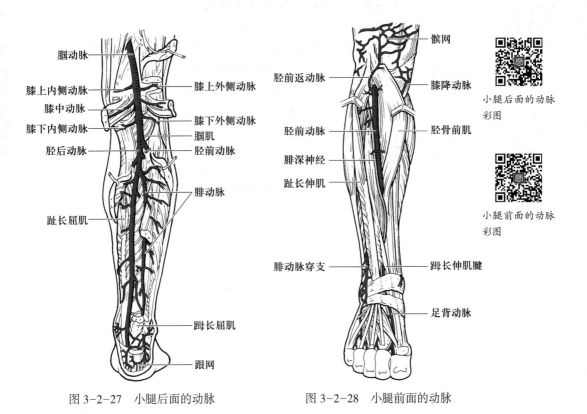

小腿后面的动脉
彩图

小腿前面的动脉
彩图

图3-2-27 小腿后面的动脉　　　图3-2-28 小腿前面的动脉

主动脉及其主要分支：

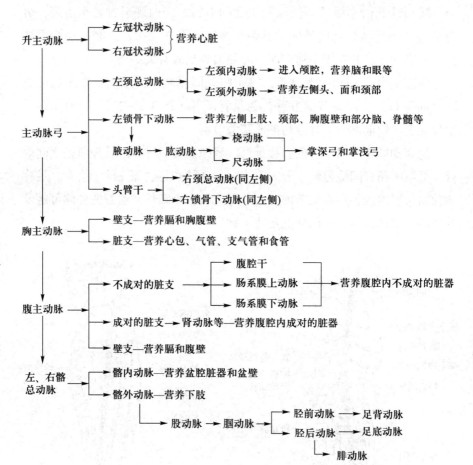

人体部分动脉的
体表投影、压迫
部位和止血范围

2. 体循环静脉

体循环的静脉数量多、行程长、分布广，主要包括上腔静脉系、下腔静脉系和心静脉系（图 3-2-29）。

（1）上腔静脉系。上腔静脉系收集头颈、上肢、胸壁及部分胸腔脏器的静脉血，主干为上腔静脉，通过各级属支主要收集膈以上的上半身静脉血，最后流入右心房（图 3-2-30）。

上腔静脉由在右侧第一胸肋结合处后方的左、右两侧头臂静脉汇合而成，沿升主动脉右侧垂直下行，至第 3 胸肋关节下缘处注入右心房。

　　头臂静脉左、右各一，在胸锁关节的后方由同侧的锁骨下静脉和颈内静脉汇合而成。汇合处的夹角称为静脉角，是淋巴导管注入静脉的部位。头臂静脉的属支有颈内静脉、锁骨下静脉及椎静脉、胸廓内静脉、甲状腺下静脉等。

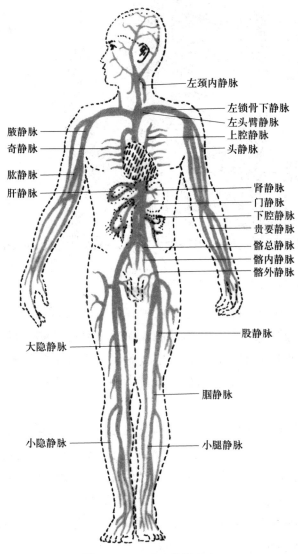

左颈内静脉
左锁骨下静脉
左头臂静脉
上腔静脉
头静脉

腋静脉
奇静脉

肱静脉
肝静脉

肾静脉
门静脉
下腔静脉
贵要静脉
髂总静脉
髂内静脉
髂外静脉

股静脉

大隐静脉

腘静脉

小隐静脉
小腿静脉

图 3-2-29 全身静脉分布

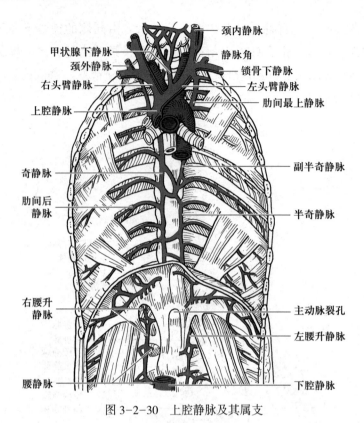

颈内静脉
甲状腺下静脉
静脉角
颈外静脉
锁骨下静脉
右头臂静脉
左头臂静脉
上腔静脉
肋间最上静脉
奇静脉
副半奇静脉
肋间后静脉
半奇静脉
右腰升静脉
主动脉裂孔
左腰升静脉
腰静脉
下腔静脉

图 3-2-30　上腔静脉及其属支

上腔静脉及其属支彩图

　　头颈部的静脉有深、浅之分（图 3-2-31）。深静脉又称颈内静脉，起自颅底的颈静脉孔，在颈内动脉和颈总动脉的外侧下行，接受颅内的静脉血及收纳从咽、舌、喉、甲状腺和头面部来的静脉。浅静脉又称颈外静脉，起始于下颌角处，越过胸锁乳突肌表面下降，注入锁骨下静脉。

　　上肢的静脉有深静脉和浅静脉两种，最终都汇入腋静脉。上肢深静脉从手掌至腋腔的深静脉都与同名动脉伴行，多为两条。两条肱静脉多在胸大肌下缘处汇合成一条腋静脉。腋静脉位于腋动脉前内侧，收集上肢浅、深静脉的全部血液，跨过第 1 肋骨外缘后续为锁骨下静脉。上肢浅静脉主要有头静脉、贵要静脉和肘正中静脉等属支（图 3-2-32）。头静脉起自手背静脉网的桡侧，沿前臂桡侧前面上行至肘窝，再沿肱二头肌外侧沟上行，注入腋静脉或锁骨下静脉。贵要静脉起于手背静脉网的尺侧，沿

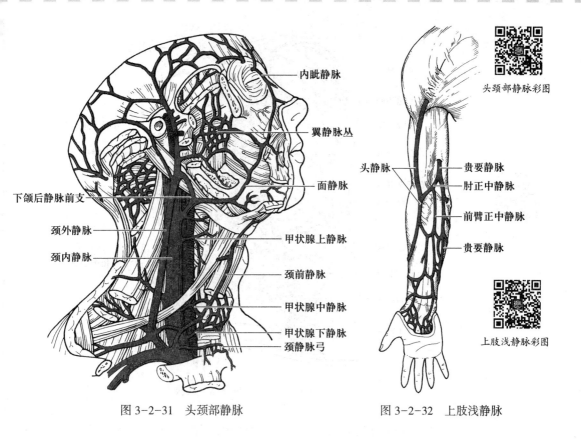

图 3-2-31 头颈部静脉

图 3-2-32 上肢浅静脉

前臂前面尺侧上行，在肘窝处接受肘正中静脉后，继续沿肱二头肌内侧上行，注入肱静脉或腋静脉。肘正中静脉是肘窝处斜行于皮下的短静脉干，由头静脉发出，向内侧汇入贵要静脉。

胸部的静脉主干为奇静脉，奇静脉汇入上腔静脉，重要属支有半奇静脉、副半奇静脉及椎静脉丛等。

（2）下腔静脉系。下腔静脉系由下腔静脉及其各级属支组成，收集膈以下下半身的静脉血，最后注入右心房（图3-2-33）。

下腔静脉是人体最粗大的静脉干，主要收集膈以下、下肢、腹部和盆部的静脉血。下腔静脉在第 4、5 腰椎体右前方由左、右髂总静脉汇合而成后，沿脊柱右前方、腹主动脉右侧上行，穿过膈的腔静脉孔进入胸腔，然后穿心包注入右心房。下腔静脉属支除左、右髂总静脉外，还有直接注入下腔静脉干的腹腔和盆腔的壁支与脏支。

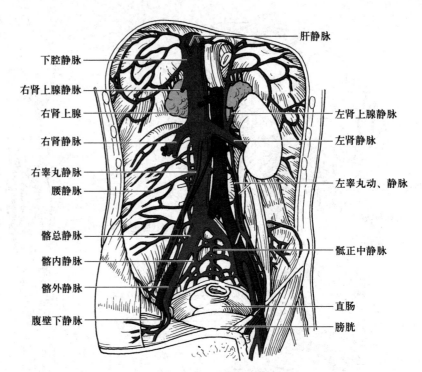

下腔静脉及其属
支彩图

图 3-2-33　下腔静脉及其属支

　　髂总静脉在骶髂关节前方，由髂内静脉、髂外静脉汇合而成，斜向内上行至第 4、5 腰椎右前方与对侧髂总静脉汇合成下腔静脉。髂总静脉的属支主要有髂腰静脉、骶正中静脉等。

　　髂内静脉是盆部的静脉主干，在骶髂关节前方与髂外静脉汇合成髂总静脉。髂内静脉属支分壁支和脏支两种，分别收集同名动脉分布区域的静脉血。壁支有臀上静脉、臀下静脉、闭孔静脉和骶外侧静脉等；脏支有直肠下静脉、阴部内静脉和子宫静脉等。

　　髂外静脉是股静脉的直接延续，与同名动脉伴行沿盆侧壁斜向内上，至骶髂关节前方与髂内静脉汇合成髂总静脉。髂外静脉收集下肢和腹前壁下部的静脉血，主要属支有腹壁下静脉。

　　下肢静脉分浅静脉和深静脉两种，浅静脉、深静脉间有交通支相连。下肢深静脉从足底起始至小腿的深静脉通常都有两条与之同名的动脉伴行。胫前静脉和胫后静脉在腘窝下缘汇成一条腘静脉，腘静脉上行移行为股静脉。股静脉与股动脉相伴上行，在腹股沟韧带深面延续为髂外静脉。股静脉收集下肢、腹前壁下部和外阴部等处的静脉血。足背浅静脉发达，在跖骨远端皮下相吻合形成足背静脉弓，其两端沿足内外侧缘上行，分别汇成大隐静脉和小隐静脉（图3-2-34，图3-2-35）。大隐静脉起自足背静脉弓内侧端，经内踝前方，沿小腿内侧上行，过膝关节内后方，再沿大腿内侧转至大腿前面上行，于耻骨结节下外方注入股静脉。大隐静脉除收集足、小腿内侧和大腿前内侧部浅层结构的静脉血外，还收集大腿外侧、脐下腹前壁浅层及外阴部的静脉血。小隐静脉起自足背静脉弓外侧部，经外踝后方，沿小腿后面上行，经腓肠肌两头之间至腘窝，注入腘静脉。小隐静脉沿途收集足外侧部及小腿后的浅静脉。

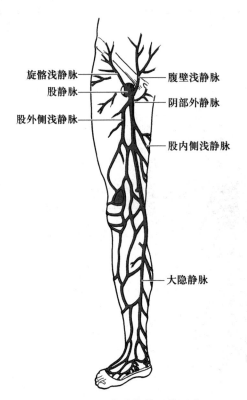

图 3-2-34 大隐静脉及其属支

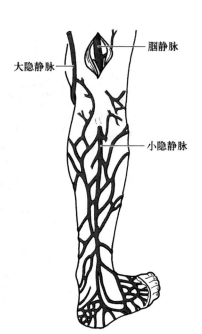

图 3-2-35 小隐静脉及其属支

大隐静脉及其属支彩图

小隐静脉及其属支彩图

腹部静脉的主干为下腔静脉，其属支分壁支和脏支两种。壁支包括 1 对膈下静脉和 4 对腰静脉。脏支有成对和不成对之分，成对脏支包括睾丸静脉（男性）、卵巢静脉（女性）、肾静脉、肾上腺静脉和肝静脉等，不成对的脏支先汇合成肝门静脉入肝后，再经肝静脉回流至下腔静脉。

肝门静脉系由肝门静脉及其属支组成（图 3-2-36）。肝门静脉收集食管下段、胃、小肠、大肠上部、胆囊、胰和脾等腹腔不成对器官的静脉血，主要属支有肠系膜上静脉、肠系膜下静脉、脾静脉、胃左静脉、胃右静脉、胆囊静脉和附脐静脉等。肝门静脉的主要功能是将消化道吸收的物质运输至肝，在肝内进行合成、分解、解毒和贮存，故肝门静脉可以看作肝的功能性血管。肝门静脉系与上腔静脉、下腔静脉系之间存在丰富的吻合，在肝门静脉因病变而回流受阻时，通过这些吻合可产生侧支循环途径（图 3-2-37）。

肝门静脉及其属支彩图

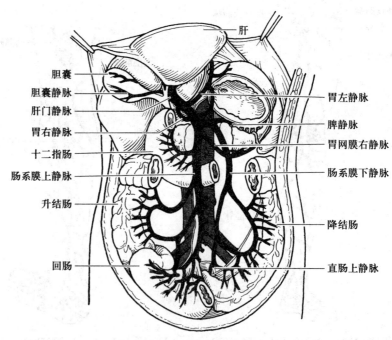

图 3-2-36 肝门静脉及其属支

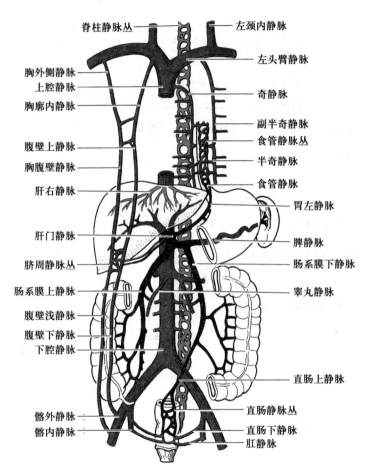

肝门静脉与上、
下腔静脉系之间
的交通彩图

图 3-2-37 肝门静脉与上、下腔静脉系之间的交通

全身主要静脉及其属支：

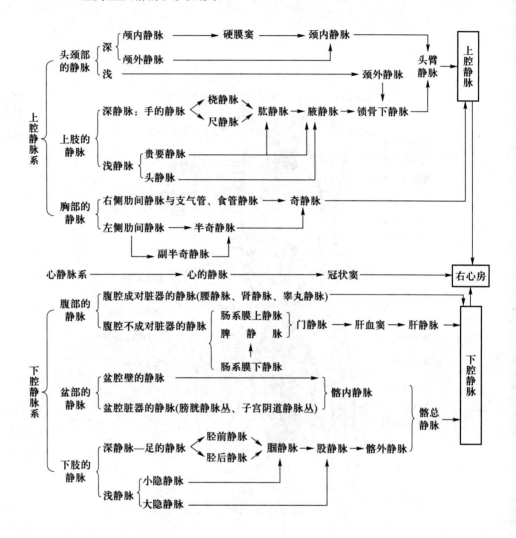

（三）肺循环血管

1. 肺循环动脉

　　肺动脉起于右心室，在主动脉之前向左上后方斜行，行至主动脉弓下方分为左、右肺动脉，经肺门入肺，随支气管的分支而分支，在肺泡壁周围形成稠密的毛细血管网（图3-2-2）。

2. 肺循环静脉

肺静脉起于肺内毛细血管，逐级汇成左、右两条肺静脉，最后注入左心房（图 3-2-3）。

三、运动对心血管系统的影响

（一）运动对心脏的影响

1. 适宜运动对心脏的影响

长期坚持适宜的体育锻炼或训练，可使心脏的重量和体积增大。一般人心脏的重量约 300 g，而运动员的心脏可达 400~500 g。心肌纤维增粗，其内所含收缩蛋白和肌红蛋白增多，这种由于适应运动需要所发生的心脏增大，称为功能性增大或称为"运动心脏"。运动心脏的形态改变以左心室肥大为主，左心室内径、室间隔厚度增厚；心肌细胞体积、长度及横截面积显著增大。心脏增大类型与运动项目有关系，马拉松、游泳、自行车和足球项目运动员以左心室肥大为主；一般耐力项目运动员心脏多为离心性肥大，以心腔扩大为主，并伴有心壁增厚；力量项目运动员心脏多为向心性肥大，并以心壁增厚为主。研究证明：运动训练可导致心肌细胞所含收缩蛋白和肌红蛋白增多。中等以上强度的耐力训练可引起心肌细胞肥大、细胞中线粒体数量增多、线粒体嵴密度增加；大强度运动训练可引起心肌细胞凋亡，心肌出现结构性微损伤。

长期体育锻炼或训练可使心肌形态结构发生适应性改变，心功能也随之增强。研究证明：体育锻炼可使心肌收缩力量增大、心腔容量增大，使心脏的每搏输出量和每分输出量增加；耐力训练还能使心脏的内分泌功能增强，使心房肽和心钠素水平提高。心房肽和心钠素水平的增高不仅可以调节和缓冲运动中血压改变，增加冠状动脉血流量，改善心肌营养，增强心功能与代谢，还可以调节水、电解质平衡及交感神经兴奋性，维持机体内环境的相对稳定。

2. 不适宜运动对心脏的影响

运动后血浆儿茶酚胺的浓度升高，这种升高与运动强度、运动的频率和持续时间呈正相关。儿茶酚胺可引起血管收缩，心肌耗氧量增加，而过量的儿茶酚胺可引起心肌损害。不适当的高强度运动可引起血液高剪切力和紊流，导致冠状动脉内皮损伤，引起内皮舒张因子减少或丧失，继而导致冠状动脉痉挛。冠状动脉痉挛引起严重的心肌缺血，可引起心肌氧的供需不平衡和儿茶酚胺的释放增多，进而会加重心肌的损伤。长期高强度训练还可引起镁的缺乏，导致冠状动脉痉挛，并引起心肌电的不稳定，诱发严重的心律失常。

（二）运动对血管的影响

1. 适宜运动对血管的影响

适宜体育运动可使动脉管壁中膜增厚，弹性纤维和平滑肌增厚，血管壁的弹性增强，使心脏搏动有力，有利于血液流动。适宜体育运动还可以改变毛细血管在器官内的分布和数量，如使骨骼肌、心肌和脑组织内的毛细血管内皮细胞中微饮小泡增多，管腔面微绒毛结构增多，毛细血管开放数量以及新生数量增多、口径增大、容积和表面积增大、行程迂曲、分支吻合增多，进而改善器官的血供，心肌细胞与毛细血管最大氧气弥散距离减小，这有利于细胞的氧气和能量供应，进而增强器官的功能。

2. 不适宜运动对血管的影响

长期过度训练可造成动脉管壁中膜过度增厚，平滑肌过度增生，血管壁的弹性降低，可出现运动性高血压现象以及增加运动性心血管和脑血管意外的发生风险。

第三节 淋巴系统

淋巴系统由淋巴管道、淋巴组织和淋巴器官组成（图3-3-1）。

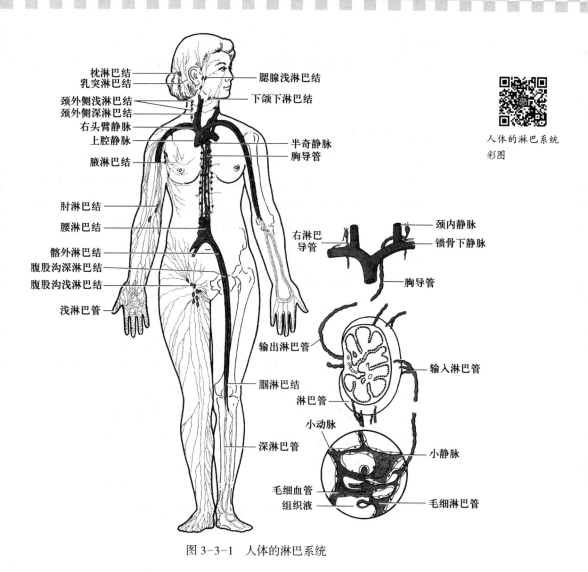

图 3-3-1 人体的淋巴系统

人体的淋巴系统
彩图

一、淋巴管道

淋巴管道是单向回流的管道，始于毛细淋巴管。毛细淋巴管起始端
为盲端，源于组织细胞间隙，吸收组织液形成淋巴液。淋巴液在淋巴管道
内向心流动，沿途经过若干淋巴结，最后汇入静脉。淋巴循环具有回收蛋
白质、运输营养物质、调节体内液体平衡和清除组织中的红细胞、细菌及

异物等功能。

根据结构和功能特点，可将淋巴管道分为毛细淋巴管、淋巴管、淋巴干和淋巴导管。

（一）毛细淋巴管

毛细淋巴管是淋巴管道的起始部分，位于组织间隙内，以膨大的盲端起始。管壁由一层内皮细胞构成，细胞间有 0.5 μm 左右的间隙。同时，管腔粗细不一，没有瓣膜，互相吻合成网，通透性比毛细血管更大，一些大分子物质如蛋白质、细菌和癌细胞等较易进入毛细淋巴管。

除脑、脊髓、脾髓、骨髓、上皮、角膜、晶状体、牙釉质和软骨等处缺乏形态明确的淋巴管外，毛细淋巴管几乎遍布全身。

（二）淋巴管

淋巴管由毛细淋巴管汇集而成，管壁与静脉相似，但壁较薄、瓣膜较多且发达，外形粗细不匀，呈串珠状。管壁也由内、中、外三层构成，有大量向心方向的瓣膜，借以防止淋巴逆流。当淋巴管道局部阻塞时，其远侧的管腔扩大使瓣膜关闭不全，也可造成淋巴的逆流。根据淋巴管的分布位置，可分为浅淋巴管和深淋巴管两种。浅淋巴管行于皮下组织中，多与浅静脉伴行；深淋巴管多与深部血管神经束伴行；浅、深淋巴管之间存在广泛的交通吻合支。由于淋巴回流速度缓慢，仅为静脉流速的 1/10，因此，浅、深淋巴管的数量及其瓣膜数目可为静脉的数倍，从而维持了淋巴的正常回流。

（三）淋巴干

全身各部的浅、深淋巴管在向心行程中经过一系列的淋巴结，其最后一群淋巴结的输出管汇合成较大的淋巴管称为淋巴干。

全身淋巴干共有 9 条：即收集头颈部淋巴的左、右颈干；收集上肢、胸壁淋巴的左、右锁骨下干；收集胸部淋巴的左、右支气管纵隔干；收集下肢、盆部及腹腔淋巴的左、右腰干以及收集腹腔器淋巴的肠干。

（四）淋巴导管

全身9条淋巴干分别汇成两条大的淋巴导管：即右淋巴导管和胸导管（图3-3-2）。

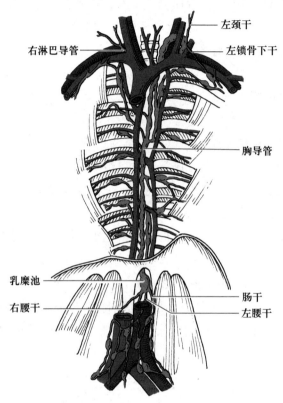

图 3-3-2 胸导管和右淋巴导管

胸导管和右淋巴
导管彩图

右颈干、右锁骨下干、右支气管纵隔干注入右淋巴导管，其余6条淋巴干注入胸导管。两条淋巴导管分别注入左、右静脉角。

胸导管是全身最大的淋巴管，长30～40 cm，直径为3 mm，管腔内瓣膜较少，收纳相当于全身3/4区域的淋巴。胸导管起始于膨大乳糜池，位于第1腰椎前方，由左、右腰干和肠干汇成。胸导管自乳糜池上行于脊柱前方，在主动脉后方穿经膈主动脉裂孔入胸腔，在食管后、脊柱前方继续上行，出胸廓上口达颈根部后，向前下汇入左静脉角，少数可注入左颈内静脉。在汇入静脉角处收纳左支气管纵隔干、左颈干和左锁骨下干。胸导管通过上述 6 条淋巴干和某些散在的淋巴管收集双下肢、盆部、腹部、左肺、左半心、左半胸壁、左上肢和头颈左半部的淋巴。

右淋巴导管为一短干，长 1~1.5 cm，管径为 2 mm，由右颈干、右锁骨下干和右支气管纵隔干汇合而成，注入右静脉角。右淋巴导管主要收纳右半头颈、右上肢、右肺、右半心、胸壁右半部的淋巴，即相当于全身 1/4 区域的淋巴。

二、淋巴组织

淋巴组织又称免疫组织，以网状结缔组织为基础，网孔中充满大量的淋巴细胞、巨噬细胞和浆细胞等。淋巴组织的重要生理特性体现在淋巴细胞上，淋巴细胞具有特异性、转化性、记忆性，以此保持淋巴组织的正常形态和动态生理活动。

淋巴组织主要有两种形态，即弥散淋巴组织和淋巴小结。

（一）弥散淋巴组织（图 3-3-3）

弥散淋巴组织无固定形态，以网状细胞和网状纤维形成支架，网孔中分布有大量松散的淋巴细胞，除 B 淋巴细胞、T 淋巴细胞外，还有肥大

淋巴结彩图

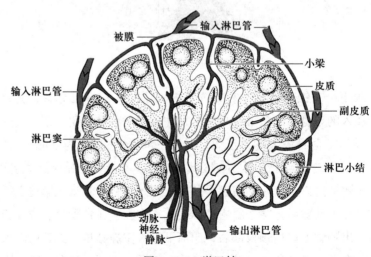

图 3-3-3 淋巴结

细胞、浆细胞和巨噬细胞等。弥散淋巴组织与周围的结缔组织无明显分界，受抗原刺激可出现淋巴小结。

（二）淋巴小结

淋巴小结又称淋巴滤泡，呈圆形或椭圆形，小结形态明显，境界清晰。淋巴小结内 B 淋巴细胞较多，T 淋巴细胞和巨噬细胞量比较少。淋巴小结有初级淋巴小结和次级淋巴小结两种类型。初级淋巴小结见于未受刺激的淋巴小结，分布均匀密集，体积较小；次级淋巴小结中央常见细胞分裂象，产生淋巴细胞，故称生发中心，当受到抗原刺激时，生发中心迅速增大，并有大量巨噬细胞聚集。抗原刺激与否及抗原刺激程度均可影响到淋巴小结出现的数量和形态结构，故淋巴小结是反映体液免疫应答的重要形态学标志。

三、淋巴器官

淋巴器官包括淋巴结、扁桃体、脾和胸腺等。淋巴器官和淋巴组织可繁殖增生淋巴细胞、过滤淋巴液和参与机体的免疫过程。

（一）淋巴结

淋巴结是淋巴管向心行程中不断经过的淋巴器官，为大小不等的灰红色的扁圆形或椭圆形小体，直径为 2~25 mm（图 3-3-3）。其隆凸侧有数条输入淋巴管进入，其凹陷侧称淋巴结门，有 1~2 条输出淋巴管及血管和神经出入。与凸侧面相连的淋巴管称为输入淋巴管，将淋巴注入淋巴结；与凹面相连的淋巴管将经淋巴结过滤后的淋巴运出，称为输出淋巴管。某一淋巴结的输出淋巴管可为向心侧另一个淋巴结的输入淋巴管。

淋巴结多聚集成群，以深筋膜为界可将淋巴结分为浅、深两种。浅淋巴结活体常易触及，四肢的淋巴结多位于关节屈侧或肌肉围成的沟、窝内，内脏的淋巴结多位于脏器的门附近或腹、盆部血管分支周围。淋巴结的主要功能是滤过淋巴液，产生淋巴细胞和浆细胞，参与机体的免疫反应。

（二）扁桃体

扁桃体位于消化道和呼吸道的交汇处，包括腭扁桃体、咽扁桃体和舌扁桃体。此处的黏膜内含有大量淋巴组织，是经常接触抗原引起局部免疫应答的部位。

腭扁桃体呈卵圆形，黏膜一侧表面覆有复层扁平上皮，上皮向固有层内陷入形成有 10~30 个分支的隐窝。隐窝周围的固有层内有大量弥散淋巴组织及淋巴小结，它们的数量及发育程度与抗原刺激密切相关。

咽扁桃体又称腺样体，位于咽的后壁，无隐窝。黏膜形成一些纵行皱襞，固有层内有许多淋巴组织，上皮内也常见淋巴细胞浸润。

舌扁桃体位于舌根和咽前壁，有一些较浅的隐窝。上皮内有淋巴细胞浸润部，固有层内含有一些淋巴小结和弥散的淋巴组织。

（三）胸腺

胸腺位于胸骨柄后方，属中枢淋巴器官，兼有内分泌功能。

胸腺一般分为不对称的左、右两叶，两者借结缔组织相连。新生儿和幼儿的胸腺相对较大，重 10~15 g；性成熟后最大，重达 25~40 g，此后逐渐萎缩、退化，成人胸腺常被结缔组织所代替。

胸腺与机体建立完善的免疫功能密切相关。骨髓产生的淋巴干细胞不具有免疫功能，这些细胞经血循环入胸腺，在胸腺复杂的微环境中，淋巴干细胞被培育、增殖、转化成具有免疫活性的 T 淋巴细胞，然后再经血液转入淋巴结和脾，在这些部位增殖并参与机体的免疫反应。

（四）脾

脾是重要的淋巴器官，位于左季肋区，胃左侧与膈之间（图 3-3-4）。

脾呈扁椭圆形，分为内、外两面，上、下两缘，前、后两端。内面凹陷与胃底、左肾、左肾上腺、胰尾和结肠左曲为邻，称为脏面。脏面近中央处有一条沟，是神经、血管出入之处，称脾门。外面平滑而隆凸与膈相对，称为膈面。脾的位置可因体位、呼吸及胃的充盈程度而有所变化，平卧比站立时高约 2.5 cm。脾色暗红，质脆易破，左季肋区受暴力时，常导致脾破裂。

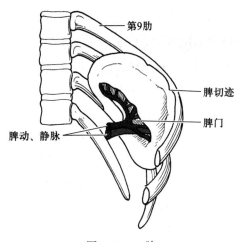

第9肋

脾切迹

脾门

脾动、静脉

图 3-3-4　脾

脾彩图

　　脾在胚胎时期是一个重要的造血器官，出生后能产生淋巴细胞和单核细胞。脾内的巨噬细胞能将衰老的红细胞、血小板、退化的白细胞和细菌、异物吞噬。脾还可储存一定量的血液，在机体剧烈运动或突然失血时，脾的平滑肌收缩可放出储存血液，以补充机体的需要。

四、运动对淋巴系统的影响

（一）适宜运动对淋巴系统的影响
　　淋巴细胞是主要的免疫细胞，在免疫系统中发挥非常重要的作用。长期的有氧运动和适量的运动有利于增强机体的免疫力，可以降低上呼吸道感染的机会和严重程度，有益于机体健康。
　　流行病调查显示，运动可以改善机体的免疫功能，增加 T 淋巴细胞、B 淋巴细胞的数目和功能。长期适度运动可使淋巴细胞反复暴露在对其起抑制作用的激素中，淋巴细胞表面激素受体数及敏感性下降，使淋巴细胞对激素的抑制作用不敏感，表现为机体的免疫功能的增强。

（二）不适宜运动对淋巴系统的影响
　　长时间的耐力运动或长期的强化性训练可抑制机体的免疫功能，表现为循环血中淋巴细胞数下降、增殖能力及活性降低和淋巴细胞亚型改变等。

　　运动使 T 淋巴细胞功能受到抑制，其抑制程度受运动强度和持续时间的影响。运动强度越大，持续时间越长，抑制的程度就越高。长时间大强度运动可引起 NK 细胞计数及 NK 细胞功能的下降，这种现象与运动强度和运动持续时间关系密切。过度训练后机体免疫系统机能抑制的机制表现在神经内分泌免疫调节功能的紊乱、免疫抑制细胞的激活和免疫抑制因子的产生三个方面。过度训练后机体反应是一种典型的病理性应激反应，认为过度训练后 T 细胞激活，以控制运动后因自身抗原暴露或释放所造成的自身免疫损害；但 T 细胞过度激活，却影响了其他亚型 T 细胞、NK细胞和巨噬细胞的功能，结果导致训练后免疫抑制。

　　此外，激烈运动或过度训练，还可使运动员出现运动性免疫功能低下，导致对疾病的抵抗力减弱，上呼吸道感染的发生率增高。

思考题

　　1. 试述心脏的位置与外形。

　　2. 试述心脏的形态结构。

　　3. 试述心脏的传导系统。

　　4. 试述动脉和静脉的分布规律。

　　5. 试述体循环动脉血管和静脉血管的分布特点。

　　6. 试述体育运动对心血管系统器官和淋巴系统器官的影响。

　　7. 结合体育运动实践，思考上肢和下肢的血液循环途径。

　　8. 结合体育运动实践，思考氧气和二氧化碳在体内的运输途径。

　　9. 结合体育运动实践，思考营养物质或药物在体内的运输途径。

第四章

感觉器官

4

▶ **本章导读**

感觉器官是机体感知和认知事物的首要器官，由感受器和辅助装置两部分构成。感受器的两大功能即接受刺激并转变为神经冲动；而辅助装置是辅佐感受器完成其功能。本章从感受器的定义、分类谈起，重点从视器、位听器的定义、功能入手，并进而从眼、耳的基本结构和神经传导通路来阐述它们的作用。

▶ **学习目标**

使学生对感觉器官的组成与功能有更加全面系统的认识，了解眼副器的组成与功能，掌握感觉器官的组成与分类、眼球的结构组成、耳的结构组成及各部分功能、内耳骨迷路和膜迷路的组成与功能、人体皮肤的构造及皮肤的功能、人体本体感受器的结构与功能，使学生能够运用人体感觉器官的知识，分析和解决体育运动实践中的问题，以更好地指导体育运动实践。

第一节　总　论

感觉器是机体感受刺激的装置，它由感受器及其附属器官构成。感受器是指分布在体表或组织内部的一些专门感受刺激的结构或装置。感受器的功能是接受相应刺激后，将其转变为神经冲动。感受器广泛分布于身体各处。根据感受器所在的部位和接受刺激的来源将其分为三类。

（1）外感受器。它分布在皮肤、黏膜处，接受来自外界环境的直接刺激，如触、压、痛、温度等物理和化学刺激。

（2）内感受器。它分布在内脏和心血管等处，接受来自体内的压力、渗透压、温度、离子及化合物浓度等物理或化学的刺激。如颈动脉窦、颈动脉小球、味蕾等。

（3）本体感受器。它分布在肌腹、肌腱、关节、韧带和内耳的位觉器等处，接受机体运动和平衡变化时产生的刺激。

感觉器官是指感受器与其附属装置共同构成的器官，如眼、耳、鼻等。

第二节　视器——眼

视器由眼球和眼副器两部分组成。眼的感受器是视网膜上的视锥细胞和视杆细胞，适宜刺激是可见光。眼球的功能是接受光波刺激，将光刺激转变为神经冲动，通过视神经传入到大脑皮层视觉中枢，产生视觉。

一、眼球

眼球是视器的主要部分，位于眼眶内，呈前部稍凸的球形，前面有眼睑保护，周围借筋膜与眶壁相连，后端有视神经连于间脑，周围有眼副器。

眼球由眼球壁和眼球内容物两部分组成（图 4-2-1，图 4-2-2）。

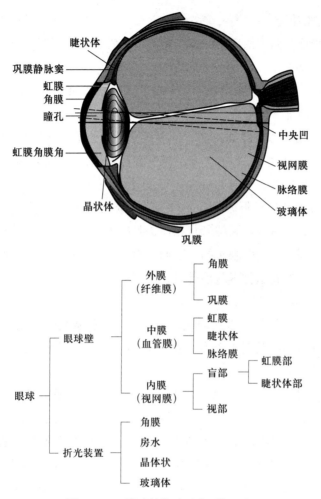

图 4-2-1 眼球的构造（水平切面）

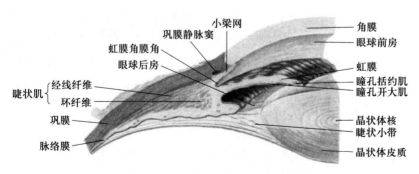

图 4-2-2 眼球水平切面图（局部放大）

（一）眼球壁

眼球壁从外向内依次为眼球纤维膜、血管膜和视网膜三层。

1. 纤维膜

纤维膜主要由致密结缔组织构成，具有支持和保护的作用。可分为角膜和巩膜两部分。

（1）角膜。位于眼球正前方，占纤维膜的前 1/6，坚韧而透明，有折光作用。角膜无血管，但有丰富的感觉神经末梢，因而感觉灵敏。营养来源于角膜周缘血管、泪液和房水。

（2）巩膜。位于眼球后方，约占纤维膜的后 5/6，成人呈不透明乳白色，厚而坚韧，有维持眼球形状和保护眼球内部组织的作用。巩膜前接角膜，后方与视神经的鞘膜延续，表面有眼肌附着。在巩膜与角膜交界处的深面有一环行的管道称巩膜静脉窦，是房水的流出通道（图 4-2-1）。

2. 血管膜

血管膜由疏松结缔组织构成，含有丰富的色素细胞、血管丛和神经，具有营养球内组织及遮光作用。血管膜由前向后分别为虹膜、睫状体和脉络膜三部分。

（1）虹膜。位于血管膜的前部，角膜的后方，呈圆盘状，中央的圆孔称瞳孔。在虹膜内，位于瞳孔周围有呈环行排列的平滑肌纤维称瞳孔括约肌，受副交感神经支配，在强光下或看近处物体时收缩，使瞳孔缩小。在瞳孔括约肌的外侧有呈放射状排列的平滑肌纤维，称瞳孔开大肌，受交感神经支配，在弱光下或看远处物体时收缩，使瞳孔开大。虹膜的颜色有人种差异。

（2）睫状体。位于巩膜和角膜移行部的内面，前缘与虹膜相连，后缘连接脉络膜，是血管膜中最肥厚部分。睫状体内有纵行、放射状和环行排列的平滑肌纤维，称睫状肌，受副交感神经支配。视近处物体时，睫状肌收缩，睫状小带松弛，晶状体周缘受的牵拉力减弱，使晶状体凸度增加。相反，视远处物体时，睫状肌松弛，睫状小带拉紧，晶状体周缘受的牵拉力增加，使晶状体凸度减小。

（3）脉络膜。位于巩膜和视网膜之间，占血管膜后部 2/3，富含血管和色素细胞，主要功能是营养眼球和遮光。

3. 视网膜

视网膜位于眼球壁的最内层，由前向后分别为虹膜部、睫状体部和视部（图4-2-3）。虹膜部和睫状体部不具有感光功能，仅视部具有感光功能。视网膜后端有视神经穿出，该处呈圆盘状隆起，称视神经盘，此处无感光细胞，为生理盲点。在视神经盘的颞侧有一浅黄色的小区称黄斑，黄斑的中心部凹陷，称中央凹，此处无血管，一个视锥细胞和一个双极细胞形成突触，是感光最敏锐处。

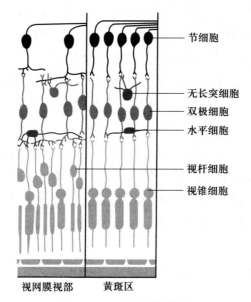

节细胞

无长突细胞
双极细胞
水平细胞

视杆细胞
视锥细胞

视网膜视部　　黄斑区

图4-2-3　视网膜的结构

视网膜的结构彩图

视网膜视部分为两层。外层为色素上皮层，由大量的单层色素上皮细胞构成；内层为神经层，是视网膜的固有结构。自外向内依次为：色素上皮细胞、视细胞、双极细胞和节细胞。视锥细胞主要感受强光，分辨颜色，视物精确性高故又称明视觉。而视杆细胞感受弱光，无颜色觉，视物精确性低，又称暗视觉。维生素A缺乏时易患夜盲症。

（二）眼球的内容物

眼球的内容物包括房水、晶状体和玻璃体。这些结构透明无血管，具有屈光作用。它们与角膜合称为眼的屈光装置。

（1）房水。房水为无色透明液体，充满于眼房内。房水由睫状体产生，进入眼后房经瞳孔到眼前房，大部分由虹膜与角膜角处渗入巩膜静脉窦，汇入眼静脉。房水除有折光作用外，房水循环对角膜、晶状体、玻璃体和视网膜有输送营养和排出代谢废物的作用，房水还能维持眼球内的一定压力。如果房水循环发生障碍，房水聚集过多使眼压升高，将会影响视力，临床上称青光眼。

（2）晶状体。晶状体位于虹膜和瞳孔的后方，玻璃体的前方，借睫状小带与睫状体相连。是直径约 10 mm 呈双凸透镜状的透明体。前面较平坦，后面的曲度较大，无血管和神经分布。若晶状纤维因疾病或创伤发生变性混浊，变成白色，造成透光障碍，称为白内障。晶状体富有弹性，可依据视物的远近，相应地舒缩，改变晶状体的凸度，调节光线聚焦在视网膜上成像。如果光线聚焦在视网膜前或视网膜后，则造成视物不清，导致远视或近视。

（3）玻璃体。玻璃体是无色透明的胶状体，填充在晶状体和视网膜之间，约占眼球内空腔的 4/5。除有折光作用外，还有保持视网膜的方位、维持眼球形态的作用。如果玻璃体发生混浊，阻碍光线的射入，将影响视力。如果支撑作用减弱，易引起视网膜剥离。

二、眼副器

眼副器包括眼睑、结膜、泪器、眼球外肌、眶脂体和眶筋膜等，对眼球起保护、运动和支持的作用。

（一）眼睑

眼睑位于眼球前方，分上睑、下睑。睑板由致密结缔组织构成，上下各一。上、下睑之间的裂隙为睑裂。睑裂的内外端形成的夹角分别为内眦和外眦；内眦的上、下眼睑缘各有一小孔，为泪点，是泪小管的开口。眼睑的游离缘为睑缘，附着睫毛，睫毛根部有睫毛腺，具有防止异物进入眼内、减弱强光照射和避免角膜干燥的作用；睫毛腺的急性炎症称睑腺炎，为眼科常见病。眼睑由浅入深依次为皮肤、皮下组织、肌层、睑板及睑结膜五层。眼睑的皮肤薄而柔软，皮下组织疏松，脂肪很少或无，可因出血或积水而肿胀。肌层主要是眼轮匝肌，该肌收缩可使睑裂关闭。在上睑还另有提上睑肌，受动眼神经支配，收缩时可提上睑。

（二）结膜

结膜是光滑、透明而富有血管的薄层黏膜，分为衬在眼睑内面的睑结膜、衬在眼球表面的球结膜以及睑结膜和球结膜在穹隆部互相移行处的结膜穹窿。睑结膜和球结膜之间的腔隙为结膜腔。结膜富有大量黏液细胞，分泌黏液，润滑眼球，以减少结膜之间及结膜与角膜的摩擦。

（三）泪器

泪器由泪腺和泪道组成（图4-2-4）。泪腺位于眼眶内上壁外侧的泪腺窝内。分泌的泪液经10~20条泪腺管排至结膜腔，借眨眼涂抹于眼球表面，有湿润和清洁眼球的作用，因泪液含有溶菌酶，具有灭菌作用。多余的泪液流向内眦，到泪点，经泪小管汇入位于眼眶内侧壁泪囊窝内的泪囊，再经鼻泪管排入下鼻道，因此，泪道包括泪点、泪小管、泪囊和鼻泪管。

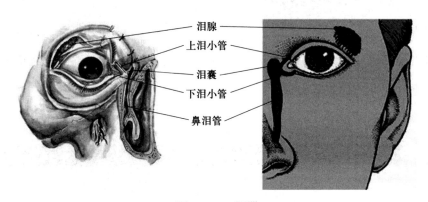

泪腺
上泪小管
泪囊
下泪小管
鼻泪管

泪器彩图

图4-2-4 泪器

（四）眼球外肌

眼球外肌是视器的运动装置。包括运动眼球的4块直肌，2条斜肌和运动眼睑的上睑提肌（图4-2-5）。4条直肌即上直肌、下直肌、内直肌和外直肌，共同起自视神经孔周围的总腱环，向前至眼球中纬线的前方，分别止于巩膜的上、下、内、外侧。当其分别收缩时，能使眼球向上、向下、向内、向外转动。2条斜肌即上斜肌和下斜肌，收缩时，分别使瞳孔转向下外方和上外方。运动眼睑的肌肉为上睑提肌，它由动眼神经支配，收缩时，可上提上睑，开大眼裂。

眼球外肌彩图

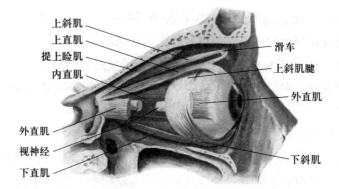

上斜肌
上直肌
提上睑肌
内直肌

滑车
上斜肌腱
外直肌

外直肌
视神经
下直肌

下斜肌

图4-2-5　眼球外肌

三、物像的形成与视觉传导通路（简介）

当你注视外界的一个目标时，外界物体反射的光线必须依次通过眼球的角膜、房水、晶状体和玻璃体的折射聚焦于视网膜上而成像（视觉传导通路见神经系统）。

第三节　位听器——耳

位听器（或称前庭蜗器）俗称耳，按其位置分为外耳、中耳、内耳三部分。外耳和中耳是声波的收集和传导装置，内耳接受声波和位觉的刺激。听觉感受器和位觉感受器位于内耳。

一、外耳

外耳包括耳廓、外耳道和鼓膜三部分。有收集和传导声波的作用（图 4-3-1）。

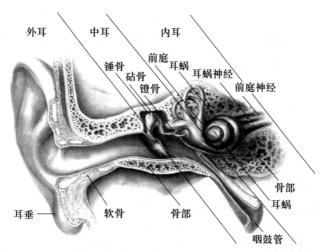

图 4-3-1 前庭蜗器全况模式图

前庭蜗器全况模式图彩图

耳廓位于头部两侧，形似漏斗状，由弹性软骨作支架，表面覆以皮肤构成。耳廓下端是耳垂，此处没有软骨，是常见的采血部位。

（一）外耳道

外耳道是外耳门至鼓膜之间的弯曲管道，长 2.0~2.5 cm。外 1/3 段是以软骨为支架的软骨部，内 2/3 段是以颞骨为基础的骨部。外耳道的内表面覆以皮肤，皮肤生有细毛，内有皮脂腺、耵聍腺。耵聍腺分泌耵聍，耵聍除有润滑皮肤的作用外，还和耳毛一起防止异物或小虫进入外耳道深部，有保护鼓膜的作用。

（二）鼓膜

鼓膜是外耳道与鼓室之间椭圆形半透明的纤维组织薄膜，直径约 10 mm，厚约 0.1 mm。鼓膜周围固定在颞骨上，中心逐渐向内凹陷，与锤骨相连，为鼓膜脐，具有光泽和较强的韧性。鼓膜除了分隔外耳和中耳外，还具有传导声波的作用。鼓膜具有一定的再生能力。

二、中耳

中耳位于外耳和内耳之间，向外借鼓膜与外耳道相隔，向内与内耳相毗邻，向前借咽鼓管通向鼻咽部，由鼓室、咽鼓管、乳突窦和乳突小房构成。中耳是传导声波的主要部分。

（一）鼓室

鼓室是位于颞骨岩部内不规则的含气小腔，表面覆以黏膜，内有听小骨、韧带、肌肉、血管和神经。

鼓室一般分为 6 个壁。外侧壁为鼓膜；内侧壁即内耳的外壁，称迷路壁，壁的后上方有椭圆形的前庭窗或卵圆窗，由镫骨底所封闭，壁的后下方有圆形的蜗窗或圆窗，由第 2 鼓膜封闭；前壁有咽鼓管的开口；后壁有乳突小房的开口；上壁以薄的骨板与颅中窝相邻；下壁以薄的骨板与颈内静脉相邻。

鼓室内有 3 块听小骨，由外向内依次为锤骨、砧骨和镫骨（图 4-3-2）。锤骨柄附于鼓膜内面，镫骨底借韧带连结于前庭窗的周缘，封闭前庭窗。3 块听小骨彼此以关节相连，称为听骨链。当声波引起鼓膜振动时，听骨链也随之运动，使镫骨底在前庭窗上产生振动，再将声波的振动传入内耳。

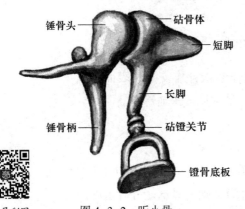

锤骨头 —— 砧骨体
—— 短脚
—— 长脚
锤骨柄 —— 砧镫关节
—— 镫骨底板

听小骨彩图

图 4-3-2　听小骨

鼓室内有两块小肌肉：鼓膜张肌和镫骨肌。鼓膜张肌收缩时，能紧张鼓膜；镫骨肌收缩时，能牵拉镫骨稍离开前庭窗，调节迷路内声波的压力使其不致过高，解除鼓膜紧张状态，起保护作用。

（二）咽鼓管

咽鼓管是连通鼻咽和鼓室之间的管道。咽鼓管咽口平时关闭，当人吞咽或打呵欠时，管道被动开放，使空气经咽鼓管进入鼓室，维持鼓膜内外气压的平衡，保证鼓膜的正常振动，并引流鼓室内的分泌物。

（三）乳突窦和乳突小房

乳突窦位于鼓室上隐窝的后方，开口于前方的鼓室后壁上部，向后下与乳突小房相连，是颞骨乳突内的蜂窝状的含气小腔，开口于鼓室，腔内衬的黏膜与鼓室内的黏膜相连接。具有吸收声波和降低鼓室内压力的作用，可缓解强声或噪音对内耳感受器的损害。当鼓室发炎（中耳炎）时，炎症可蔓延至乳突小房（乳突炎）。

三、内耳

内耳位于颞骨岩部的骨质内，在鼓室内侧壁和内耳道底之间，分为骨迷路和膜迷路两部分。骨迷路是颞骨岩部内的骨性小腔和小管，膜迷路是位于骨迷路内、形态与骨迷路相似的膜性小囊和小管。膜迷路内含有的水样液体称内淋巴，骨迷路和膜迷路之间的水样液体称外淋巴。内、外淋巴互不相通。淋巴有营养内耳和传导声波的作用。

（一）骨迷路

骨迷路由三部分组成，沿着颞骨岩部的纵轴由前内向后外依次为耳蜗、前庭和骨半规管（图4-3-3）。

1. 耳蜗

位于前庭前方，形似蜗牛壳，由骨质的蜗螺旋管绕蜗轴盘旋约两圈半形成。基底朝向内称蜗底，蜗神经从此穿出。尖端朝向外称蜗顶。螺旋板的基部有蜗轴螺旋管，内藏蜗神经节。将耳蜗自蜗顶至蜗底做一断面，可见从蜗轴发出极薄的骨螺旋板伸入蜗螺旋管中（图4-3-4）。骨螺旋板与蜗螺旋管外壁之间由螺旋膜补充。

骨迷路彩图

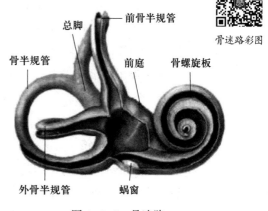

图 4-3-3 骨迷路

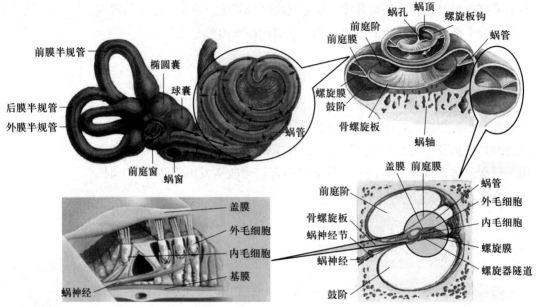

耳蜗内部结构图
彩图

图 4-3-4　耳蜗内部结构图

2. 前庭

是位于耳蜗和骨半规管之间椭圆形的小腔。前庭的外侧壁即鼓室的内侧壁上方有前庭窗，下方有蜗窗。内侧壁是内耳的底，有前庭神经穿出。后上方有 5 个小孔与 3 个骨半规管相通。前方有一比较大的孔连通耳蜗。

3. 骨半规管

是 3 个互相垂直排列的，各自呈半圆形的弯曲小管。按其位置分为前骨半规管、后骨半规管和外骨半规管。每个骨半规管有两个骨脚连于前庭，一端开口处不膨大，为单骨脚；另一端开口处称壶腹骨脚，脚上的膨大部为骨壶腹。前骨半规管和后骨半规管的单骨脚合并成一个总骨脚。因此，3 个骨半规管只有 5 个孔开口于前庭。

（二）膜迷路

膜迷路位于骨迷路内，是上皮和结缔组织构成的膜管性结构。膜迷路包括蜗迷路和前庭迷路两部分。蜗迷路即蜗管；前庭迷路包括椭圆囊、球囊和膜半规管。膜迷路各部之间互相交通，腔内充满内淋巴（图 4-3-4）。

1. 蜗管

是套在蜗螺旋管内的膜性细管，内含内淋巴。蜗顶处的蜗管是盲端，底部借连合管与球囊相通。蜗管的横切面呈三角形。内角连于骨螺旋板缘，上壁以前庭膜为界与前庭阶相隔；下壁以基底膜（螺旋膜）为界与鼓阶相隔；外侧壁是螺旋管增厚的骨膜。基底膜是骨螺旋板的游离缘延续至外侧壁的结缔组织膜。在基底膜上有部分上皮突起，为螺旋器，是听觉感受器。

2. 椭圆囊和球囊

位于前庭内，是膜迷路的中间部分。椭圆囊较大，呈椭圆形，有 5 个开口与膜半规管相通。球囊呈较小的圆球形，除了有连合管与蜗管相通外，还借助于小管与椭圆囊相通。在椭圆囊和球囊的囊壁上，各有一处局部的黏膜增厚，呈白色，向腔内突出，分别称为椭圆囊斑和球囊斑。椭圆囊斑和球囊斑是位觉感受器，可感受头部静止的位置及直线加速或减速运动引起的刺激，产生头部空间位置变动感觉和直线变速运动感觉。

3. 膜半规管

是位于相应的骨半规管内的膜性细管，形态与骨半规管相似，在骨壶腹内有相应膨大的膜壶腹。在三个膜壶腹的壁上各有隆起的壶腹嵴。壶腹嵴是位觉感受器，能感受头部旋转运动变化（加速度），产生旋转运动感觉。

四、声波传导

声波在耳内的传导

声音的传导：分为空气传导和骨传导两条路径。正常情况下以空气传导为主。

1. 空气传导

声波经外耳道振动鼓膜，然后经听骨链的机械振动传递至镫骨底作用于前庭窗，激起前庭阶外淋巴的波动，通过蜗孔，鼓阶的外淋巴也随之波动，波动到达蜗窗后，由于第二鼓膜的振动，缓冲了淋巴波动。外淋巴的波动继而引起蜗管中内淋巴的波动和螺旋膜的振动，使螺旋器的毛细胞受到刺激而兴奋，引起蜗神经末梢的冲动，冲动经听觉传导路传入大脑皮质的听觉中枢，产生听觉。

2. 骨传导

指声波经颅骨（骨迷路）进入内耳的过程。声波的冲击和骨膜的振动可经颅骨和骨迷路传入，使内耳内的外淋巴和内淋巴波动，刺激基底膜上的螺旋器产生神经兴奋，引起较弱的听觉。

临床上将由外耳和中耳疾患引起的耳聋称为传导性耳聋。此时骨传导可发挥部分代偿功能，因而不会出现完全性耳聋。然而，由内耳、蜗神经、听觉通路及听觉中枢的疾患引起的耳聋，为神经性耳聋。此时空气传导和骨传导途径虽然正常，但均不能引起听觉，临床上称之为完全性耳聋。

五、前庭反应

前庭器官受到刺激后引起兴奋除了能产生一定的位置觉和运动觉外，还能引起骨骼肌及内脏功能的改变。

（一）前庭器官的姿势反射

当机体变速运动和旋转运动时，可通过前庭器官反射性引起颈部和四肢肌紧张，以对抗发动这些反射的刺激，维持一定的姿势平衡。

（二）前庭器官的植物性反射（晕车晕船病）

前庭器官受过强或过久的刺激引起一系列自主神经功能反应，如恶心、呕吐、眩晕、皮肤苍白、心率加快、血压下降等现象。

（三）眼震颤

由于半规管受到刺激反射性引起眼外肌活动而造成的眼球反复移动。

第四节 皮　　肤

皮肤覆盖于人体表面，柔软而富有弹性。成人皮肤的总面积约为 1.7 m^2。厚度在身体各部位有所不同，眼睑和腋窝等处的皮肤最薄，足底和手掌等处的皮肤最厚。皮肤是一个多功能的器官：① 感觉功能：皮肤内存在极为丰富的感觉神经末梢，能够分别感受压觉、振动觉、冷觉和温觉。② 保护功能：皮肤是人体的保护屏障，具有防止体液外渗，防御微生物入侵及阻止各种物理、化学刺激对身体侵害的作用。在表皮内色素细胞所产生的黑色素有保护人体不受过多紫外线损害的作用。③ 排泄和分泌功能：皮肤表面有汗腺的开口，可在排出汗液的同时排泄废物并调节体温。

一、皮肤的构造

皮肤由表皮和真皮组成。两层紧密结合，其深面为连接皮肤与肌肉的皮下组织或称皮下脂肪、浅筋膜（图 4-4-1）。

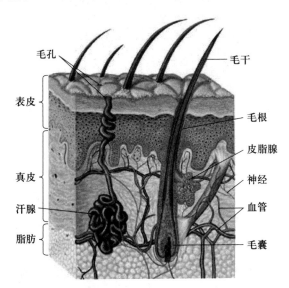

皮肤的构成彩图

图 4-4-1　皮肤的构成

（一）表皮

表皮位于皮肤的表层，由复层扁平上皮构成，无血管分布。根据角质形成细胞的分化和成熟的不同阶段可分为五层，由深到浅依次为基底层、棘层、颗粒层、透明层和角质层。基底层是一层矮柱状细胞，能不断地分裂，产生新的细胞，并逐渐向浅层推移，以补充不断脱落的浅层角质层细胞。基底层中还有色素细胞，能产生黑色素，可防止紫外线的透入，具有保护体内组织的作用。角质层是表皮的最浅层，由多层扁平的角质细胞构成。这是一层完全角化的死细胞，不断地脱落形成皮屑，由深层的细胞不断地补充。

（二）真皮

真皮位于表皮的深层，与皮下组织之间无明显界限，由致密结缔组织构成。根据其形态结构分为浅层的乳头层和深层的网状层。乳头层与表皮的基底层相接，相接处真皮乳头突向表皮，在乳头内有丰富的血管网、淋巴网和感觉神经末梢。网状层位于乳头层深层，两层之间无明显的界限。网状层内有丰富的胶原纤维和弹性纤维，互相交错呈网状，使皮肤具有韧性和弹性。网状层内有血管、淋巴管、神经末梢、汗腺、毛囊、皮脂腺等。

二、皮肤的附属器

皮肤的附属器有毛发、皮脂腺、汗腺和指（趾）甲等，均由表皮衍生而来。

（一）毛发

毛发分布于除手掌、足底等少数部位以外的全身体表。毛根末端膨大，称毛球，该处细胞具有较强的分裂和增殖能力，是毛发的生发点。毛球的底端向内凹陷，有结缔组织突入，称毛乳头，内有丰富的血管供给毛发营养。毛根外裹有毛囊，开口于皮肤表面。在真皮内毛根旁有一斜行的平滑肌束称立毛肌。立毛肌的一端附着于毛囊，另一端止于真皮乳头的浅层。立毛肌受交感神经支配。立毛肌收缩时，毛发竖立，皮肤呈鸡皮疙瘩样。

（二）皮脂腺

皮脂腺位于真皮内毛囊和立毛肌之间，是一种泡状腺。腺细胞的细胞质内充满脂滴，分泌皮脂，导管开口于毛囊。皮脂除有润泽皮肤和毛发的功能外，皮脂中的脂肪酸还有杀菌的作用，立毛肌收缩时有挤压皮脂腺、帮助排出皮脂的作用。

（三）汗腺

汗腺是弯曲的管状腺，分泌部位于真皮和皮下组织内，盘曲呈圆球状，导管部通过表皮，开口于体表的汗孔。汗腺分大汗腺和小汗腺两种，小汗腺几乎遍布于全身，大汗腺分布在腋窝、乳晕、外阴、肛门等处。汗腺分泌汗液，除了排泄水、电解质和代谢产物外，还有湿润皮肤、调节体温的作用。

（四）指（趾）甲

指（趾）甲是由牢固地生长在指（趾）末端背面上的角质板（甲板）及周围组织组成。平时可见的部分称甲体，甲板近侧埋在皮下的部分称甲根，甲板下面的附着部皮肤称甲床，甲体周围皮肤隆起如嵴，为甲襞。甲襞皮肤内的微血管排列呈袢状，在显微镜下可以直接观察微循环的情况。

第五节　本体感受器

本体感受器是指位于骨骼肌、肌腱、关节囊和韧带内的一些感受器，能感受骨骼肌、肌腱和韧带在运动中因拉伸而造成的压力、张力变化，并将这些变化的刺激转换为神经冲动，经传入中枢神经系统，使人体感受到身体在空间的位置、姿势和运动的变化等，这对运动中人体精细的感知分析和准确地调节具有重要的意义。

一、肌梭

肌梭分布于全身骨骼肌中（图4-5-1），但四肢肌中的肌梭比躯干肌中多，尤其在手肌、足肌内的肌梭特别多。肌梭的表面被结缔组织的被囊所包裹，囊内有6~14条较细小特殊分化了的骨骼肌纤维，为梭内纤维；而肌梭外的骨骼肌纤维为梭外纤维。当肌肉受牵拉或主动收缩时，梭内肌纤维的长度发生变化，梭内的感觉神经末梢均受刺激，并将神经冲动传入中枢产生本体感觉，反射性地引起被牵拉的肌肉收缩。

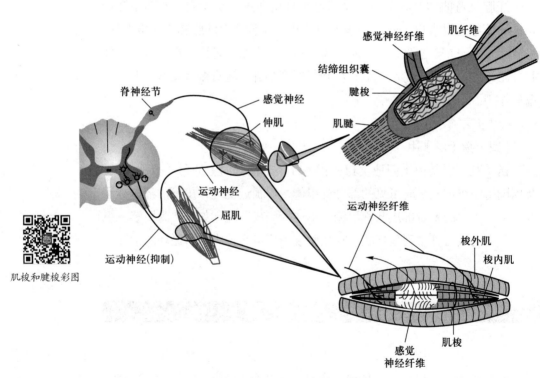

肌梭和腱梭彩图

图 4-5-1 肌梭和腱梭

肌梭内还有运动神经末梢，它来自脊髓前角的 γ 运动神经元，末梢分布于梭内肌纤维的两端。

二、腱梭

　　腱梭分布在肌腹与肌腱的连接处，长轴与腱纤维的纵轴平行排列。腱梭表面也被结缔组织的被囊所包裹，囊内有数根腱纤维束，也有1~2条感觉神经纤维脱髓鞘后进入被囊，反复分支，末梢终止于梭内腱纤维束。当肌肉被拉伸或主动收缩时，腱梭内腱纤维张力发生变化，刺激感觉神经末梢产生冲动，传入中枢产生本体感觉，反射性地引起被牵拉的肌肉舒张。

思考题

　　1. 简述视器的构成。

　　2. 简述位听器的构成。

　　3. 近视、远视发生的主要原因是什么？如何矫正？

第五章

神经系统

▶ 本章导读

　　神经系统由位于颅腔内的脑、椎管内的脊髓及与脑和脊髓相连并遍布全身的周围神经组成，在人体各器官、系统居于主导地位。本章从神经系统的概述引入，主要介绍了中枢神经系统、周围神经系统和神经系统的传导通路等内容。其中，中枢神经系统包括脊髓和脑两部分，脑又分为脑干、小脑、间脑和端脑 4 部分；周围神经系统分为脊神经、脑神经和内脏神经系统；神经系统的传导通路包括感觉传导通路和运动传导通路。

▶ 学习目标

　　使学生掌握神经系统的区分，了解中枢神经系统和周围神经系统的组成，熟悉神经系统各主要传导通路。在掌握基本知识的基础上结合自身项目的特点了解运动对神经系统的影响。

第一节 总 论

　　神经系统由脑、脊髓以及附于脑和脊髓的周围神经组成。人类的神经系统特别是脑，不仅与各种感觉和运动行为有关，而且与复杂的高级活动，如情感、语言、学习、记忆、思考、音乐等诸多思维和意识行为有关，对机体起着主导作用（图 5-1-1）。其功能主要是：

　　控制、调节其他系统的机能活动，实现有机体内部统一，如：在体育运动中，肌肉收缩与放松交替进行的同时，出现呼吸加深加快、心跳加速等各系统的机能变化，都是神经系统调控的结果。

　　提高机体对外环境的适应能力，维持机体与外环境间的统一，神经系统能感受内、外环境的变化，也能调节内环境和内、外环境的相互关系，使机体能及时作出适当的反应，以保证生命活动的正常进行。

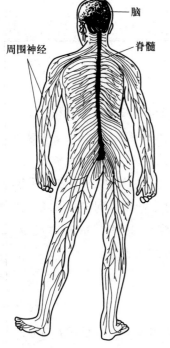

脑

周围神经   脊髓

图 5-1-1　神经系统概况

一、神经系统的区分

　　神经系统分为中枢神经系统（中枢部）和周围神经系统（周围部）两部分，中枢神经系统包括脑和脊髓，分别位于颅腔和椎管内。周围神经系统是指与脑和脊髓相连的神经，与脑相连的部分称为脑神经，共 12 对；与脊髓相连的部分称为脊神经，共 31 对。在周围神经系统中，根据分布对象不同，又可分为躯体神经和内脏神经。躯体神经分布于体表、骨、关节和骨骼肌；内脏神经分布于内脏、心血管、平滑肌和腺体。躯体神经和内脏神经都需经脑神经或脊神经与中枢神经系统相连。通常将周围神经系统分为脑神经、脊神经和内脏神经三部分。

　　周围神经的感觉成分又称传入神经，将神经冲动由感受器传向中枢神经系统；运动成分又称传出神经，将神经冲动由中枢神经系统传向效应器。内脏运动神经支配不直接受人主观意志控制的平滑肌和心肌运动及腺体的分泌，故又称为自主神经系统或植物性神经系统，可分为交感神经和副交感神经两部分。

二、神经系统的组成

神经系统的基本组织是神经组织，由神经元和神经胶质细胞组成。

（一）神经元

神经元又称神经细胞，是神经系统结构和功能的基本单位，具有接受刺激、产生兴奋和传导神经冲动的作用。

神经元由胞体和突起两部分构成，突起又分为轴突和树突。根据突起的数目可将神经元分为假单极神经元、双极神经元和多极神经元。根据神经元的功能和传导方向可将其分为感觉神经元（传入神经元）、运动神经元（传出神经元）和联络神经元（中间神经元）。

神经纤维是由神经元较长的突起与包在其外面的神经胶质细胞共同构成的。根据神经胶质细胞是否形成髓鞘，将神经纤维分为有髓神经纤维和无髓神经纤维两类。

神经元之间或神经元与非神经细胞之间传递信息的部位称突触，是一种特化的细胞连接。

（二）神经胶质细胞

神经胶质细胞简称神经胶质，其突起无轴突、树突之分，是构成神经组织的另一类细胞，广泛分布于中枢和周围神经系统，数量是神经元的10倍以上，对神经元起支持、保护、营养和绝缘等作用。

三、神经系统常用术语

灰质在中枢部，神经元胞体及其树突集聚的部位，称为灰质，在新鲜标本中色泽灰暗（富含血管），如脊髓灰质。大、小脑灰质成层配布于表面，称为皮质。

白质在中枢部，神经纤维集聚的部位，因表面包被的髓鞘色泽白亮（富含类脂质）而得名，如脊髓白质。大、小脑白质被皮质包绕位于深部，称为髓质。

神经核在中枢部皮质以外，由形态和功能相似的神经元胞体聚集成团或柱，称为神经核。

神经节在周围部，神经元胞体集聚的部位，称为神经节。

纤维束在白质中，由许多起止、行程和功能基本相同的神经纤维集合成束，称为纤维束。

神经在周围部，由神经纤维集聚在一起，称为神经。

网状结构在中枢部，由灰质和白质混杂而成，其中神经纤维交织成网，灰质块散在其中。

四、神经系统的基本活动方式

神经系统活动的基本方式是反射。反射是指神经系统在调节机体的活动中，对内、外环境的刺激作出适宜的反应。完成反射活动的形态学基础是反射弧，由感受器、传入神经、中枢、传出神经和效应器构成（图 5-1-2）。

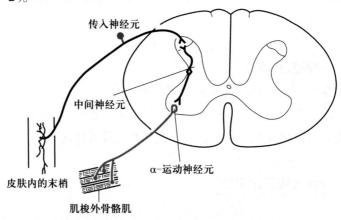

图 5-1-2　反射弧示意图

第二节 中枢神经系统

一、脊髓

脊髓与脑相比分化较低、功能较低级，保留着明显的节段性。在正常生理状况下，脊髓的活动主要是在脑的调控下完成的。

（一）位置和外形

脊髓位于椎管内，上端平枕骨大孔处与延髓相连，成人下端平第 1 腰椎体下缘，全长 42~45 cm。脊髓呈前、后稍扁的圆柱状，全长粗细不等，有两个膨大，即颈膨大和腰骶膨大，两个膨大的形成与四肢的出现有关。脊髓末端变细，称为脊髓圆锥，自此处向下延为细长的无神经组织的终丝（图 5-2-1）。

脊髓表面有 6 条纵沟，前方正中处一条较深的沟称前正中裂，后方正中处较浅的沟称后正中沟。前正中裂两侧有一对前外侧沟，后正中沟两侧有一对后外侧沟，分别有脊神经前、后根的根丝附着。

每对脊神经及其前、后根的根丝所附着范围的脊髓构成一个脊髓节段，共 31 个节段，包括 8 个颈节（C）、12 个胸节（T）、5 个腰节（L）、5 个骶节（S）和 1 个尾节（Co）。

脊神经前、后根汇合形成脊神经，经相应的椎间孔离开椎管。由于自胚胎第 4 个月起，脊柱的生长速度比脊髓快，因此脊髓比脊柱短，腰、骶、尾部的脊神经前后根在到达相应的椎间孔之前要在椎管内下行一段距离，形成马尾。临床上常选择第 3、4 或第 4、5 腰椎棘突之间进行穿刺或麻醉，以避免损伤脊髓（图 5-2-2）。

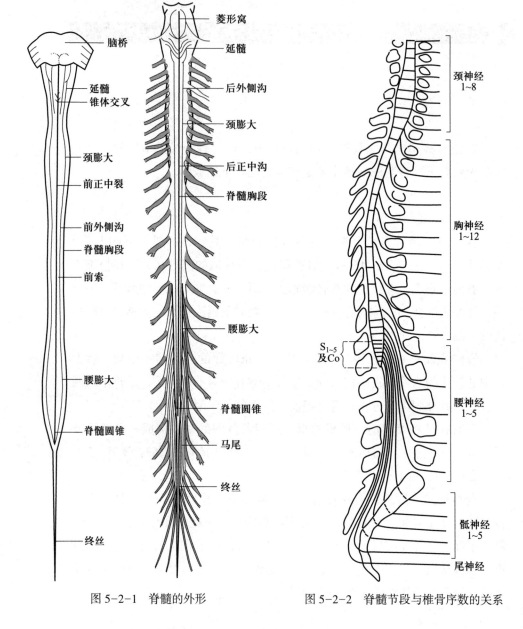

图 5-2-1　脊髓的外形　　　　　图 5-2-2　脊髓节段与椎骨序数的关系

（二）脊髓的内部结构

脊髓由白质和灰质两大部分构成。在脊髓的横切面上，可见中央有一细管称中央管，周围主要是呈"H"形的灰质，灰质的外周是白质。中央管纵贯脊髓全长，内含脑脊液，此管向上通延髓、脑桥的第 4 脑室，向下在脊髓圆锥内扩大成终室（图 5-2-3）。

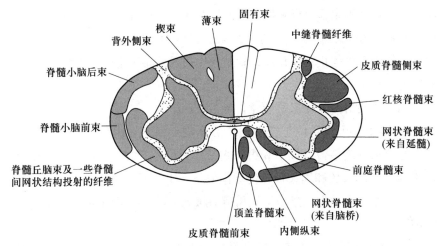

图 5-2-3 颈髓水平切面模式图

颈髓水平切面模式图彩图

1. 灰质

每侧的灰质前部扩大为前角，后部狭细为后角，前、后角之间的区域为中间带，在胸部和上部腰髓（$L_{1\sim3}$）节段，前、后角之间向外伸出侧角，是交感神经的低级中枢所在部位，在骶 2~4 节段的相应部位具有骶副交感核，是副交感神经的低级中枢。中央管前、后的灰质分别称为灰质前连合和灰质后连合，灰质前、后连合位于中央管周围，又称中央灰质。

（1）前角。前角是运动神经元的聚集处，其轴突出前外侧沟组成前根，构成脊神经的躯体运动成分。前角运动神经元可分为两类：大型细胞为 α-运动神经元，支配跨关节的梭外肌纤维，引起关节运动；小型细胞为 γ-运动神经元，支配梭内肌纤维，其作用与肌张力的调节有关。

（2）后角。后角是与感觉传导有关的中间神经元聚集处，主要接受由后根传入的躯体和内脏感觉冲动，其轴突组成脊髓白质内的某些感觉传导束和联系脊髓节段间的固有束。

2. 白质

白质借脊髓的纵沟分成三个索，前正中裂与前外侧沟之间为前索；

后外侧沟与后正中沟之间为后索；前、后外侧沟之间为外侧索。在灰质前连合的前方有纤维横越，称白质前连合。

白质主要由长的上、下行纤维束和短的固有束组成，一般按起止来命名。上行纤维束起自脊髓神经节或脊髓灰质，将各种感觉信息自脊髓传达到丘脑、小脑、脑干；下行纤维束起自脑的不同部位，止于脊髓各节段；短的固有束起止均在脊髓，紧贴灰质边缘分布，主要完成脊髓节段间的反射活动。

（1）上行纤维束（又称感觉传导束）。

① 薄束、楔束，位于脊髓白质后索内，薄束在内侧，楔束在外侧，分别起自第 5 胸节段及以下和第 4 胸节段及以上脊神经节细胞的中枢突，止于延髓的薄束核和楔束核，传导同侧下、上半身的本体感觉（肌、腱、关节位置觉、运动觉、振动觉）和精细触觉（辨别两点间距离和物体纹理粗细等）。

② 脊髓小脑束，位于脊髓白质外侧索内，分为脊髓小脑后束和脊髓小脑前束，起于后角神经元，止于小脑皮质，传导下肢和躯干下部的非意识性本体感觉。

③ 脊髓丘脑束，分为位于前索内的脊髓丘脑前束和位于外侧索内的脊髓丘脑侧束，起自对侧脊髓灰质后角，纤维经白质前连合至上 1~2 节对侧的前索和外侧索上行，止于丘脑腹后外侧核，分别传导粗触觉、压觉和痛、温觉。

（2）下行纤维束（又称运动传导束）。

① 皮质脊髓束。

起自大脑皮质中央前回等区域，下行至延髓锥体交叉，约 75%~90% 的大部分纤维交叉至对侧，构成皮质脊髓侧束，少部分未交叉的纤维在同侧前索下行构成皮质脊髓前束，均止于前角运动神经元，其主要机能是控制骨骼肌的随意运动。

② 其他下行纤维束。

包括红核脊髓束、前庭脊髓束、网状脊髓束、顶盖脊髓束、内侧纵束等。

（三）脊髓的功能

1. 传导

来自躯体和大部分内脏的各种刺激，均要通过脊髓才能到达脑，同样脑的活动也要通过脊髓才能传至效应器。

2. 反射

反射是指脊髓固有的反射，其反射弧并不经过脑，分为躯体反射和内脏反射。躯体反射，如牵张反射、屈曲反射、浅反射等，内脏反射如竖毛反射、膀胱排尿反射、直肠排便反射等。

二、脑

脑位于颅腔内，其形态结构和功能较脊髓更为复杂，成人脑重量约为 1 400 g。一般可分为 6 部分：端脑、间脑、中脑、脑桥、延髓和小脑（图 5-2-4）。通常把延髓、脑桥和中脑合称为脑干。脑内有大小不等的连续空腔称脑室系统。

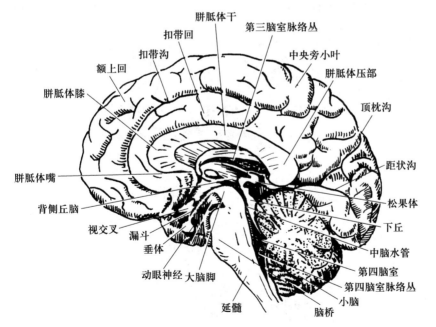

脑的组成示意图彩图

图 5-2-4　脑的组成示意图

（一）脑干

脑干自下而上由延髓、脑桥和中脑三部分组成。整个脑干上连间脑，下接脊髓，背面与小脑相邻。脑干与小脑之间的腔隙为第四脑室，上接中脑内的中脑水管，下续脊髓中央管。

1. 脑干的外形

（1）延髓。

延髓（图 5-2-5，图 5-2-6）腹侧面形似倒置的锥体，上端连脑桥，二者在腹侧面以横行的延髓脑桥沟为界，下方在枕骨大孔处与脊髓相接。延髓下部与脊髓外形相似，脊髓表面的沟、裂向上延续到达延髓，前正中裂两侧各有一纵行隆起称锥体，锥体内聚集着皮质脊髓束的纤维，向下行至延髓下部，绝大多数皮质脊髓束纤维左右交叉，形成锥体交叉。在延髓上部，锥体外侧的卵圆形隆起称橄榄。锥体和橄榄之间有舌下神经根丝出脑，橄榄外侧由上至下有舌咽神经、迷走神经和副神经根丝穿出。

延髓背侧面上部构成菱形窝的下半，菱形窝又称第四脑室底，与小脑共同围成第四脑室。菱形窝中部横行的髓纹可作为延髓和脑桥在背侧面的分界。延髓背侧面下部，在后正中沟两侧各有一对突起，内侧一对称薄

脑干的外形（腹侧面）彩图

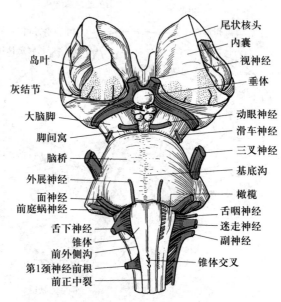

图 5-2-5　脑干的外形（腹侧面）

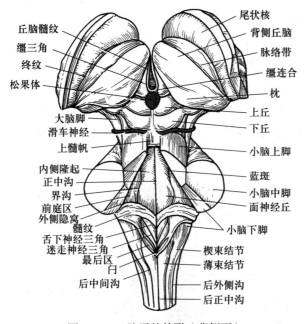

图 5-2-6　脑干的外形（背侧面）

脑干的外形（背侧面）彩图

束结节，外侧一对称楔束结节，其深面分别有薄束核和楔束核，是薄束和楔束的终止核。在楔束结节的外上方有一隆起称小脑下脚，由与小脑相连的神经纤维构成。

（2）脑桥。

脑桥（图 5-2-5，图 5-2-6）腹侧面下缘与延髓之间以延髓脑桥沟为界，沟内自内侧向外侧依次有展神经、面神经及前庭蜗神经根穿出。腹侧面中部宽阔隆起，称脑桥基底部，其正中线上有一纵行浅沟称基底沟，内有基底动脉。基底部向后外逐渐变窄，移行为小脑中脚，主要由进入小脑的神经纤维组成，基底部与小脑中脚交界处有一对粗大的三叉神经根。

脑桥背面中部构成菱形窝的上半部，其两侧为小脑上脚和小脑中脚，连于小脑。

（3）中脑。

中脑（图 5-2-5，图 5-2-6）位于脑桥和间脑之间，上界为间脑视束，下界为脑桥上缘。腹侧面有一对粗大的纵行隆起，称大脑脚，内有大量大脑皮质发出的纵行纤维束下行。两侧大脑脚之间的凹陷称脚间窝，有动眼神经穿出。

中脑背侧面有两对圆形隆起，合称四叠体，上方一对称上丘，借上丘臂与间脑的外侧膝状体相连；下方一对称下丘，借下丘臂与间脑的内侧膝状体相连。下丘下方有滑车神经出脑。

2. 脑干的内部结构

脑干的内部结构主要包括灰质、白质和网状结构（图5-2-7）。

脑干神经核在脑干背侧面的投影彩图

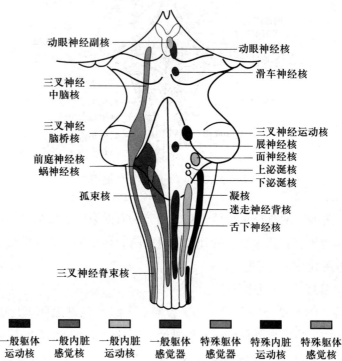

图5-2-7　脑干神经核在脑干背侧面的投影

（1）灰质。

与脊髓灰质相互连续纵贯全长不同，脑干中的灰质聚集成彼此相互独立的各种神经核。包括脑神经核和非脑神经核。

脑神经核与3~12对脑神经相联系，第Ⅲ、Ⅳ对脑神经核位于中脑，第Ⅴ、Ⅵ、Ⅶ、Ⅷ对脑神经核位于脑桥，第Ⅸ、Ⅹ、Ⅺ、Ⅻ对脑神经核位于延髓。其中运动核发出纤维出脑形成脑神经的运动纤维，感觉核接受脑神经的感觉纤维，副交感核发出副交感神经节前纤维。

非脑神经核主要包括经过脑干的上、下行纤维束进行中继换元的中继核以及位于脑干网状结构中的网状核。主要包括：

① 薄束核与楔束核分别位于延髓下部薄束结节和楔束结节的深面，接受薄束和楔束纤维的终止，其传出纤维在中央管腹侧交叉至对侧，形成内侧丘系交叉。交叉后的纤维在中线两侧上行，称为内侧丘系。薄束核和楔束核是向高级中枢传递躯干和四肢意识性本体觉和精细触觉冲动的中继核团。

② 下丘核位于下丘深面，接受外侧丘系的大部分纤维，传出纤维经下丘臂至内侧膝状体，是听觉传导通路的重要中继站，同时也是重要的听觉反射中枢，参与听觉反射活动。

③ 其他包括脑桥核、红核、黑质等，其中黑质细胞合成的多巴胺可释放至纹状体，以调节其功能活动。震颤性麻痹（帕金森病）是由黑质多巴胺能神经元变性导致新纹状体内多巴胺水平下降，背侧丘脑向运动皮质发放的兴奋性冲动减少导致的，患者表现为肌肉强直，运动受限、减少并出现震颤。

（2）白质。

脑干的白质主要包括长的上、下行纤维束。

① 内侧丘系由薄束核、楔束核发出的纤维上行构成，止于背侧丘脑腹后外侧核，传递对侧躯干和四肢的意识性本体觉和精细触觉。

② 脊髓丘脑束为脊髓内脊髓丘脑侧束和前束的延续，二者逐渐靠近又称脊丘系，止于背侧丘脑腹后外侧核，传递对侧躯干、四肢的痛温觉和粗略触压觉。

③ 三叉丘系由三叉神经感觉核发出的纤维组成，交叉至对侧上行，形成三叉丘系，止于背侧丘脑腹后内侧核，主要传导对侧头面部皮肤、牙及口、鼻黏膜的痛温觉和触压觉。

④ 锥体束主要由大脑皮质中央前回和中央旁小叶前部锥体细胞的轴突构成，经内囊至脑干，在延髓腹侧聚集为锥体。锥体束包括皮质脊髓束和皮质核束（皮质延髓束），主要是支配骨骼肌的随意运动。

（3）脑干网状结构。

脑干网状结构范围相当广泛，该结构中神经纤维纵横交错成网状，其间散在有大小不等的神经元团块。

脑干网状结构的功能较复杂，其非特异性上行投射系统称为上行激动系统，可使大脑皮质保持适度的意识和清醒，对各种传入信息有良好的感知能力；起自脑干网状结构的网状脊髓束等具有调节肌张力等作用；脑干网状结构中有许多重要的"生命中枢"存在，如心血管运动中枢、呼吸中枢、血压调节中枢和呕吐中枢等；脑干网状结构还参与睡眠发生，抑制痛觉传递等。

（二）小脑

小脑位于颅后窝内，大脑枕叶下方，延髓和脑桥的背面。

1. 小脑的外形

小脑上面平坦，中间狭窄，此狭窄部称小脑蚓，两侧膨大部称小脑半球。小脑表面有许多相互平行的浅沟，将小脑分为许多小脑叶片（图5-2-8）。

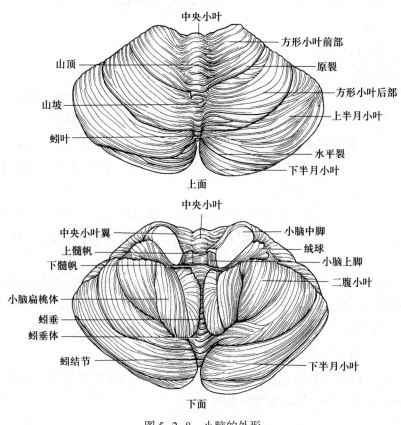

图5-2-8 小脑的外形

2. 小脑的内部结构

小脑表面为灰质，称小脑皮质，深部的白质称小脑髓质，髓质内包埋的灰质核团称为小脑核，又称中央核，包括顶核、球状核、栓状核和齿状核（图5-2-9）。

小脑髓质内的传入、传出纤维，主要组成三对小脑脚：小脑下脚连于小脑和延髓、脊髓之间，包含传入、传出纤维两部分；小脑中脚连于小脑和脑桥之间，主要成分为由对侧脑桥核发出的传入纤维；小脑上脚连于小脑和中脑、间脑之间，主要成分为起自小脑中央核的传出纤维。

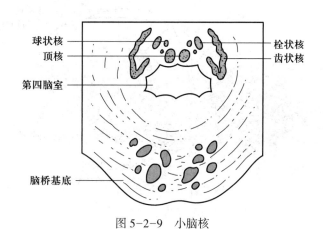

图 5-2-9　小脑核

3. 小脑的机能

小脑主要有三种机能：① 协调躯体运动；② 调节肌张力；③ 维持身体的平衡。小脑损伤的典型体征包括共济失调、意向性震颤、眼球震颤等。

（三）间脑

间脑位于脑干和端脑之间，两侧和背面被大脑半球遮盖，仅部分腹侧部露于脑底，两侧间脑之间为一狭小的腔隙，称第三脑室。间脑可分为：背侧丘脑、后丘脑、上丘脑、底丘脑和下丘脑5部分。间脑是各种感觉通路（除嗅觉外）在到达大脑皮质之前的最后中继站，在此换元后的投射纤维传至大脑皮质的特定区域。

1. 背侧丘脑

背侧丘脑又称丘脑，占据间脑的大部分，由一对卵圆形的灰质团块组成，左右各一。背侧丘脑灰质内部有一白质内髓板，此板自外上斜向内下呈"Y"字形分布，将背侧丘脑分为三群核团，即前核、内侧核和外侧核，外侧核又分为背侧组和腹侧组，腹侧组由前向后分为腹前核、腹外侧核及腹后核。腹后核包括腹后内侧核和腹后外侧核，前者主要接受三叉丘系的纤维，后者接受内侧丘系和脊髓丘系的纤维（图5-2-10）。

背侧丘脑核团示
意图彩图

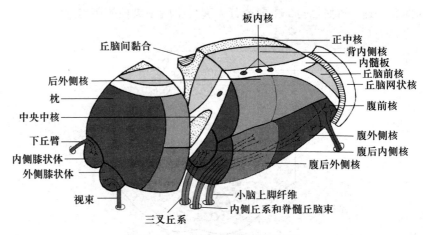

图 5-2-10　背侧丘脑核团示意图

2. 后丘脑

后丘脑位于背侧丘脑后下方，包括内侧膝状体和外侧膝状体。内侧膝状体接受来自下丘臂的听觉传导通路的纤维，发出纤维至听觉中枢。外侧膝状体接受视束的传入纤维，发出纤维至视觉中枢。

3. 上丘脑

上丘脑位于间脑的背侧部与中脑相移行的部分，包括松果体、缰三角、缰连合等结构。松果体为内分泌腺。

4. 底丘脑

底丘脑位于间脑与中脑的过渡区，与黑质、红核、苍白球间有密切的纤维联系，参与锥体外系的功能。

5. 下丘脑

下丘脑位于背侧丘脑的下方，包括视交叉、灰结节、漏斗（下端连垂体）、乳头体等结构，内部有重要的神经核团，如视上核、室旁核等。

下丘脑是神经内分泌的中心，它通过垂体将神经调节和体液调节融为一体；下丘脑是皮质下自主神经活动的高级中枢，对体温、摄食、生殖、水盐平衡和内分泌活动等进行广泛的调节；下丘脑与边缘系统有密切联系，参与情绪行为的调节；下丘脑具有调节机体昼夜节律的功能等（图5-2-11）。

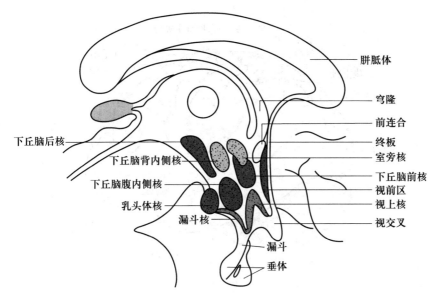

图5-2-11 下丘脑核团示意图

下丘脑核团示意图彩图

（四）端脑

端脑（又称大脑）是脑的最高级部位，由两侧大脑半球组成。两侧大脑半球表面为灰质层，称大脑皮质，深部为白质又称髓质，位于白质内的灰质团块为基底核，大脑半球内的腔隙为侧脑室，内含脑脊液。

1. 端脑的外形和分叶

大脑半球表面分布有多条深浅不一的沟，沟与沟之间有隆起的脑回。左右大脑半球之间为纵行的大脑纵裂，纵裂底部借胼胝体连接两半球。大、小脑之间为横行的大脑横裂。每侧半球分为上外侧面、内侧面和底面。

每侧半球有三条沟将大脑半球分为5叶。外侧沟起于半球下面，转至上外侧面，行向后上方；中央沟起于半球上缘中点稍后方，斜向前下，下端与外侧沟相隔一个脑回，上端伸入半球内侧面；顶枕沟位于半球内侧面后部，起自距状沟，自下向后上行并略转至上外侧面。位于外侧沟上方和中央沟前方的部分为额叶；位于外侧沟上方和中央沟后方的部分为顶叶；外侧沟以下的部分为颞叶；顶枕沟后方的部分为枕叶；岛叶（又称脑岛）位于外侧沟深面，被额、顶、颞叶所掩盖（图 5-2-12，图 5-2-13）。

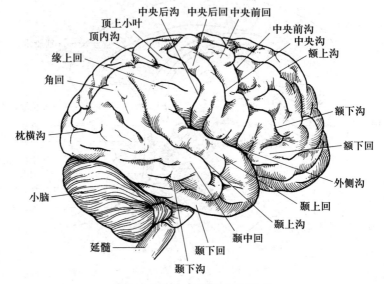

图 5-2-12　大脑半球外侧面

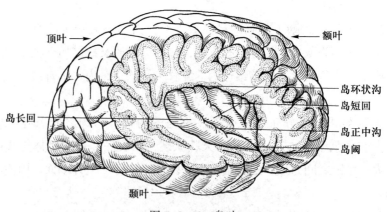

图 5-2-13　岛叶

在半球上外侧面，中央沟前方有与之平行的中央前沟，两沟之间为中央前回。自中央前沟向前有上、下两条水平走向的沟，称额上沟与额下沟，额上回位于额上沟上方；额中回位于额上、下沟之间；额下回位于额下沟和外侧沟之间。在中央沟后方有与之相平行的中央后沟，两沟之间为中央后回。在外侧沟下方有与之平行的颞上沟和颞下沟。外侧沟与颞上沟之间为颞上回，自颞上回转入外侧沟下方有两个短而横行的颞横回。颞上沟与颞下沟之间为颞中回；颞下沟下方为颞下回。包绕外侧沟和颞上沟末端的分别称为缘上回和角回。

半球内侧面中部是胼胝体，在胼胝体背面有胼胝体沟，此沟绕过胼胝体后方，向前移行于海马沟。在胼胝体沟上方，有与之平行的扣带沟，扣带沟与胼胝体沟之间为扣带回。在胼胝体后下方有一弓形向后至枕叶后端的距状沟，此沟中部与顶枕沟相连。距状沟与顶枕沟之间为楔叶，距状沟下方为舌回。自中央前、后回上外侧面延伸到内侧面的区域称中央旁小叶（图5-2-14）。

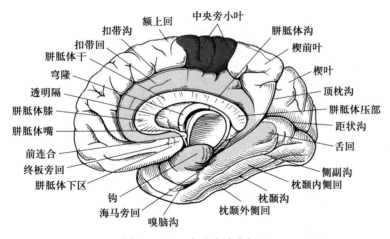

大脑半球内侧面彩图

图5-2-14 大脑半球内侧面

在半球底面，额叶内有纵行的嗅束，前端膨大为嗅球与嗅神经相连。颞叶下方有与半球下缘平行的枕颞沟，此沟内侧有与之平行的侧副沟，侧副沟的内侧为海马旁回，海马旁回内侧为海马沟，沟上方为齿状回，在齿状回的外侧，侧脑室下角底壁上有一弓形隆起，称海马，海马和齿状回构成海马结构。扣带回、海马旁回、海马和齿状回等共同构成边缘叶。

2. 大脑皮质功能定位

大脑皮质是脑的最重要部分，是高级神经活动的物质基础，总面积约为 2 200 cm²。机体各种功能活动在大脑皮质上具有定位关系，形成许多中枢。大脑皮质上除一些具有特定功能的中枢外，还存在着广泛的脑区，对各种信息进行加工与整合，完成高级的神经精神活动，称为联络区。主要的中枢包括：

（1）第 I 躯体运动区。它位于中央前回和中央旁小叶前部，主要功能为管理骨骼肌的随意运动，特点为：① 上下颠倒，但头部是正的，中央前回最上部和中央旁小叶前部与下肢等部运动有关，中部与躯干和上肢的运动有关；下部与面、舌、咽、喉的运动有关；② 左右交叉，即一侧运动区支配对侧肢体运动；③ 身体各部分投影区的大小与各部形体大小无关，而取决于功能的重要性和复杂程度。该区发出纤维组成锥体束，至脑干运动核和脊髓灰质前角（图 5-2-15）。

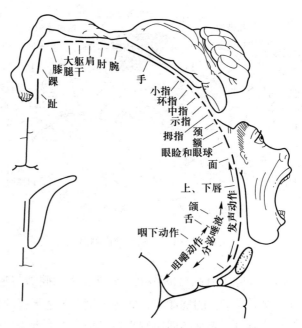

图 5-2-15　人体各部在第 I 躯体运动区的定位

（2）第 I 躯体感觉区。它位于中央后回和中央旁小叶后部，接受背侧丘脑腹后核传来的对侧半身痛、温、触、压觉以及位置和运动觉。此区投影特点是：① 上下颠倒；② 左右交叉；③ 身体各部在该区投影范围的大小取决于该部感觉的敏锐程度（图 5-2-16）。

（3）视觉中枢。它位于距状沟上下的枕叶皮质，即楔叶和舌回，接受来自外侧膝状体的纤维。一侧视区接受同侧视网膜颞侧半和对侧视网膜鼻侧半的传入冲动（图 5-2-16）。

（4）听觉中枢。它位于颞横回，接受内侧膝状体来的纤维。每侧的听觉中枢均接受来自两耳的听觉冲动（图 5-2-16）。

（5）运动性语言中枢。它位于额下回后部，此区受损，患者虽能发音，却不能说出具有意义的语言，称运动性失语症（图 5-2-16）。

（6）书写中枢。它位于额中回的后部，此区受损，手的运动功能仍然保存，但写字、绘图等精细动作发生障碍，称为失写症（图 5-2-16）。

（7）听觉性语言中枢。它位于颞上回后部，能调整自己的语言和听取、理解别人的语言。此区受损，虽能听到别人讲话，但不理解讲话内容与自己讲话的意思，故不能正确回答问题和正常说话，称感觉性失语症（图 5-2-16）。

（8）视觉性语言中枢。它又称阅读中枢，位于角回，此区受损，视觉正常，但不理解文字符号的意义，称为失读症（图 5-2-16）。

（9）内脏运动中枢。它一般认为在边缘叶（图 5-2-16）。

3. 端脑的内部结构

（1）大脑皮质。

大脑皮质可分为原皮质（海马、齿状回）、旧皮质（嗅脑）和新皮质。原皮质和旧皮质为三层结构，新皮质由外向内排列成 6 层。

（2）基底核。

基底核因靠近大脑半球的底部而得名，包括纹状体、屏状核和杏仁体。

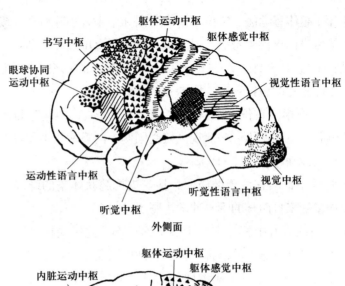

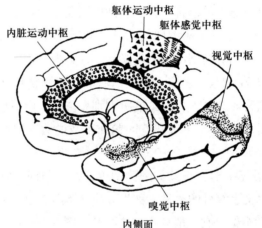

图 5-2-16   大脑皮质的功能定位

① 纹状体由尾状核和豆状核组成。尾状核分头、体、尾三部分，位于丘脑背外侧，伸延于侧脑室前角、中央部和下角。豆状核在水平切面上呈三角形，并被两个白质的板层分隔成三部，外侧部最大称壳；内侧两部分合称苍白球。在种系发生上，尾状核及壳是较新的结构，合称新纹状体。苍白球为较旧的结构，称旧纹状体。纹状体是锥体外系的重要组成部分，在调节躯体运动中起到重要作用（图 5-2-17）。

② 屏状核位于岛叶皮质与豆状核之间。

③ 杏仁体与尾状核的末端相连，为边缘系统的皮质下中枢。

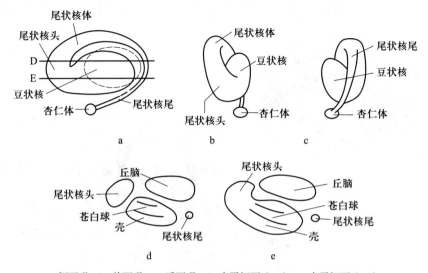

a. 侧面观 b. 前面观 c. 后面观 d. 水平切面(一) e. 水平切面(二)

图 5-2-17 基底核示意图

(3)髓质。

主要由联系皮质各部和皮质与皮质下结构的神经纤维组成,可分 3 类。

① 联络纤维是联系同侧半球内各部分皮质的纤维。

② 连合纤维是连合左右半球皮质的纤维,主要是胼胝体(图 5-2-18)。

③ 投射纤维是联系大脑皮质与皮质下各中枢间的上、下行纤维,大部分经过内囊。内囊是位于背侧丘脑、尾状核和豆状核之间的白质板。在水平切面上,内囊呈向外开放的"V"形,由前向后分内囊前肢、内囊膝和内囊后肢三部。经内囊前肢的投射纤维主要有额桥束和丘脑前辐射等;经内囊膝部的投射纤维有皮质核束;经内囊后肢的下行纤维有皮质脊髓束、皮质红核束和顶桥束等,上行纤维束有听辐射、视辐射、丘脑中央辐射和丘脑后辐射。

因此,当内囊损伤广泛时,患者会出现偏身感觉丧失(丘脑中央辐射受损)、对侧偏瘫(皮质脊髓束、皮质核束损伤)和对侧偏盲(视辐射受损)的"三偏"症状(图 5-2-18)。

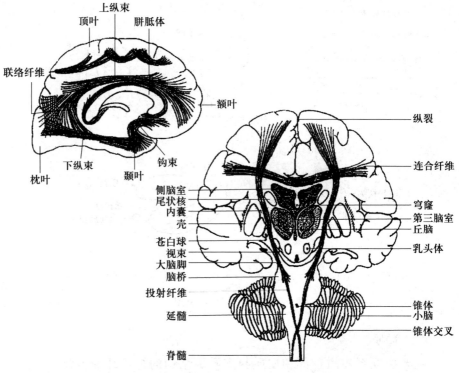

图 5-2-18   大脑半球髓质示意图

（4）侧脑室。

侧脑室位于大脑半球内，左右各一，两侧侧脑室经左、右室间孔与第三脑室相通。

4. 边缘系统

边缘系统由边缘叶和有关的皮质下结构共同组成。边缘系统的功能复杂，包括调节内脏活动、情绪反应、性活动等，也与学习、记忆活动等密切相关。

第三节 周围神经系统

一、脊神经

（一）脊神经概述

脊神经共有 31 对，分为颈神经 8 对，胸神经 12 对，腰神经 5 对，骶神经 5 对和尾神经 1 对。每对脊神经连于一个脊髓节段，由前根和后根在椎间孔处合并而成，一般前根属运动性，后根属感觉性，故脊神经为混合性。后根在椎间孔附近有椭圆形的膨大，称脊神经节，节内含假单极神经元，其中枢突组成后根，周围突分布至感受器。

脊神经中含有 4 种纤维成分（图 5-3-1）：

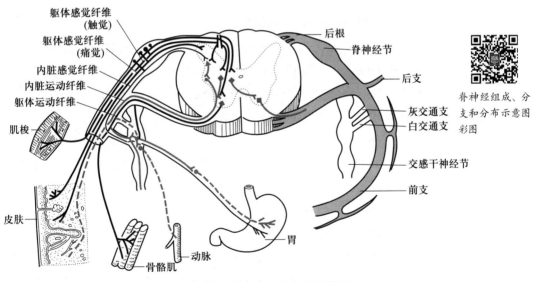

脊神经组成、分支和分布示意图
彩图

图 5-3-1 脊神经组成、分支和分布示意图

（1）躯体感觉纤维。来自脊神经节中的假单极神经元，其中枢突构成脊神经后根进入脊髓，周围突分布于皮肤、骨骼肌、肌腱和关节等处。

（2）内脏感觉纤维。来自脊神经节的假单极神经元，其中枢突构成后根进入脊髓，其周围突分布于内脏、心血管和腺体。

（3）躯体运动纤维。发自脊髓前角，分布于骨骼肌，支配其随意运动。

（4）内脏运动纤维。发自胸腰段脊髓侧角或骶副交感核，分布于内脏、心血管和腺体，支配心肌、平滑肌的运动，控制腺体的分泌。

脊神经干很短，出椎间孔后立即分为4支。

（1）脊膜支。经椎间孔返入椎管，分布于脊髓被膜、血管壁、骨膜、韧带和椎间盘等处。

（2）交通支。为连于脊神经与交感干之间的细支。

（3）后支。为混合性，较细，经相邻横突之间或骶后孔向后走行，可分成肌支和皮支两大类，肌支分布于项、背、腰和骶部深层肌，皮支分布于枕、项、背、腰、骶和臀部的皮肤。

（4）前支。粗大，为混合性，分布于躯干前外侧和四肢的肌肉及皮肤等。

（二）脊神经前支的分布概况

脊神经前支保持明显的节段性，共12对，第1~11对位于相应肋间隙中，称肋间神经，第12对位于第12肋下方，故名肋下神经。主要支配肋间内、外肌和腹肌。其余各部前支分别交织成4丛，即：颈丛、臂丛、腰丛和骶丛，由各丛再发出分支分布。

1. 颈丛

颈丛由第1~4颈神经前支组成，位于胸锁乳突肌上部深面。颈丛最重要的分支是膈神经（$C_{3~5}$）（图5-3-2），其运动纤维支配膈肌，感觉纤维分布于胸膜、心包及膈下面的部分腹膜。

2. 臂丛

臂丛由第5~8颈神经前支和第1胸神经前支的大部分纤维组成，经锁骨后方进入腋窝，分别从内侧、后方和外侧包围腋动脉（图5-3-3）。臂丛的主要分支有：

（1）腋神经（C_5、C_6）。肌支分布于三角肌、小圆肌；皮支分布于肩部、臂外侧区上部的皮肤。

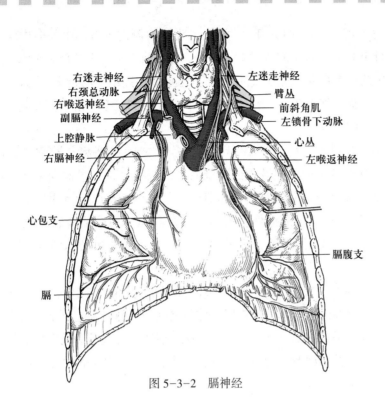

右迷走神经
右颈总动脉
右喉返神经
副膈神经
上腔静脉
右膈神经

左迷走神经
臂丛
前斜角肌
左锁骨下动脉
心丛
左喉返神经

心包支

膈腹支

膈

图 5-3-2　膈神经

膈神经彩图

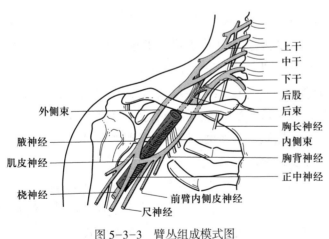

上干
中干
下干
后股
后束
胸长神经
内侧束
胸背神经
正中神经

外侧束

腋神经
肌皮神经
桡神经

前臂内侧皮神经
尺神经

图 5-3-3　臂丛组成模式图

臂丛组成模式图
彩图

（2）肌皮神经（$C_{5\sim7}$）。向外侧斜穿喙肱肌，经肱二头肌与肱肌间下行，肌支分布于这三块肌肉；皮支分布于前臂外侧皮肤。

（3）正中神经（C_6~T_1）。沿肱二头肌内侧沟下行，由外向内跨过肱动脉行至肘窝，后在前臂正中于指浅、深屈肌间下行至腕部和手掌。肌支分布于前臂前群肌（除肱桡肌、尺侧腕屈肌和指深屈肌尺侧半以外）和鱼际肌（除拇收肌以外）；皮支分布于掌心、桡侧三个半指掌面及其中节和远节指背的皮肤。

（4）尺神经（C_8~T_1）。在腋动、静脉之间出腋窝，沿肱二头肌内侧沟下行至臂中份，经肱骨内上髁后方的尺神经沟，继而向下转至前臂前内侧，在尺侧腕屈肌和指深屈肌间、尺动脉内侧下行入手掌。肌支支配尺侧腕屈肌和指深屈肌尺侧半、小鱼际肌、拇收肌等；皮支支配小鱼际、小指、环指尺侧半掌面皮肤及手背尺侧半和尺侧两个半指背侧皮肤。

（5）桡神经（C_5~T_1）。在腋窝内位于腋动脉后方随肱深动脉向下外行，沿桡神经沟下行，至肱桡肌与肱肌之间，在肱骨外上髁前方发出两终支由前臂至手背。肌支分布于肱三头肌、肘肌、肱桡肌和前臂伸肌等；皮支分布于上臂后面及前臂后面皮肤，手背桡侧半和桡侧两个半手指近节背面皮肤（图5-3-4）。

3. 腰丛

腰丛由第12胸神经前支的一部分、第1~3腰神经前支和第4腰神经前支的一部分组成。腰丛位于腰大肌深面腰椎横突前方，除支配髂腰肌和腰方肌的肌支外，还有以下主要分支（图5-3-5）：

（1）股神经（$L_{2~4}$）。是腰丛最大的分支，由腰大肌外缘穿出，在腰大肌与髂肌之间下行，在腹股沟韧带中点稍外侧深面于股动脉外侧进入大腿。肌支分布于髂肌、耻骨肌、股四头肌和缝匠肌；皮支分布于大腿及膝关节前面、小腿内侧面及足内侧缘皮肤。

（2）闭孔神经（$L_{2~4}$）。从腰丛发出后自腰大肌内侧缘穿出入小骨盆，贴盆腔侧壁前行，再出小骨盆至股部后分前、后两支进入大腿。肌支主要支配大腿内侧群肌肉；皮支分布于大腿内侧面皮肤。

4. 骶丛

骶丛是全身最大的脊神经丛，由第4腰神经前支的一部分、第5腰神经前支及全部骶、尾神经前支组成。骶丛位于盆腔内，骶骨和梨状肌前

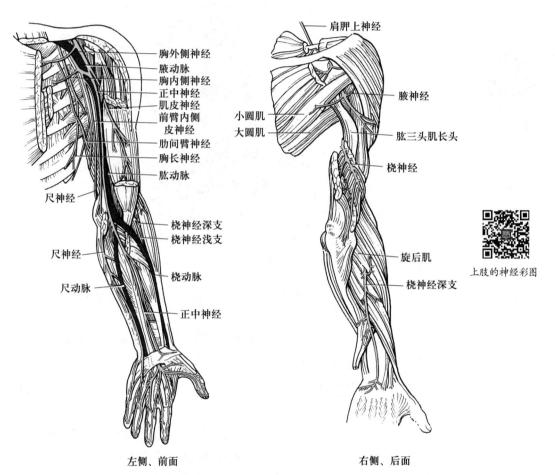

胸外侧神经
腋动脉
胸内侧神经
正中神经
肌皮神经
前臂内侧
皮神经
肋间臂神经
胸长神经
肱动脉
尺神经
桡神经深支
桡神经浅支
尺神经
尺动脉
桡动脉
正中神经

肩胛上神经
腋神经
小圆肌
大圆肌
肱三头肌长头
桡神经
旋后肌
桡神经深支

上肢的神经彩图

左侧、前面　　　　　　　右侧、后面

图 5-3-4　上肢的神经

腰丛组成模式图
彩图

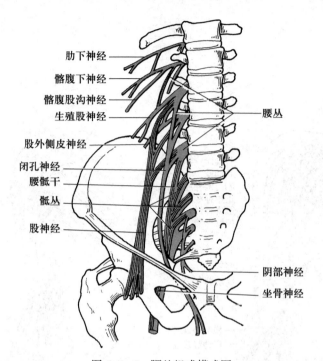

肋下神经

髂腹下神经

髂腹股沟神经

生殖股神经

股外侧皮神经

闭孔神经

腰骶干

骶丛

股神经

腰丛

阴部神经

坐骨神经

图 5-3-5 腰丛组成模式图

面，分支分布于盆壁、臀部、会阴、股后部、小腿和足部的肌肉及皮肤（图 5-3-6）。主要分支有：

（1）臀上神经（$L_{4\sim5}$、S_1）。自骶丛发出，伴臀上血管经梨状肌上孔出盆腔，行于臀中、小肌之间，分布于臀中、小肌和阔筋膜张肌。

（2）臀下神经（L_5、$S_{1\sim2}$）。伴臀下血管经梨状肌下孔出盆腔，行于臀大肌深面，分布于臀大肌。

（3）坐骨神经（$L_{4\sim5}$、$S_{1\sim3}$）。是全身最粗、最长的神经，经梨状肌下孔出盆腔后，在臀大肌深面，经坐骨结节和股骨大转子之间下行至股后区，发出肌支分布于股二头肌、半腱肌和半膜肌，下行至腘窝上方分为胫神经和腓总神经。

① 胫神经（$L_{4\sim5}$、$S_{1\sim3}$）为坐骨神经本干的直接延续，入腘窝与腘血管伴随下行，在比目鱼肌深面，伴胫后血管下行，经内踝后方分成足底内侧神经和足底外侧神经进入足底。肌支支配小腿后群肌和足底肌；皮支分布于小腿后面和足底皮肤。

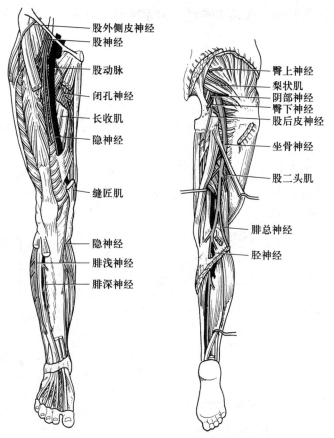

股外侧皮神经
股神经
股动脉
闭孔神经
长收肌
隐神经
缝匠肌
隐神经
腓浅神经
腓深神经

臀上神经
梨状肌
阴部神经
臀下神经
股后皮神经
坐骨神经
股二头肌
腓总神经
胫神经

下肢的神经彩图

图 5-3-6　下肢的神经

② 腓总神经（$L_{4~5}$、$S_{1~2}$）斜向腘窝外下走行，绕过腓骨颈向前穿过腓骨长肌，分为腓浅神经和腓深神经。肌支主要支配小腿前、外侧群肌和足背肌；皮支分布于小腿外侧、足背和趾背的皮肤。

二、脑神经

（一）脑神经概述

脑神经将脑与头颈及胸腹部器官的感受器和效应器联系起来，共12对，其排列顺序通常用罗马数字表示：Ⅰ嗅神经、Ⅱ视神经、Ⅲ动眼神经、Ⅳ滑车神经、Ⅴ三叉神经、Ⅵ展神经、Ⅶ面神经、Ⅷ前庭蜗神经、IX 舌咽神经、X 迷走神经、XI 副神经、XII 舌下神经（表 5-3-1，图 5-3-7）。

脑神经概况彩图

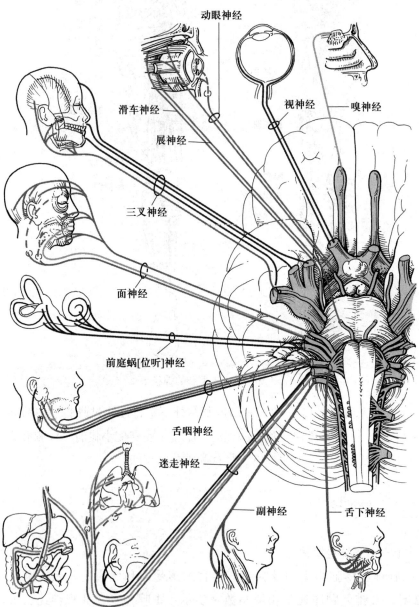

图 5-3-7　脑神经概况

（二）脑神经的性质和分布

根据脑神经所含纤维成分及功能性质分为感觉性神经，运动性神经以及混合性神经三大类。

1. 感觉性脑神经（共 3 对）

（1）Ⅰ嗅神经：分布于鼻腔顶部的嗅黏膜，主管嗅觉。

（2）Ⅱ视神经：分布于眼球的视网膜上，主管视觉。

（3）Ⅷ前庭蜗神经：分布于内耳的壶腹嵴、椭圆囊斑和球囊斑以及螺旋器上，主管位觉和听觉。

2. 运动性脑神经（共 5 对）

（1）Ⅲ动眼神经、Ⅳ滑车神经、Ⅵ展神经：此 3 对脑神经分布于眼球外肌，支配眼球运动，其中动眼神经还支配瞳孔括约肌。

（2）Ⅺ副神经：支配胸锁乳突肌、斜方肌和咽喉肌的运动。

（3）Ⅻ舌下神经：支配舌肌运动。

3. 混合性脑神经（共 4 对）

（1）Ⅴ三叉神经：支配咀嚼肌运动和头面部（鼻腔、牙、眼和皮肤等）的一般感觉。

（2）Ⅶ面神经：支配面部表情肌运动；泪腺、下颌下腺、舌下腺的分泌和舌前 2/3 的味觉。

（3）Ⅸ舌咽神经：支配咽肌运动；腮腺的分泌；咽部感觉、颈动脉窦和颈动脉体的感觉及舌后 1/3 的味觉。

（4）Ⅹ迷走神经：是脑神经中行程最长、分布范围最广的神经，是自主神经系统副交感部的主要组成成分。它的运动性纤维分布到胸腹腔内脏的平滑肌、腺体、心肌和咽喉的横纹肌上，支配其运动和分泌；感觉性纤维分布于胸腹腔脏器、咽喉（会厌）黏膜、硬脑膜、耳廓和外耳皮肤。

脑神经的纤维成分较脊神经复杂，根据胚胎发生、功能等特点总体划分为 7 种成分（表 5-3-1）。

脑神经中的内脏运动纤维均属副交感成分，仅存在于Ⅲ、Ⅶ、Ⅸ、Ⅹ对脑神经中。脊神经中所含的内脏运动纤维多数属交感成分，而且存在于每对脊神经中，仅第 2~4 骶神经中含副交感成分。

▶　表 5-3-1　脑神经简表

序名	性质	成分	进出颅腔部位	分布
Ⅰ嗅神经	感觉性	特殊内脏感觉	筛孔	鼻腔嗅黏膜
Ⅱ视神经	感觉性	特殊躯体感觉	视神经管	眼球视网膜
Ⅲ动眼神经	运动性	一般躯体运动	眶上裂	上、下、内直肌，下斜肌、上睑提肌
		副交感神经		瞳孔括约肌、睫状肌
Ⅳ滑车神经	运动性	一般躯体运动	眶上裂	上斜肌
Ⅴ三叉神经	混合性	一般躯体感觉	眶上裂 圆孔	头面部皮肤、口腔 鼻腔黏膜、牙及牙龈、眼球、硬脑膜
		特殊内脏运动	卵圆孔	咀嚼肌等
Ⅵ展神经	运动性	一般躯体运动	眶上裂	外直肌
Ⅶ面神经	混合性	一般躯体感觉	内耳门→茎乳孔	耳部皮肤
		特殊内脏运动		面部表情肌、颈阔肌等
		副交感神经		泪腺、下颌下腺、 舌下腺及鼻腔和腭的腺体
		特殊内脏感觉		舌前 2/3 味蕾
Ⅷ前庭蜗 神经	感觉性	特殊躯体感觉	内耳门	内耳的壶腹嵴、球囊斑、椭圆囊斑
		特殊躯体感觉		耳蜗螺旋器
Ⅸ舌咽神经	混合性	特殊内脏运动	颈静脉孔	茎突咽肌
		副交感神经		腮腺
		一般内脏感觉		咽、鼓室、咽鼓管、软腭、舌后 1/3 的 黏膜、颈动脉窦、颈动脉小球
		特殊内脏感觉		舌后 1/3 味蕾
		一般躯体感觉		耳后皮肤
Ⅹ迷走神经	混合性	副交感神经	颈静脉孔	颈、胸、腹腔内脏平滑肌、心肌、腺体
		特殊内脏运动		咽喉肌

续表

序名	性质	成分	进出颅腔部位	分布
X迷走神经	混合性	一般内脏感觉	颈静脉孔	颈、胸、腹腔脏器、咽喉黏膜
		一般躯体感觉		硬脑膜、耳廓及外耳道皮肤
XI副神经	运动性	特殊内脏运动	颈静脉孔	咽喉肌
				胸锁乳突肌、斜方肌
XII舌下神经	运动性	一般躯体运动	颈静脉孔	舌内肌、部分舌外肌

三、内脏神经

内脏神经是指分布于内脏、心血管、平滑肌和腺体的神经，包括感觉和运动两种纤维成分。

（一）内脏感觉神经

内脏感觉神经和躯体感觉神经一样，初级神经元的胞体同样在神经节内，属于假单极神经元，周围突来自内脏器官及血管等处，中枢突进入脑和脊髓。

内脏感觉神经有其自身特点：纤维数量少，细纤维比例高，痛阈也高，对一般强度刺激不产生主观感觉，但当内脏器官活动较强烈时，则可产生内脏感觉。由于内脏感觉的传入途径比较分散，因此，内脏痛往往是弥散的，不易准确定位。

（二）内脏运动神经

内脏运动神经（自主神经）分为交感和副交感两部分，有各自的中枢部和周围部。内脏运动神经和躯体运动神经一样，均受大脑皮质和皮质下中枢的控制和调节，两者在机能上互相依存，互相影响，以维持机体内外环境的相对平衡。但是内脏运动神经与躯体运动神经在结构和功能上有以下差别（图5-3-8）：

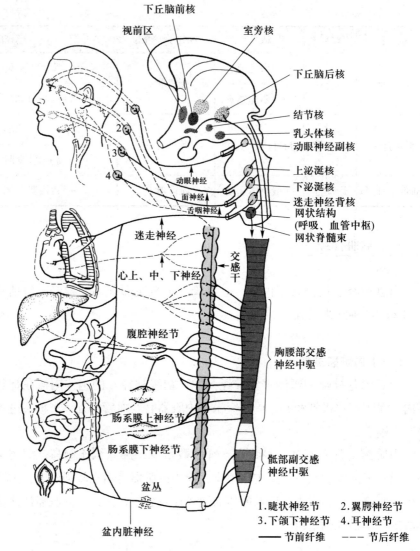

内脏运动神经概
况示意图彩图

图 5-3-8　内脏运动神经概况示意图

（1）中枢部位不同。躯体运动神经较均匀地发自脑和脊髓全长；内脏运动神经只发自脑干及脊髓的胸、腰段和骶段。

（2）支配的器官不同。躯体运动神经支配骨骼肌；内脏运动神经支配平滑肌、心肌和腺体。

（3）纤维成分不同。躯体运动神经只有一种纤维成分，内脏运动神经有交感和副交感两种纤维成分，多数内脏器官同时接受交感和副交感神经的双重支配。

（4）神经元数目不同。躯体运动神经从低级中枢至骨骼肌只有一个神经元。内脏运动神经自低级中枢发出后需要在周围部的内脏运动神经节内交换神经元，再到达效应器。换元前的神经元称节前神经元，胞体位于脑干和脊髓内，轴突称为节前纤维；换元后的神经元称节后神经元，胞体位于内脏运动神经节内，轴突称节后纤维。

（5）纤维粗细不同。躯体运动神经纤维一般是比较粗的有髓纤维；而内脏运动神经纤维则是薄髓（节前纤维）或无髓（节后纤维）的细纤维。

（6）节后纤维分布形式不同。躯体神经以神经干的形式分布，而内脏神经节后纤维常攀附脏器或血管形成神经丛，由丛再分支至效应器。

1. 交感神经

交感神经的低级中枢位于脊髓的胸部第 1 节段~腰部第 3 节段的灰质侧角；周围部包括交感干、交感神经节及神经丛等。根据交感神经节所在位置的不同，可分为椎旁节和椎前节。

（1）椎旁神经节即交感干神经节位于脊柱两旁，借节间支连成左、右两条交感干，上至颅底，下至尾骨，在尾骨前面两干合并。交感干分颈、胸、腰、骶和尾 5 部分。各部交感干神经节的数目，除颈部有 3~4个和尾部为 1 个外，其余各部均与该部椎骨的数目近似，每一侧椎旁神经节的总数约为 19~24 个。

（2）椎前神经节位于脊柱前方，腹主动脉脏支的根部，包括腹腔神经节、肠系膜上神经节、肠系膜下神经节及主动脉肾神经节等。

（3）交通支每个交感干神经节与相应的脊神经之间有交通支相连，分白交通支和灰交通支两种。白交通支为脊髓灰质胸部第 1 节段~腰部第3 节段侧角发出的有髓鞘的节前纤维，呈白色，故称白交通支；灰交通支由交感干神经节细胞发出的节后纤维组成，多无髓鞘，色灰暗，故称灰交通支。

2. 副交感神经

副交感神经的低级中枢位于脑干的副交感神经核和脊髓骶部第 2~4

节段的骶副交感核，由这些核发出的纤维即节前纤维，周围部的副交感神经节称为器官旁节和器官内节，节内的细胞即为节后神经元。

3. 交感神经与副交感神经的主要区别

人体内大多数内脏器官都受交感神经和副交感神经的双重支配，但二者又有明显区别。

（1）低级中枢的部位不同。交感神经的低级中枢位于脊髓的胸部第1节段~腰部第3节段的灰质侧角，副交感神经的低级中枢位于脑干副交感神经核和脊髓骶部第2~4节段骶副交感核。

（2）周围部神经节的位置不同。交感神经节位于脊柱两旁（椎旁节）和脊柱前方（椎前节），副交感神经节位于所支配的器官附近（器官旁节）或器官壁内（器官内节）。因此，副交感神经节前纤维比交感神经长，而其节后纤维则较短。

（3）分布范围不同。交感神经在周围的分布范围较广，副交感神经的分布则不如交感神经广泛。一般认为大部分血管、汗腺、竖毛肌、肾上腺髓质均无副交感神经支配。

（4）节前神经元与节后神经元的比例不同。交感神经节前神经元的轴突可与许多节后神经元形成突触，副交感节前神经元的轴突则较少与节后神经元形成突触。因此，交感神经的作用范围较广泛，而副交感神经的作用则较局限。

（5）对同一器官所起的作用不同。交感与副交感神经对同一器官的作用互相拮抗又互相统一，如：当机体运动时，交感神经的活动加强，而副交感神经的活动则减弱，出现心跳加快、血压升高、支气管扩张、瞳孔开大、消化活动受抑制等现象；反之，当机体处于安静或睡眠状态时，副交感神经兴奋加强，交感神经相对抑制，出现心跳减慢、血压下降、支气管收缩、瞳孔缩小和消化活动增强等现象。

4. 内脏神经丛

交感神经、副交感神经和内脏感觉神经在到达所支配脏器的行程中，常互相交织共同构成内脏神经丛。

第四节　神经系统的传导通路

　　人体各感受器接受内外环境刺激，产生的神经冲动，经传入神经元传递到中枢神经系统，最后至大脑皮质产生感觉；大脑皮质产生的神经冲动，经传出纤维至皮质下各级中枢的运动神经元，再经传出神经至效应器，作出适当的反应。因此，在神经系统中形成了两大类传导通路：感觉（上行）传导通路和运动（下行）传导通路，分别构成反射弧中的传入神经和传出神经部分。

一、感觉传导通路

（一）躯干和四肢意识性本体感觉和精细触觉传导通路

　　本体感觉又称深感觉，指来自肌、腱、关节等运动器官的位置觉、运动觉和震动觉；该传导通路还传导皮肤的精细触觉，如：辨别两点距离和物体纹理的粗细等（图5-4-1）。

　　该通路由3级神经元组成。

　　第1级神经元为脊神经节细胞，周围突分布于肌、腱、关节等处的本体感受器和皮肤的精细触觉感受器，中枢突经脊神经后根入脊髓后索，其中来自第5胸节及以下的纤维行于后索内侧部，形成薄束，来自第4胸节及以上的纤维行于后索外侧部，形成楔束。两束上行，分别止于延髓的薄束核和楔束核。

　　第2级神经元胞体在延髓的薄束核和楔束核，由核发出的纤维经内侧丘系交叉后上升形成内侧丘系，止于背侧丘脑的腹后外侧核。

　　第3级神经元胞体在背侧丘脑的腹后外侧核，发出纤维称丘脑中央辐射，经内囊后肢投射到大脑皮质中央后回的中、上部和中央旁小叶后部。

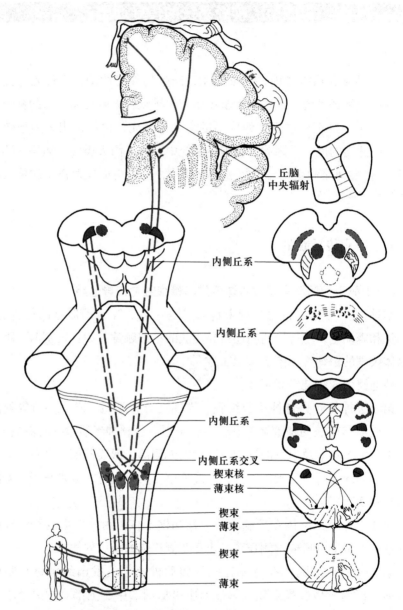

躯干和四肢意识性本体感觉和精细触觉传导通路彩图

丘脑中央辐射

内侧丘系

内侧丘系

内侧丘系

内侧丘系交叉
楔束核
薄束核
楔束
薄束

楔束
薄束

图 5-4-1　躯干和四肢意识性本体感觉和精细触觉传导通路

（二）温、痛、粗触和压觉传导通路

该通路又称浅感觉传导通路，由 3 级神经元组成（图 5-4-2）。

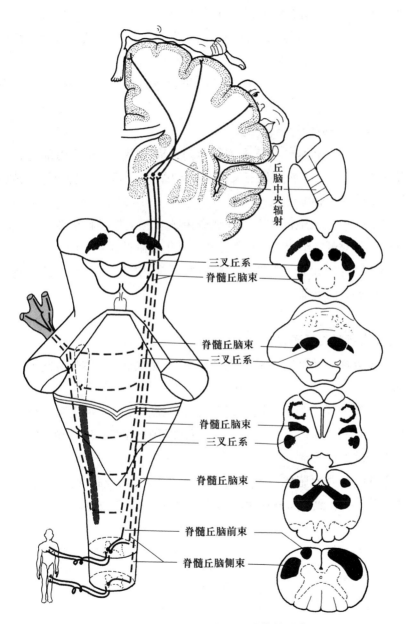

丘脑中央辐射

三叉丘系
脊髓丘脑束

脊髓丘脑束
三叉丘系

脊髓丘脑束
三叉丘系

脊髓丘脑束

脊髓丘脑前束

脊髓丘脑侧束

温、痛、粗触和
压觉传导通路彩
图

图 5-4-2　温、痛、粗触和压觉传导通路

1. 躯干和四肢的浅感觉传导通路

第 1 级神经元为脊神经节细胞，周围突分布于躯干、四肢皮肤的感受器，中枢突组成脊神经后根入脊髓止于后角。

第 2 级神经元胞体位于脊髓后角，发出的轴突交叉至对侧上行，组成脊髓丘脑束，止于背侧丘脑的腹后外侧核。

第 3 级神经元胞体在背侧丘脑的腹后外侧核，发出纤维称丘脑中央辐射，经内囊后肢，投射到中央后回中、上部和中央旁小叶后部。

2. 头面部的浅感觉传导通路

第 1 级神经元胞体在三叉神经节内，周围突分布于头面部皮肤及口鼻黏膜的感受器，中枢突经三叉神经根入脑桥，止于三叉神经脊束核和三叉神经脑桥核（感觉核）。

第 2 级神经元胞体在三叉神经脊束核和三叉神经脑桥核内，发出的纤维交叉到对侧，组成三叉丘系，止于背侧丘脑的腹后内侧核。

第 3 级神经元胞体在背侧丘脑的腹后内侧核，发出纤维经内囊后肢投射到中央后回下部。

（三）视觉传导通路

由 3 级神经元组成（图 5-4-3），第 1 级神经元胞体是视网膜的双极细胞。

第 2 级神经元为节细胞，其轴突合成视神经，经视交叉、视束，最后终止于外侧膝状体。在视交叉处，来自两眼视网膜鼻侧半的纤维交叉，颞侧半纤维不交叉。

第 3 级神经元胞体位于外侧膝状体内，发出的轴突组成视辐射，经内囊后肢，投射到大脑皮质距状沟两侧的视区，产生视觉。

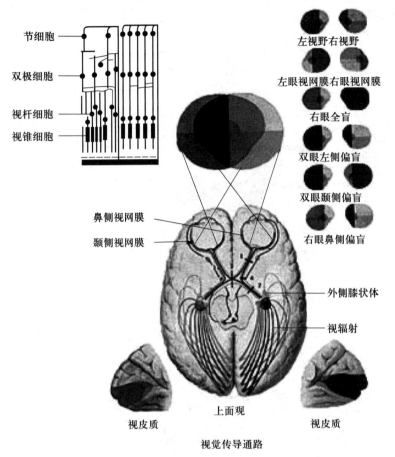

节细胞

双极细胞

视杆细胞

视锥细胞

左视野右视野

左眼视网膜右眼视网膜

右眼全盲

双眼左侧偏盲

双眼颞侧偏盲

右眼鼻侧偏盲

鼻侧视网膜

颞侧视网膜

外侧膝状体

视辐射

上面观

视皮质

视皮质

视觉传导通路

图 5-4-3　视觉传导通路和瞳孔对光反射通路

（四）听觉传导通路

由 4 级神经元组成（图 5-4-4），第 1 级神经元为内耳蜗神经节内的双极细胞，其周围突分布于内耳螺旋器，中枢突组成蜗神经，入脑桥止于蜗神经核。

第 2 级神经元胞体在蜗神经核，发出纤维大部分在脑桥内形成斜方体并交叉至对侧上行，小部分纤维在同侧上行，两部分纤维合成外侧丘系，止于下丘。

第 3 级神经元胞体在下丘，其纤维经下丘臂止于内侧膝状体。

第 4 级神经元胞体在内侧膝状体，发出纤维组成听辐射，经内囊后肢止于颞横回。

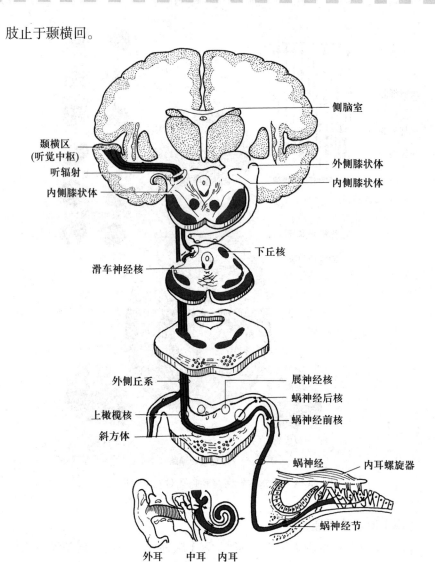

图 5-4-4　听觉传导通路

二、运动传导通路

运动传导通路是指从大脑皮质至效应器之间的神经联系，由上、下两级运动神经元组成。上运动神经元是指位于大脑皮质，投射至脑神经运动核和脊髓前角的运动神经元。下运动神经元是指位于脑神经运动核和脊髓前角的运动神经元。运动传导通路分为锥体系和锥体外系。

（一）锥体系

锥体系的主要功能是控制骨骼肌的随意运动，其上运动神经元是位于中央前回和中央旁小叶前部的锥体细胞，其轴突组成锥体束，其中下行至脊髓的纤维束称皮质脊髓束（图5-4-5）；下行至脑干脑神经运动核的纤维束称皮质核束。

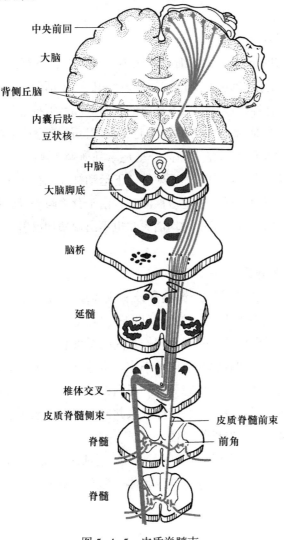

中央前回
大脑
背侧丘脑
内囊后肢
豆状核
中脑
大脑脚底
脑桥
延髓
锥体交叉
皮质脊髓侧束
皮质脊髓前束
脊髓
前角
脊髓

图5-4-5 皮质脊髓束

1. 皮质脊髓束

由中央前回上、中部和中央旁小叶前半部等处皮质的锥体细胞轴突集中而成，下行经内囊后肢、大脑脚和脑桥基底部至延髓锥体，在锥体下端形成锥体交叉，交叉后的纤维下行为皮质脊髓侧束，逐节终止于前角细胞，支配四肢肌；小部分不交叉的纤维下行为皮质脊髓前束，在脊髓逐节交叉至对侧，终止于前角细胞，支配躯干和四肢骨骼肌的运动。皮质脊髓前束中有一部分纤维始终不交叉而止于同侧脊髓前角细胞，主要支配躯干肌。

2. 皮质核束

由中央前回下部的锥体细胞的轴突集合而成，下行经内囊膝、大脑脚，向下大部分陆续终止于双侧脑神经运动核，小部分纤维完全交叉至对侧，终止于面神经核中支配面下部肌的细胞群和舌下神经核。

锥体系的任何部位损伤都可引起其支配区的随意运动障碍，上运动神经元损伤常表现为肌张力增高，呈痉挛性瘫痪（硬瘫）；深反射亢进，浅反射减弱或消失；出现病理反射等。下运动神经元损伤时，因失去神经直接支配，肌张力降低，呈弛缓性瘫痪；由于营养障碍导致肌萎缩。因所有反射弧均中断，深、浅反射均消失，也不出现病理反射。

（二）锥体外系

锥体外系指锥体系以外影响和控制躯体运动的所有传导路径。其结构复杂，主要包括大脑皮质的某些区域、纹状体、背侧丘脑、红核、黑质、小脑、脑干网状结构等以及它们之间的纤维联系，其纤维最后下行中止于脑神经运动核和脊髓灰质前角细胞。锥体外系的主要机能是调节肌张力、协调肌肉活动、维持体态姿势和习惯性动作等。大脑皮质对躯体运动的控制和调节是通过锥体系和锥体外系共同实现的。锥体系和锥体外系在运动功能上是不可分割的统一体。

锥体外系通路主要包括皮质—脑桥—小脑—皮质环路，皮质—新纹状体—背侧丘脑—皮质环路，新纹状体—黑质环路等（图5-4-6）。

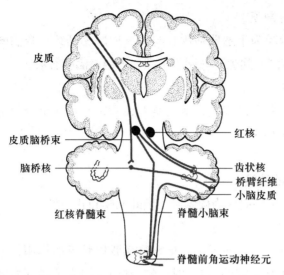

图 5-4-6 锥体外系的皮质—脑桥—小脑—皮质环路

 第五节 脑和脊髓的被膜、血管及脑脊液循环

一、脑和脊髓的被膜

脑和脊髓的表面均有三层被膜包裹，由外向内依次是硬膜、蛛网膜和软膜，它们具有支持和保护脑和脊髓的作用。

（一）脊髓的被膜

脊髓被膜由外向内为硬脊膜、脊髓蛛网膜和软脊膜。

1. 硬脊膜

硬脊膜由致密结缔组织构成，坚韧厚实。上端附于枕骨大孔边缘，与硬脑膜相延续；下部在第 2 骶椎水平逐渐变细，包裹马尾；硬脊膜与椎管内面骨膜之间的间隙称硬膜外隙。

2. 脊髓蛛网膜

脊髓蛛网膜为半透明薄膜，与脑蛛网膜相延续。脊髓蛛网膜与软脊膜之间有较宽阔的间隙称蛛网膜下隙，隙内充满脑脊液。

3. 软脊膜

软脊膜紧贴脊髓表面，薄而富有血管，并延伸至脊髓的沟裂中，在脊髓下端移行为终丝。

（二）脑的被膜

脑的被膜由外向内为硬脑膜、脑蛛网膜和软脑膜。

1. 硬脑膜

硬脑膜有内、外两层。外层兼具颅骨内骨膜的作用，内层较外层坚厚，两层之间有丰富的血管和神经。其内层深入脑各部之间形成特殊结构。如：大脑镰、小脑幕。硬脑膜在某些部位两层分开，内面衬以内皮细胞，构成硬脑膜窦，如上矢状窦和海绵窦等。

2. 脑蛛网膜

脑蛛网膜薄而透明，缺乏血管和神经，与硬脑膜之间有硬膜下隙，与软脑膜之间有蛛网膜下隙，内充满脑脊液，此隙向下与脊髓蛛网膜下隙相通。

3. 软脑膜

软脑膜薄而富有血管，在脑室的一定部位，软脑膜及其血管与该部位的室管膜上皮共同构成脉络组织。在某些部位，脉络组织的血管反复分支成丛与表面软脑膜和室管膜上皮一起突入脑室，形成脉络丛，是产生脑脊液的主要结构。

二、脑和脊髓的血管

中枢神经系统是体内代谢最旺盛的部位，血供非常丰富。人脑重仅占体重的2%，但脑的耗氧量却占全身总耗氧量的20%，脑血流量约占心脏搏出量的1/6。脑血流减少或中断可导致脑神经细胞的缺氧甚至坏死。

（一）脑的血管

脑的动脉来源于颈内动脉和椎动脉。以顶枕沟为界，大脑半球的前 2/3 和部分间脑由颈内动脉分支供应，大脑半球后 1/3 及部分间脑、脑干和小脑由椎动脉供应。故可将脑的动脉归纳为颈内动脉系和椎 - 基底动脉系。

脑的静脉无瓣膜，不与动脉伴行，分为浅、深两组，最终经硬脑膜窦回流至颈内静脉。

（二）脊髓的血管

脊髓的动脉来源有两个：椎动脉发出的脊髓前、后动脉和一些节段性动脉。脊髓前、后动脉在下行过程中，不断得到节段性动脉分支的增补，以保障脊髓有足够的血液供应。

脊髓的静脉较动脉多而粗，脊髓内的小静脉汇合成脊髓前、后静脉，注入硬膜外隙的椎内静脉丛。

三、脑脊液及其循环

脑脊液是无色透明的液体，充满整个脑室系统、脊髓中央管和蛛网膜下隙，功能相当于外周组织中的淋巴，对中枢神经系统起缓冲、保护、运输代谢产物和调节颅内压等作用。成人脑脊液总量约为 150 mL。脑脊液主要由脑室脉络丛产生，少量由室管膜上皮和毛细血管产生。脑脊液的循环途径如下：侧脑室→室间孔→第三脑室→中脑水管→第四脑室→正中孔和外侧孔→蛛网膜下隙→蛛网膜粒→硬脑膜窦（上矢状窦）→回流到血液中。

脑脊液循环若发生阻塞，可导致脑积水和颅内压升高，脑组织受压并移位，甚至危及生命。神经系统疾病时，既可抽取脑脊液进行检测，又可经脑室内给药治疗。

四、脑屏障

中枢内神经元的正常机能活动，有赖于周围微环境的稳定性。维持

体育运动对神经
系统的影响

这种稳定性的结构称脑屏障。脑屏障由三部分组成：血－脑屏障位于血液与脑、脊髓的神经细胞之间；血－脑脊液屏障位于脑室脉络丛的毛细血管与脑脊液之间；脑脊液－脑屏障位于脑室和蛛网膜下隙的脑脊液与脑和脊髓的神经细胞之间。

在正常情况下，脑屏障能使脑和脊髓免受内、外环境中各种物理和化学因素的影响，从而维持相对稳定的状态。

思考题

1. 简述神经系统的区分。
2. 神经系统的常用术语包括哪些。
3. 简述中枢神经系统的组成及脑的分部。
4. 简述脊神经和脑神经的组成和性质。
5. 简述神经系统的主要传导通路。

第六章

内分泌系统

6

▶ **本章导读**

　　内分泌系统由全身各部的内分泌腺和内分泌组织构成，分泌的物质称激素。本章主要介绍激素的概念和作用以及主要内分泌腺的功能。

▶ **学习目标**

　　使学生了解激素的概念和主要内分泌腺的功能，能够运用人体内分泌系统的知识，分析和解决体育运动中的实践问题，以更好地指导体育运动实践。

一、总论

内分泌系统是神经系统以外主导支配人体的另一套调节系统，由内分泌腺和内分泌组织构成。主要功能是与神经系统一起共同调节人体的新陈代谢、生长发育和生殖过程等生理活动，以保持机体内环境的平衡与稳定。

内分泌腺属于无管腺，分泌物称激素，直接进入血液或淋巴，随血循环运输至全身各处，调节各器官的活动。内分泌腺还有丰富的血液供应和自主神经分布，其结构和功能活动有显著的年龄变化。体内主要内分泌腺有脑垂体、松果体、甲状腺、甲状旁腺、肾上腺、性腺等。内分泌腺的体积和重量都很小，最大的甲状腺仅几十克；有的内分泌组织是一些细胞团，分散于某些器官内，如：胰岛、卵泡、黄体等。一种类型的激素只作用于特定的器官、组织或细胞，又称为靶器官、靶组织或靶细胞（图 6-1-1）。

内分泌系统概观
彩图

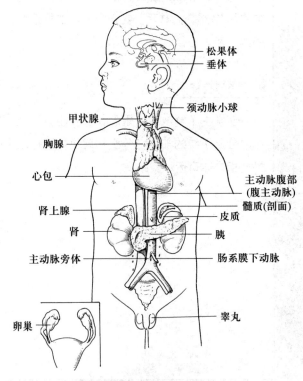

图 6-1-1   内分泌系统概观

血液中激素应维持正常水平，过多过少均会导致机体功能紊乱，甚至产生严重后果。各种激素分泌水平还受血液中代谢产物含量或其他激素浓度的影响与调节。

二、主要内分泌腺简介

（一）甲状腺

甲状腺是人体内最大的内分泌腺，重 20～40 g，其分泌的甲状腺素能促进机体新陈代谢，促进生长发育，尤其对婴幼儿骨骼和神经系统正常发育起着重要作用。儿童甲状腺素分泌不足时，可导致"呆小症"，表现为骨骼和脑发育滞缓，身材矮小，智力低下。

（二）甲状旁腺

甲状旁腺分泌甲状旁腺激素，可调节钙磷代谢，维持血钙平衡。若手术不慎误将甲状旁腺切除，则引起血钙下降，手足抽搐；若功能亢进，则引起骨质疏松，易发生骨折。

（三）肾上腺

肾上腺分为皮质和髓质两部分。

1. 肾上腺皮质

肾上腺皮质可分泌多种激素，主要包括：盐皮质激素，如醛固酮，可调节电解质和水平衡；糖皮质激素，维持碳水化合物的平衡；性激素（黄体酮、雄激素和雌激素），影响性行为和副性征。

2. 肾上腺髓质

肾上腺髓质可分泌去甲肾上腺素和肾上腺素。肾上腺素使心率加快，心脏和骨骼肌的血管扩张；去甲肾上腺素使血压升高，心脏、脑和骨骼肌内的血流加速。

（四）垂体

垂体是体内最复杂的内分泌腺，其分泌的激素种类很多，作用广泛，并影响其他内分泌腺的活动。垂体可分为腺垂体和神经垂体两大部分。

1. 腺垂体

可合成和释放多种激素，大多数是促激素，促进其他内分泌腺体分泌激素。

（1）生长激素（GH）。它具有促进蛋白质的合成和骨的生长的作用。幼年时 GH 分泌不足会形成侏儒症，分泌过剩会形成巨人症。成年时 GH 分泌过多会形成肢端肥大症。

（2）催乳素。它可刺激女性乳腺分泌乳汁。

（3）促肾上腺皮质素。它可控制某些肾上腺皮质素的分泌。

（4）促甲状腺素。它可刺激甲状腺的活动。

（5）卵泡刺激素。它可刺激卵巢卵泡的生长和雌激素的分泌以及睾丸的精子发生。

（6）间质细胞刺激素。它可刺激睾丸雄激素的分泌。

（7）黄体生成素。它可诱导黄体酮的分泌。

（8）黑色细胞刺激素。它可增加皮肤色素沉着，以防阳光下紫外线照射。

上述激素大多数也有复杂的代谢功能。

2. 神经垂体

无分泌激素功能，是贮存激素的场所，主要储存加压素（抗利尿激素）和催产素。前者控制肾小管重吸收水，后者促进子宫和乳腺平滑肌的收缩。

（五）松果体

松果体主要分泌褪黑素，褪黑素是促使皮肤褪色的激素，哺乳类已失去这种功能，而是抑制性腺激素的释放，儿童期间松果体病变引起功能不全时，可出现性早熟或生殖器官过度发育，若分泌功能过盛，可导致青春期延迟。

（六）胰岛

胰岛是胰腺的内分泌部，主要分泌胰高血糖素和胰岛素。胰高血糖素可促进糖原分解，使血糖升高；胰岛素可促进糖原合成和血糖利用，使血糖下降。两种激素的分泌失调，可导致糖代谢功能紊乱，特别是胰岛素分泌不足，会产生糖尿病或低血糖症。

（七）胸腺

胸腺属淋巴器官，兼有内分泌功能，分泌胸腺素和促胸腺生成素等具有激素作用的活性物质。来自骨髓、脾和其他部位的原始细胞在胸腺素的作用下，从无免疫能力转化为具有免疫能力的 T 细胞。胸腺素的另一个功能是抑制运动神经末梢乙酰胆碱的合成和释放，分泌过多，会引起神经肌肉传导障碍，出现重症肌无力；促胸腺生成素可使包括胸腺在内的淋巴细胞分化为参与免疫反应的细胞。

（八）生殖腺

睾丸是男性生殖腺，睾丸内精曲小管之间的间质细胞分泌男性激素，其作用是激发男子第二性征的出现并维持正常的性功能。

卵巢为女性生殖腺，卵巢内的卵泡细胞和黄体产生女性激素。卵泡细胞产生的激素可刺激子宫、阴道和乳腺生长及出现第二性征。排卵后卵泡生成黄体，含黄体酮，此激素能使子宫内膜增厚，准备受精卵的种植，同时使乳腺逐渐发育，以备授乳。

思考题

1. 简述激素的概念和作用。
2. 简述主要内分泌腺的功能。

参考文献

1. 柏树令，应大君. 系统解剖学［M］. 8 版. 北京：人民卫生出版社，2013.

2. 徐国栋，袁琼嘉. 运动解剖学［M］. 5 版. 北京：人民体育出版社，2012.

3. 袁琼嘉，谭进. 体育动作解剖学分析与肌肉训练［M］. 北京：人民体育出版社，2015.

4. 李世昌. 运动解剖学［M］. 3 版. 北京：高等教育出版社，2015.

5. 钟世镇. 系统解剖学［M］. 北京：高等教育出版社，2003.

6. ［澳］布拉德·沃克. 运动损伤解剖学［M］. 罗冬梅，等译. 北京：北京体育大学出版社，2018.

7. 刘忆冰. 运动解剖学与环境［M］. 北京：中国商业出版社，2007.

8. 运动解剖学编写组. 运动解剖学［M］. 北京：北京体育大学出版社，2013.

9. 廖华. 系统解剖学［M］. 4 版. 北京：高等教育出版社，2018.

10. 王松. 运动解剖学［M］. 武汉：华中科技大学出版社，2014.